Unserer lieben M

Zum 79. Geburtstag.

In Liebe

Dein Walter

u. Ingrid

Hubert Wachter

ALOIS MOCK

Ein Leben für Österreich

Hubert Wachter

ALOIS MOCK

EIN LEBEN FÜR ÖSTERREICH

NP

VERLAG NIEDERÖSTERREICHISCHES PRESSEHAUS

St. Pölten–Wien

1. Auflage 1994

Lektorat:
Dr. Horst Trimmel, Mautern

Technik und Produktion:
Günther Kapaun, Würnitz

Umschlag:
Atelier Rendl, Wien

Satz, Repro und Druck:
Niederösterreichisches Pressehaus
Druck- und Verlagsgesellschaft mbH
A-3100 St. Pölten, Gutenbergstraße 12

Bindung:
Buchbinderei Salzburg, Salzburg

ISBN 3 85326 014 4

Vorwort

Eine der wichtigsten Karrieren in der österreichischen Politik neigt sich definitiv ihrem Ende zu.

Mit dem Eintritt Österreichs als 13. Mitgliedsstaat in die Europäische Union mit 1. Jänner 1995 hat Österreichs Außenminister Alois Mock sein politisches Lebensziel verwirklicht.

Die Zweite Republik feiert kommendes Jahr das 50jährige Jubiläum des Kriegsendes und der Befreiung von der nationalsozialistischen Gewaltherrschaft. Ebenso werden es im kommenden Jahr 40 Jahre her sein, daß Österreich mit dem Staatsvertrag 1955 seine Freiheit und Souveränität zurückerhalten hat.

Mit seiner 25jährigen Karriere in der Spitzenpolitik Österreichs spielt Außenminister Dr. Alois Mock in beiden Jubiläumsfällen eine außerordentliche und herausragende Rolle: Ist er doch einer jener letzten großen Persönlichkeiten dieser Republik, die schon in jungen Jahren mit angepackt haben, um das Haus Österreich in jener Beständigkeit wiederzuerrichten, die es heute zu einem der stabilsten Länder in Europa gemacht hat.

Wenn sich Dr. Alois Mock trotz seines erst vor wenigen Monaten erreichten politischen Lebensziels – Österreichs Eintritt in die EU – und trotz seiner gesundheitlichen Probleme den Österreichern im Oktober 1994 noch einmal zur Wahl stellt, so tut er dies, um „eine letzte politische Aufgabe“ vielleicht noch erfüllen zu können:

Mitzuhelfen, den Balkan Krieg zu beenden und die Völker Bosniens und Herzegowinas in einigermaßen ruhigere Fahrwasser zu führen.

Die Formulierung dieses seines letzten politischen Anliegens ist der Auftakt zu diesem Buch.

Ein Leben für Österreich

Alois Mock lebt ein Leben für Österreich. Unbeirrbar und ohne Rücksicht auf seine Gesundheit, mit ungebrochener Arbeitsdynamik.

Seine Landsleute mußten mit ansehen, wie sehr die Physis des Außenministers gerade in den vergangenen zwei Jahren unter dem mörderischen Streß, den sich dieser Politiker aus Niederösterreich immer wieder selbst auferlegt, gelitten hat.

Gerade diese Selbstaufopferung – von der nicht wenige meinen, sie sei Besessenheit – hat Alois Mock über alle Parteigrenzen hinweg zu einen Liebling des Volkes werden lassen. Bewunderung, Respekt und Zuneigung der Österreicher sind ihm längst sicher.

Mock selbst erklärt seine seit Jahrzehnten alle Maßstäbe übersteigende Arbeitskapazität mit dem schlichten Satz, nichts anderes zu tun, als seinen Dienst an der Gemeinschaft zu leisten.

Zur Zielsetzung des Buches

Bei der Vorbereitung dieses Buches wurde mir klar, welch ein facettenreiches politisches Leben der Mann aus Euratsfeld bis jetzt geführt hat. In den Archiven der Zeitungen lagern Abertausende Nachrichten, die sich mit seiner Person befassen, und das seit den späten sechziger Jahren.

Angesichts dieser Fülle an Material kann das vorliegende Buch keinerlei Anspruch auf Vollständigkeit erheben zur Person des Alois Mock. Es ist nur der neuerliche Versuch, skizzenhaft das Leben dieses in seiner Weise einmaligen Politikers darzustellen – vor allem, es an seinen Höhepunkten, aber auch in den schmerzlichen Niederlagen darzustellen.

Es ist etlichen Persönlichkeiten zu danken, daß dieses Buch, so rasch nach Alois Mocks großem Europa-Triumph im Juni, binnen weniger Wochen – auch technisch – zu realisieren war:

• An erster Stelle ist Dr. Alois Mock selbst zu nennen und seine Bereitschaft zu vertiefenden Gesprächen, trotz seines nach wie vor prall gefüllten

Terminkalenders. Selbst in den Tagen seines Spitalsaufenthalts in Innsbruck ließ er es sich von den Ärzten nicht ausreden, zur Verfügung zu stehen. Er bewies einmal mehr großes Stehvermögen.

• Bemerkenswert war das Gespräch mit seiner Gattin, Frau Direktor Dr. Edith Mock. Ihre – oft recht unkonventionellen – Anmerkungen sind ganz gewiß eine Bereicherung in dem Versuch, Alois Mocks Leben für Österreich darzustellen.

• Obwohl der Nationalratswahlkampf schon begonnen hatte, erklärten sich der Erste Nationalratspräsident Heinz Fischer, SPÖ-Bundesgeschäftsführer Josef Cap und FPÖ-Chef Jörg Haider bereit, an diesem Buch mitzuwirken – durchaus in dem Wissen, daß es noch vor der Wahlentscheidung, und mitten im heftigsten Wahltrubel, erscheinen würde. Daß sie dieses parteipolitische Risiko eingingen, unterstreicht nicht zuletzt ihre über die Grenzen von Parteipolitik hinausgehende persönliche Wertschätzung für Alois Mock.

• Zu danken ist weiters dem scheidenden Zweiten Nationalratspräsidenten Robert Lichal, dem Wiener ÖVP-Chef Bernhard Görg, dem Sicherheitssprecher der ÖVP, Michael Graff, Casino-Generaldirektor Leo Wallner sowie dem renommierten Meinungsforscher Prof. Fritz Karmasin. Sie und Dr. Mocks enger Mitarbeiter, Gesandter Dr. Gerhard Ziegler, standen mir mit wertvollen Ratschlägen zur Seite.

• Auch wäre dieses Buch ohne die kompetente Hilfe von Andrea Bochdansky – sie besorgte die Transkription Dutzender Tonbänder – und ohne die Gelassenheit von Dr. Horst Trimmel, Lektor im Verlag Niederösterreichisches Pressehaus, keinesfalls so schnell fertigzustellen gewesen.

Hubert Wachter

St. Pölten/Wien, am 1. August 1994

Zu Dank verpflichtet

Inhaltsverzeichnis

IV. Teil

Solange ihm der Herrgott noch Zeit gibt ...

Die Pläne des Alois Mock für seine letzte politisch aktive Zeit nach einer 25jährigen Karriere als Spitzenpolitiker

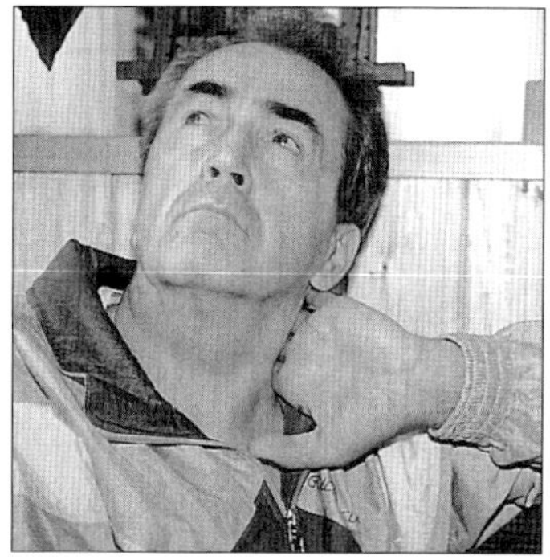

Mai 1994, das Pfingstwochenende ist vorbei. Nur mehr wenige Wochen verbleiben noch bis zur EU-Volksabstimmung am 12. Juni. Innenpolitisch gibt es in diesen Tagen für uns Journalisten faktisch nur ein Thema – wie würden sich die Österreicher in der Europa-Frage entscheiden? Die Terminkalender in den Redaktionen sind dementsprechend voll – ich selbst bereitete mich in dieser Woche nach Pfingsten auf zwei Termine mit Außenminister Alois Mock vor:

- Ein sogenannter „Bundesländer-Tag" noch vor dem Wochenende, am Freitag, sollte uns binnen zwölf Stunden von Innsbruck über Graz zurück nach Salzburg zu exakt fünf Europa-Wahlveranstaltungen führen.
- Zwei Tage später, am Sonntag, war ein Drei-Tage-Trip mit Minister Mock nach Madrid angesetzt.

So wie zuvor in Bonn, in Paris und in London stand auch in der spanischen Hauptstadt ein „Österreich-Forum" auf dem Programm, um die großen EU-Mitgliedsländer auf das zukünftige neue Unionsmitglied vorzubereiten.

Das verhängnisvolle Pfingstwochenende

Was der Öffentlichkeit – und auch Österreichs Medien – in dieser Woche nach Pfingsten bis zuletzt verborgen blieb: Außenminister Alois Mock wurde zu den Feiertagen von einem Bandscheibenleiden niedergestreckt.

Zwar zwang er sich zwei Tage später unter größten Schmerzen ins Parlament, um den Abgeordneten in einer Europa-Fragestunde von der Regierungsbank aus Rede und Antwort zu stehen –

aber nach diesem Auftritt am Mittwoch mußte der Außenminister passen.

Sein Körper wollte nicht mehr mitmachen.

Im gemieteten Privatjet wurde Alois Mock, von der Öffentlichkeit total abgeschirmt, unmittelbar nach seinem Parlamentsauftritt nach Innsbruck auf die Neurologie in der Universitätsklinik geflogen. Mock selbst war es, der strengste Geheimhaltung verlangte. Denn er meinte, eine rasche Durchuntersuchung binnen zweier Tage würde ihn schon wieder soweit fit machen, um 48 Stunden später den EU-Werbefeldzug quer durch Österreich fortsetzen und am Sonntag nach Spanien fliegen zu können.

Alois Mock irrte gründlich. Univ.-Prof. Franz Gerstenbrand, der den Politiker seit dem Skiunfall 1992 in der Axamer Lizum behandelt, sprach nach zwei ersten gründlichen Untersuchungen das Machtwort: Sofortige Operation der Bandscheibe am vierten Wirbel, sonst drohe dem Außenminister die Lähmung!

Die Republik, speziell das politische Establishment in Wien, erstarrte. Die Abendzeitungen des Freitag, 27. Mai 1994, erschienen mit den Schlagzeilen: „Alarm im EU-Endspurt: Mock in Klinik eingeliefert."

Zu diesem Zeitpunkt hatte der Außenminister die mehrstündige Bandscheibenoperation bereits gut hinter sich gebracht.

Was ist los mit „Mister Europe"?

Offiziell wurde verbreitet, Österreichs „Mister Europe" leide an einem entzündeten Ischiasnerv. Tatsächlich wurde diese Version sofort ernsthaft bezweifelt.

Zu lange schon beobachteten die Österreicher den körperlichen Verfall ihres Außenministers. TV-Kameras lügen nicht. Die Sorge um den Gesundheitszustand von Alois Mock hatte gerade im Jahr 1993 und in den ersten Monaten 1994 die Landsleute des Euratsfelders zur Bewunderung über den Einsatz, den Mock sich selber abverlangte, geführt.

Monatelang war zu diesem Zeitpunkt schon über die körperliche Befindlichkeit von Alois Mock spekuliert worden. Obwohl er selbst es immer

1994: „Wir alle sind ohnehin nur auf Zeit gewählt. Die Spekulationen um meinen Gesundheitszustand sind mir inzwischen völlig egal geworden. Egal deshalb, weil mir im Jahr 1986 eine schwedische Zeitung sogar einen Selbstmordversuch unterstellt hat! Worüber also sollte ich mich noch aufregen?“

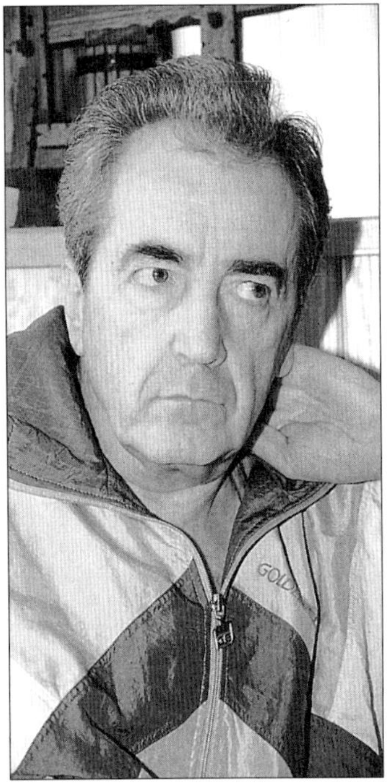

1994: Außenminister Alois Mock suchte seine Schmerzen durch Massagen zu lindern. Er wanderte von einem Arzt zum andern, ging zu Spezialisten in Wien und Innsbruck.
Mock: „Es zeigt sich, daß der liebe Gott von uns doch nur sehr geringfügig erfaßt werden kann und daß sich die Leute in 300 Jahren wundern werden, mit welch primitiver Medizin wir gearbeitet haben und wie wenig wir gewußt haben."

wieder nachdrücklich dementierte und zuletzt gar nicht mehr darauf antworten wollte – „Das ist Privatsache!" –, wollten die Gerüchte nicht verstummen, Österreichs Außenminister leide an der Parkinsonschen Krankheit.

Edith Mock, die 57jährige Gattin des Außenministers, von Beruf Direktorin des Mädchengymnasiums in der Schützengasse in Wien III, versuchte, so gut es ging, die Parkinson-Version zu zerstreuen: „Meinem Mann fehlt überhaupt nichts", diktierte sie der Wiener Journalistin Senta Ziegler in den Notizblock. Von der Parkinsonschen Krankheit wisse sie absolut nichts, die werde ihm „von allen möglichen Personen nur angedichtet".

Schüttel-Szenen ihres Gatten, die die Österreicher via TV immer öfter in die Wohnzimmer geliefert bekamen, begründete Edith Mock so: „Wenn er sehr müde ist, dann paßt er nicht auf und läßt sich völlig gehen. Da schüttelt er dann den Kopf. Außerdem, wenn es Parkinson wäre, müßte er ja irgendwo in einer Dauerbehandlung sein. Wir haben aber weder einen Hausarzt noch einen Dauerarzt oder sonstwas. Das ist vielleicht schlecht, denn einen Arzt sollte man haben. Was mein Mann tut: Er läßt sich alle zwei Jahre durchuntersuchen, in Innsbruck, in der Klinik. Freilich, ich muß schon sagen, er lebt auch völlig ungesund, aber er hat sich ohnehin niemals geschont."

Soweit die Verteidigung seiner Gattin damals in den Mai-Tagen.

Alois Mock hatte sich bei den Verhandlungen Österreichs um den EU-Beitritt in Brüssel Ende März körperlich völlig verausgabt. Damals mußte die Österreich-Delegation im Endspurt fast 72 Stunden ohne Pause durchverhandeln. Das stand der Außenminister physisch nur unter Aufbietung seiner letzten Kräfte durch.

Diese Kraftanstrengung und die späteren Kurzreisen mit dem Lear-Jet quer durch Europa warfen Mock schließlich zu Pfingsten aufs Krankenbett.

Zuvor hatte er noch bei Fitneß-Papst Prof. Willi Dungl in Gars/Kamp im niederösterreichischen Waldviertel Erholung zu tanken gesucht. Vergeblich, wie sich später herausstellen sollte. Prof. Andreas Khol, einer der engsten politischen Mitarbeiter von Alois Mock: „Ich mußte ihm zureden wie einem kranken Roß, sich endlich in die Klinik zu begeben, denn ich sah ja seine Verschleißerscheinungen. Er wollte uns und sich selbst glauben machen, es handle sich nur um einen verkühlten Ischiasnerv. Was mich schon lange ärgerte: Es war falsch von ihm, zu glauben, mit Massagen ginge das weg. Jetzt absolviert er natürlich einen Wettlauf mit der Zeit!"

Was Khol damit ausdrückte: Die Endphase des EU-Wahlkampfes ohne Alois Mock würde den 12. Juni zu einer Zitterpartie werden lassen, mit ungewissem Ausgang der Volksabstimmung.

Dies wußte auch Alois Mock. Wohl deshalb erstaunte und schockierte er die Nation nur neun Tage nach seiner Bandscheibenoperation:

Er ließ es sich nicht nehmen, der Einladung des ORF in die sonntägige TV-„Pressestunde" zu folgen – allerdings mit der Einschränkung, daß die Fernsehleute ein provisorisches Studio für die Live-Übertragung eben in der Innsbrucker Klinik aufbauen müßten.

Die Ärzte der Innsbrucker Neurologie waren fassungslos. Bandscheiben-Patienten brauchen in der Regel mindestens einen Monat, bis sie wieder halbwegs auf den Beinen sind.

Alois Mock benötigte keine zehn Tage.

Mock-Intimus Andreas Khol damals über die Befindlichkeit von Alois Mock, von dem es hieß, er kämpfe „seinen letzten Kampf", über den manche seiner Mitarbeiter tatsächlich in höchster Sorge waren, daß er die nächsten Wochen nicht überlebt: „Nein, es steht keineswegs ernst um den Alois. Der Mock ist ein Marathonläufer, er ist erst bei Kilometer 20 seines Lebens-Marathons angelangt. Als sein engster politischer Mitarbeiter sage ich: Er ist von ungetrübter Leistungskraft und vermutlich leistungsfähiger als mancher junge Mensch. Was ihn derzeit niederstreckt, ist einfach die psychische Überbelastung, die bange Sorge, ob der EU-Beitritt gutgeht. Das belastet ihn, weil er nur zu gut weiß,

» Freilich, ich muß schon sagen, er lebt auch völlig ungesund, aber er hat sich ohnehin niemals geschont. «

Edith Mock

> 99
> Weiterkämpfen würde ich deshalb, weil ich letztlich überzeugt bin, das Richtige für das Land zu tun.
> 66 Alois Mock

was Österreich blüht, wenn die Volksabstimmung am 12. Juni nicht funktioniert!"

Andreas Khol sollte recht behalten. Alois Mock hielt eisern durch. Vom Krankenbett aus jagte er einen EU-Appell nach dem anderen an die Bevölkerung.

Selbst für einen allfälligen negativen Volksentscheid hatte sich Alois Mock in der Innsbrucker Klinik schon die persönliche Zukunft zurechtgelegt:

„Ich würde dennoch versuchen, weiterzukämpfen!" Zwar wäre mit einem Nein die Krönung seines politischen Lebenswerkes zunächst vereitelt und dieses Nein „für mich ein beachtlicher persönlicher Tiefschlag, ein deutlicher politischer Rückschlag, aber ich würde weitermachen. Wenn die Österreicher es wollen: als Außenminister. Oder in einer anderen Funktion, um dieses Land trotzdem irgendwann ins neue Europa zu führen. Weiterkämpfen würde ich deshalb, weil ich letztlich überzeugt bin, das Richtige für das Land zu tun!"

Tatsächlich: Mock hielt es nach der TV-„Pressestunde", die aus der Klinik ausgestrahlt wurde und die die Menschen dieses Landes ziemlich beeindruckte (über 325.000 Österreicher sahen einen engagierten, kämpferischen Alois Mock und gaben ihm für seine Europa-Beschwörungen die Sensationsnote 4,7 auf der fünfteiligen ORF-Bewertungsskala), nicht mehr länger in der Innsbrucker Klinik. Hätte er sich dem Diktat seiner Ärzte gebeugt, der Außenminister wäre großteils außer Gefecht geblieben:

Er hätte bis in den August das Bett hüten sollen.

Mock: „Man sagte mir, in den ersten drei Monaten wäre es gesünder für mich, liegend zu lesen oder Akten zu studieren, als wenn ich stehe oder sitze." Dies wischte der Sechzigjährige zumindest für die letzten Tage vor dem 12. Juni sofort vom Tisch: „Viel zuviel steht auf dem Spiel." Er wolle sich in die Schlacht werfen. Was der Außenminister dann auch tat. Rast- und ruhelos. Selbst seinen 60. Geburtstag, den er zwei Tage vor der EU-Volksabstimmung feierte, ließ er als echter politischer Profi kommentarlos zu einer fulminanten Kundgebung in der Wiener Hofburg umfunktionieren.

1994: Universitätsklinik Innsbruck. Nur 72 Stunden nach seiner Bandscheibenoperation gibt Alois Mock bereits eine Pressekonferenz. Unverwüstlich. Stark. ÖVP-Chef Erhard Busek flog dazu extra in Innsbruck ein. Voll des Lobes über den Ehrenobmann der ÖVP: „Der Alois ist ein Steher, unglaublich, ich bin stolz auf ihn."

Die Spitzen der Republik waren gekommen, um dem Außenminister zu gratulieren – und gleichzeitig einen letzten Emotionsschub pro Europa über die TV-Schirme einer ob der bewundernswerten Standhaftigkeit von Alois Mock gerührten Nation zu schicken.

Zuvor schon war die Nation elektrisiert, als sich Alois Mock via Zeitungen nur wenige Stunden nach seiner Innsbrucker Operation faktisch in die Politik zurückmeldete. Der Star-Reporterin Conny Bischofberger (Kronen-Zeitung) vertraute er an, erstmals seit Jahren „wieder schmerzfrei" zu sein, für ihn „ein wunderbarer, beinahe unglaublicher Zustand".

Was ihm, dem „Helden von Brüssel" dennoch wehtue, das wäre, „derzeit nichts tun zu können, das tut am meisten weh, mehr als Schmerzen". Im übrigen sei alles ja ohnehin nicht so schlimm mit ihm, „denn ich leide nur an einer Art Berufskrankheit. Wissen S', verkühlt habe ich mich halt, an den kalten Flugzeugwänden die Füße, und das Autofenster heruntergeschraubt, wenn ich geschwitzt habe. Mein Masseur hat ohnehin g'schimpft mit mir!"

Neuerlich bestätigt Mock, daß alle Gerüchte um ihn, Parkinson zu haben oder auch einen Herzin-

» Um mich muß man sich wirklich keine Sorgen machen, höchstens um dieses Land, wenn das mit der EU schiefgeht. «

ALOIS MOCK

> »
> Was will ich? Wir sind doch alle ohnehin nur auf Zeit gewählt. Wenn ich aber schon so eine Position bekleiden darf, dann habe ich auch die Pflicht, das Letzte herauszuholen.
> «
> Alois Mock

farkt, nicht mehr wirklich berühren. Damals, 1986, schmunzelt er säuerlich, habe eine schwedische Zeitung sogar geschrieben, er habe noch in der Wahlnacht einen Selbstmordversuch unternommen. „Wissen S', wenn man das alles liest, härtet man ab. Mir ist es vollkommen wurscht geworden, was da alles spekuliert wird! Um mich muß man sich wirklich keine Sorgen machen, höchstens um dieses Land, wenn das mit der EU schiefgeht."

Sosehr Mock in diesem Frühjahr 1994 auch seine körperliche Befindlichkeit zu verniedlichen suchte, so ist er dennoch nachdenklich geworden.

„Vielleicht habe ich all die Jahre über wirklich zuwenig Disziplin meinem Körper gegenüber geübt. Aber bitte, ich habe die Verpflichtung, alles zu geben, was ich geben kann! Sicherlich, wenn alles vorbei ist, die EU-Abstimmung und dann im Herbst auch die Nationalratswahlen – für die ich noch einmal wie ein Berserker kämpfen werde –, dann werde ich manches sicherlich reduzieren, um mich gesundheitlich nicht mehr so zu belasten wie bisher."

Vernünftig wolle er werden, sagte Außenminister Alois Mock. Zwar lachten ihn einige aus, wenn er ihnen solches ankündige, denn ihm, dem politischen „workaholic", glaube man das nicht mehr. Dennoch wolle er, und das habe er seiner Gattin Edith fix versprochen, künftig in jedem Monat ein freies Wochenende einlegen – „ein ungeheurer Luxus, das habe ich seit Jahren nicht mehr gehabt" – und leiser treten.

Aufgerichtet hat sich Mock in diesen für ihn persönlich keineswegs leichten Tagen am Lebensbeispiel seines Freundes Silvius Magnago, dem ehemaligen Südtiroler Landeshauptmann: „Er ist das beste Beispiel, was jemand durchsteht. Schwer kriegsverletzt, lernte ich ihn 1966 in Bregenz kennen. Damals raunte mir jemand zu: ‚Es wird furchtbar sein, aber wir werden den Landeshauptmann Magnago bald verlieren.' Und was ist? Er lebt noch immer! Heute hat er selbst in seiner hochverdienten Pension, er ist immerhin 80 Jahre alt, durch seine Wahlkampfeinsätze im Trentino der Schwesterpartei der PPT noch immer erhebliche Stimmenzuwächse gebracht."

Es ist kein Geheimnis, daß viele seiner engsten Mitarbeiter um ihren Chef zitterten, als Mock in Innsbruck unters Messer kam: „Der Chef bringt sich um, das ist einer, der in seinen Stiefeln stirbt, der bis zum letzten Moment arbeiten wird!"

Mock selbst sieht's eher fatalistisch: „Was will ich? Wir sind doch alle ohnehin nur auf Zeit gewählt. Wenn ich aber schon so eine Position bekleiden darf, dann habe ich auch die Pflicht, das Letzte herauszuholen. Aber letztlich weiß auch ich, daß niemand unersetzlich ist."

1994: Das Chefzimmer von Prof. Gerstenbrand in der Universitätsklinik Innsbruck wurde für Außenminister Alois Mock zum TV-Studio umfunktioniert. Faktisch vom Krankenbett aus appellierte „Mister Europe" ein letztes Mal an die Österreicher, seinem politischen Weg in ein neues Europa zu folgen.

Solange mir der Herrgott noch Zeit gibt! Das ist das unausgesprochene Motto, mit dem Außenminister Alois Mock in die letzte Phase seines politischen Wirkens geht.

Wenige Wochen vor den Nationalratswahlen 1994, für die ihn seine Partei, die ÖVP, an die zweite Stelle der Bundesliste gereiht hat, steht fest, daß dieser Mann sein Amt nur mehr kurze Zeit ausüben wird.

Die Frist – sie mag zwölf, vielleicht auch 24 Monate betragen – hängt wohl allein davon ab, ob seine Gesundheit ihm den Streß des politischen Alltags noch erlaubt.

Alois Mock selbst ist als Profi der Politik nur zu gewieft, um die ihm noch verbleibende Amtsdauer – über die er sich längst schon im klaren ist – konkret zu beziffern.

Dennoch spricht er Ende Juli – zwischen den Zeilen – Klartext:

• Es gäbe und er fühle eine Verantwortung, zum richtigen Zeitpunkt das politische Amt zur Verfügung zu stellen.

• Dieser Zeitpunkt hänge grundsätzlich mit dem Erreichen politischer Lebensziele zusammen.

• Die hervorragende EU-Volksabstimmung am 12. Juni 1994 sei natürlich eines dieser Lebensziele gewesen.

• Ein zweites, faktisch letztes politisches Ziel sehe er aber noch vor sich – mitzuhelfen, halbwegs geordnete politische Verhältnisse auf dem Balkan herzustellen.

ALOIS MOCK IM GESPRÄCH

„Was ich noch gerne erledigen möchte ...“

Nicht zuletzt das mörderische Arbeitstempo, das Sie sich selbst verordnen und das Ihre Gesundheit sichtbar angegriffen hat, bewundern die Österreicher. Viele fragen sich: Wie lange steht der Mock das noch durch? Zahlt sich dieser bedingungslose physische Einsatz, den Sie leisten, aus?

Ja, er zahlt sich aus. Wenn man an etwas glaubt, nämlich an das politische Ziel, und wenn dieser Einsatz nicht letal endet. Ich glaube, mit dem 12. Juni und dem Ergebnis der EU-Volksabstimmung ist eine ganz wichtige Zielsetzung von mir realisiert worden. Ich konnte dazu beitragen, eine ganz wichtige Zielsetzung für Österreich zu realisieren. Trotzdem könnte ich derzeit nicht sagen, ob ich am 9. Oktober 1994 aus der Politik aussteige oder erst am 9. Oktober 2000. Sicherlich ist das nicht unwichtig, aber im Grunde ist es sekundär.

Ihre Gattin beantwortet die Frage, ob sie angesichts des Tempos, mit dem Sie trotz Operation und trotz angeschlagenen Gesundheitszustands nach wie vor Ihren politischen Geschäften nachgehen, Angst um Sie habe, mit einem glatten Ja.

Ja, sagt sie das?

Sie hat mit ungeheurer Emotion noch hinzugefügt: „Wenn mein Mann noch lange so weitertut, dann können wir unsere Pläne, die wir für unser Leben noch haben, vergessen und in die Ewigkeit verschieben!“

Man hat natürlich eine Verantwortung im Leben, zum richtigen Zeitpunkt die politische Position zur Verfügung zu stellen, nach dem Motto: Man soll dann gehen, wenn ein paar noch sagen: ‚Der soll noch dableiben.‘ Und nicht erst dann, wenn die meisten schon stöhnen: ‚Wann geht er endlich?‘ Zudem stellt sich in diesem Zusammenhang auch die Frage, ob man die psychisch-intellektuelle Kraft hat zu sehen, was ist wirklich das Lebensziel gewesen, für das man sich daher auch massiv selbst mit ramponierender Gesundheit eingesetzt hat.

War der Tag der EU-Volksabstimmung, der 12. Juni 1994, für Sie persönlich das große Lebensziel?

Ja, das war so ein Ziel.

Sie vermitteln dennoch den Eindruck, als wollten Sie nicht vor der Zeit mit der Politik aufhören, wozu Sie ja jetzt, nach Erreichen Ihres Lebensziels, vor sich selbst berechtigt wären. Sie vermitteln vielmehr den Eindruck, als wollten Sie Ihre Stiefel überhaupt nicht ausziehen, sondern sie bis zur letzten Stunde tragen. Ein Mitarbeiter von Ihnen formulierte das unlängst so: „Der Mann stirbt nicht im Bett, sondern in seinen Stiefeln!“ Hat er recht?

Die Gefahr ist da, ja, durchaus. Ich würde sagen, soweit man sich selber einschätzen kann: Diese Gefahr ist sicherlich gegeben. Es wird erst retrospektiv zu beurteilen sein, ob sich das auch bewahrheitet haben wird. Ich gebe zu, daß ich da meiner selbst nicht ganz sicher bin, nämlich ob es nicht eine Illusion mir selber gegenüber ist, wenn ich mir den Ausstieg aus der Politik manchmal durchaus überlege. Oft sage ich mir: ‚Du hast so viel Glück gehabt in deinem politischen Leben, du hast gigantische politische Chancen gehabt und sie auch genützt.‘ Dabei: Von Geburt an habe ich weder ein Anrecht gehabt noch sonstwas auf all die Dinge, die ich tun konnte. Nur: Was ich tat und was ich tue, das war nichts anderes, als meine Chancen zu nützen. Und zwar maximal.

1993: Die Ehrendoktor-Würde der Universität Sarajevo war eine erste Anerkennung für Österreichs Außenminister. Dr. Alois Mock hatte die Unabhängigkeit der Nachfolgestaaten von Jugoslawien international betrieben. Die Lösung der Balkan-Frage ist ihm heute seine letzte und wichtigste politische Aufgabe. Diese will er gerne noch erfüllen – das wäre der selbstgewählte Zeitpunkt für seinen Abschied von der politischen Bühne.

»
Was ich tat und was ich tue, das war nichts anderes, als meine Chancen zu nützen. Und zwar maximal.
«

Von Euratsfeld auf den Ballhausplatz

Die verschlungenen Pfade des Alois Mock zu Beginn seiner Karriere

Alois Mock hatte sein Jus-Studium in Wien erfolgreich beendet. 1960, er war im Unterrichtsministerium unter dem damaligen Minister Heinrich Drimmel in das Berufsleben eingestiegen, ging ihm das Beamtendasein ordentlich auf die Nerven. Bürokratismus, unverständliche Gesetzestexte, mangelnde Eigenverantwortung.

Mock ließ sich über Umwege, aber doch schleunigst ins Bundeskanzleramt versetzen.

Dort führte der Zufall Regie: Alois Mock, 28 Jahre jung, erhält 1962 die Chance auf eine erste Auslandsverwendung – ab an die österreichische Botschaft bei der OECD in Paris. Internationale Wirtschaftskontakte, der Einblick in diverse nationale Wirtschaftsmodelle – in diesen Jahren legt Mock den Grundstein für seine spätere, damals überhaupt noch nicht absehbare Politiker-Karriere. Speziell die soziale Marktwirtschaft ist es, die der junge Mock kennenlernt als jenen Motor, der am konsequentesten Wachstum und Fortschritt in vielen Ländern des Westens absichert.

Mai 1965. Paris ist für Alois Mock und seine ihm inzwischen angetraute Edith ein Paradies. Speziell Edith Mock fühlt sich pudelwohl. Da verändert ein Telegramm von einem Tag auf den anderen das Leben der Mocks. Der Regierungschef der damals schon ziemlich ramponierten Großen Koalition, Dr. Josef Klaus, fragte seinen Vertrauten, Staatssekretär Carl Bobleter (den Ex-Chef der OECD-Mission in Paris): „Ich such' einen neuen Sekretär. Weißt du jemanden?“ Bobleter nennt Klaus den Namen von Alois Mock.

Per Eildepesche wird der junge OECD-Mann nach Hause befohlen: „Sie werden vorübergehend zur persönlichen Dienstleistung ins Kabinett des Bundeskanzlers einberufen“, erinnert sich Mock jetzt, 29 Jahre später, noch Wort für Wort an den damaligen Befehl. „Puh, ich habe gestöhnt. Das kam für mich so unpassend. Noch dazu hatten wir gerade Besuch aus Wien, der Schwiegervater war da. Wir wollten an dem bevorstehenden Wochenende einen Ausflug nach Verdun unternehmen. Na ja, ich bin von dort in der Nacht zum Montag gleich weiter nach Wien gefahren. Allein.“

Unter den Fittichen von Josef Klaus

Für punkt 9 Uhr früh war Alois Mock im Bundeskanzleramt bestellt. „Aufgeregt wie ich war, umkreiste ich schon eine Stunde früher das Kanzleramt, um nur ja nicht zu spät zu kommen.“ Josef Klaus: „Ah, du bist der Mock. Gut. Am Mittwoch fängst d' an!“ Sprach's und ließ den 32jährigen im Vorzimmer des Kanzlerbüros stehen.

Das war's. Die Karriere des Alois Mock auf dem Ballhausplatz hatte begonnen.

Relativ rasch gewann der junge Beamte das Vertrauen des Bundeskanzlers. Als nach den Nationalratswahlen 1966 die Regierungsverhandlungen mit der SPÖ scheiterten und die ÖVP unter Josef Klaus ihre vierjährige Alleinregierung antrat, ergab sich der nächste Karrieresprung für Mock:

Kabinettschef in der Regierung Klaus war Dr. Franz Karasek. Mock: „Der war von uns allen sehr geschätzt, weil er sehr g'scheit war und außerdem großen Einfluß bei den in Wien akkredidierten Diplomaten hatte. Auch Kanzler Klaus schätzte ihn sehr.“

Dennoch kann sich Mock nicht mehr erinnern, weshalb der Kabinettschef plötzlich ein wenig in Ungnade fiel, „vielleicht, weil in den hektischen Tagen der Regierungsbildung damals alle Zeitungen geschrieben haben, er würde Außenminister werden. Zur Überraschung aller wurde dies aber Lujo Tončič-Sorinj. Karasek bekam einen einmonatigen Sonderurlaub und wurde von Kanzler Klaus ersucht, die Volkspartei bei einem Treffen der christlich-demokratischen Internationale in Peru zu vertreten“.

» Ah, du bist der Mock. Gut. Am Mittwoch fängst d' an! «

Josef Klaus

Irgendwann, Ende Mai 1966, war es soweit: Klaus ernannte Mock zu seinem Kabinettschef.

Mock: „Ich wußte nicht, wie mir geschah. Da war das Büro mit sechs Sekretärinnen, von denen plötzlich drei auf einen Schlag ausfielen. Eine bekam ein Kind, die nächste wurde krank, die dritte ging auf einen längeren Urlaub. Ich bin davon ausgegangen, daß das alles nicht zu schaffen sei und mich der Klaus nach einem Monat ohnehin hinauswerfen würde."

Aber Mock hatte sich selbst unterschätzt. Binnen weniger Wochen hatte er alles im Griff, „ja, und dann funktionierte es eigentlich sehr gut". Nicht zuletzt deswegen, weil Kanzler Josef Klaus, entgegen allen Gerüchten, die über ihn verbreitet wurden, durchaus kein sehr autoritärer Chef gewesen sei.

Mock: „Am Anfang habe ich mir gedacht: Na servus, beim Klaus, der so autoritär und was weiß ich noch alles ist. Dazu kam, daß ich mir eigentlich überhaupt nichts gefallen ließ und ihm, ausgenommen die ersten Monate, des öfteren ordentlich widersprochen habe. Da hat er dann einmal zu mir gesagt: ‚Ja, es ist schon gut, daß du mir dieses oder jenes sagst, aber, bitte, solange ich der Chef hier bin, machen wir es so, wie ich es sage!' Klaus war ein Genauigkeitsfanatiker, speziell bei Verfassungsproblemen und Gesetzestexten äußerst penibel, während ich oft der Meinung war und diese auch zum Ausdruck brachte: Weniger Umständlichkeit ist mehr! Verwunderlich, daß er mir das nie nachgetragen hat."

Alois Mock kommt zu Ministerehren

Ende Mai 1969. Der ÖVP-Alleinregierung ist der Unterrichtsminister abhanden gekommen. Theodor Piffl-Perčević, ein entschiedener Verfechter des 9. Mittelschuljahres, kann sich nicht damit abfinden, daß seine ÖVP einen Volksentscheid gegen diese Schulstufe und deren Abschaffung exekutieren will. Er tritt deshalb freiwillig zurück. Bundeskanzler Josef Klaus braucht binnen Tagen einen neuen Minister – der viele Jahre später, 1986, zu Wissenschaftsminister-Ehren gekommene Hans Tuppy ist als neuer Unterrichtsminister zunächst im Gespräch.

1969: Das Paar des Jahres: Edith und Alois Mock bezauberten die Wiener Gesellschaft. Der damals 35jährige Euratsfelder war in einem politischen Überraschungscoup Unterrichtsminister geworden.

Alois Mock in der Erinnerung: „An jenem Nachmittag Ende Mai, als der ÖVP-Klub zusammentrat, saß ich in meinem Büro auf dem Ballhausplatz und hörte Kanzler Klaus sagen: ‚Na ja, jetzt schau'n wir halt einmal, wer's machen wird.' Ich denk' mir noch, daß sie einen nehmen sollten, der sich halt ein bißchen für Pädagogik interessiert – und mache mich auf den Weg nach Sievering ins Restaurant Eckl, wo ich mit dem Sekretär des US-Botschafters in Österreich zum Essen verabredet war."

Dort ereilt Mock die telefonische Nachricht, sofort in den ÖVP-Klub ins Parlament zu kommen. „Als ich dort eintreffe, kommt mir der Robert Graf entgegen und sagt lässig zu mir: ‚Du, Staatsekretär bist schon!' Der Robert hatte schon damals immer so einen freundlichen Sarkasmus, ich wußte in dem Moment nicht, pflanzt er mich oder was. Natürlich hab' ich ihn keine Sekunde lang ernst genommen."

Plötzlich steht Bundeskanzler Josef Klaus vor seinem jungen Kabinettschef. „Du, komm, gehen wir rüber ins Zimmer vom Withalm!", um dort dem verdutzten Mock zu eröffnen: „Also, der Pisa geht zurück in die ÖVP-Zentrale in die Kärntnerstraße, der bleibt nicht im Regierungskabinett. Ich glaube, du solltest den Unterrichtsminister machen!"

Mock war von den Socken. „Der sagte das einfach so. Einfach so. Ich glaube, ich stammelte zu-

> „Du, komm, gehen wir rüber ins Zimmer vom Withalm! ... Ich glaube, du solltest den Unterrichtsminister machen!"
>
> Josef Klaus

nächst herum, daß ich schon von der OECD her eine Verbindung mit der Wissenschaftssache gehabt hätte und so, aber, nein, ich wisse nicht, ob ich das alles könne, jedenfalls: ich habe zunächst sehr gezögert – und dann von einer Sekunde auf die andere zugesagt: ‚Wenn du meinst, Herr Bundeskanzler, dann mach' ich's halt.'"

Später erfährt Alois Mock, daß Bundeskanzler Klaus zunächst zwei andere Namen vorgeschlagen hatte: Josef Krainer jun., den heutigen Landeshauptmann der Steiermark. Was aber nicht funktionierte, weil dessen Vater, damals Landeshauptmann der Steiermark, den Kanzler noch während der Sitzung telefonisch wissen lies: „Nein, das ist zu früh!" Als zweiter war Dr. Hans Tuppy in der engeren Wahl, jener Wissenschafter, den Alois Mock 20 Jahre später, 1986, auf Drängen von Josef Krainer jun. in das ÖVP-Regierungsteam der Großen Koalition als Wissenschaftsminister holte. Der aber wurde vom ÖVP-Klub 1969 mehrheitlich abgelehnt.

So war plötzlich der junge Alois Mock erfolgreich im Rennen. Der sagt, durch die damaligen Personal- und Postenrochaden das wichtigste politische Gesetz kennengelernt zu haben: Niemals von der ersten Startreihe aus eine Position offensiv anzustreben, daraus werde nämlich meistens nichts. Mock: „Wenn ein Parteigremium ein oder zwei Kandidaten nicht akzeptiert hat, dann hat der dritte beste Chancen. Deswegen nämlich, weil sich das Gremium nicht blamieren oder sich sagen lassen will, daß man nix z'sammbringt. Der dritte wird meistens genommen, um sich diese Peinlichkeiten zu ersparen. Das war bei mir zumindest zweimal so: Als ich Unterrichtsminister wurde – aus der dritten Position heraus –, und als ich ÖAAB-Obmann geworden bin, 1971, in St. Pölten. Da war zunächst der Karl Glaser im Rennen, dann der Pepi Taus. Erst als der nicht wollte, war ich an der Reihe."

In dieser Sitzung des ÖVP-Klubs Ende Mai 1969 wurde Mocks junger Sekretärskollege Heinrich Neisser, heute ÖVP-Klubchef im Parlament, als zweite politische Überraschung zum Staatssekretär im Kabinett Klaus ernannt.

1966: Alois Mock und seine Gattin Edith hatten vier Jahre in Paris verbracht, als sie 1966 der Ruf von Bundeskanzler Josef Klaus ereilte: Zurück nach Wien! Edith Mock war dies überhaupt nicht recht, dennoch warf sie sich mit ihrem Mann in die Schlacht. Für die ÖVP, für den Kanzler, für die Karriere ihres Mannes.

Alois Mock trat seine wegen des totalen Überraschungsmoments doch sehr beachtete Ministerschaft mit durchaus ambivalenten Gefühlen an:

„Na gut, ich habe mir gedacht, daß ist einerseits eine sicher sehr interessante Geschichte, weil das Unterrichtsministerium, die ganzen Ausbildungsfragen und so, doch sehr wichtige Fragen sind. Anderseits hatte ich mit dem allen bislang wirklich nicht sehr viel zu tun gehabt – das war an sich schon auch ein gewichtiges Gegenargument zu meiner Ministerschaft. Ich dachte mir, na, schau' ich mir das einmal an."

Mit seinen 35 Jahren ist Alois Mock der damals jüngste Minister der Republik, als er am 2. Juni von Bundespräsident Franz Jonas angelobt wird – wofür er und der neue Staatssekretär Heinrich Neisser dem Staatsoberhaupt nach Kärnten nachreisen mußten.

Mock: „Wir sind am selben Tag zurück nach Wien, und ich habe um 18 Uhr abends das Ministerium übernommen. Den Kurt Waldheim, der war damals Außenminister, den habe ich gebeten, die russische Kulturministerin in meiner Vertretung zu empfangen, noch an diesem Abend, die landete gerade in Schwechat. Waldheim holte sie für mich vom Flughafen ab, ich begrüßte inzwischen im Ministerium die ganze hohe Beamtenschaft und ging dann mit meiner Kollegin aus der Sowjetunion am Abend ins Theater an der Wien. Übrigens: Als ich das Ministerium an diesem 2. Juni übernommen habe, da mußten mir etliche hohe Beamte die Hand drücken, die mich neun Jahre vorher aus ebendiesem Ministerium zunächst gekündigt und dann gnadenhalber mit der einvernehmlichen Lösung meines Beamtendienstvertrags in die Wüste geschickt hatten. Ich war ja nach dem Ende meines Studiums so Mitte der Fünfziger kurz Beamter im Unterrichtsministerium, von dem ich dann im Krach geschieden bin."

Es gab Auffassungsunterschiede um diverse Stipendien, um die sich der junge Beamte Alois Mock damals bemühte. Die Beamten des Unterrichtsministeriums sahen das völlig anders, nämlich – der junge Mann wolle nicht wirklich ernsthaft arbeiten.

1969: Die Angelobung des jungen Unterrichtsministers Dr. Alois Mock wurde für die ÖVP seinerzeit zu einem politischen Fest. Was damals niemand ahnen konnte: Diese erste Karriere sollte nur etwas mehr als zehn Monate dauern. Denn 1970 wurde die ÖVP-Alleinregierung von Bruno Kreisky und der SPÖ hinweggefegt.

2. Juni 1969: Bundeskanzler Dr. Josef Klaus sagte über seinen Schützling Dr. Alois Mock (35): „Er war in jeder seiner vielen Positionen immer besser, als es vorher erwartet worden war!“ So das Zitat des Alt-Kanzlers, notiert vom Chefredakteur der Kleinen Zeitung Graz, Kurt Vorhofer.

Nach dem Ende seines Jus-Studiums in Wien, nach der Mitarbeit bei der Ungarnhilfe 1956 und einem Arbeitsaufenthalt in England (Erntearbeiten, Getränkefabrik) ergatterte Alois Mock zunächst noch einen Studienplatz in Bologna. Dort kam es zur Abwerbung durch das Unterrichtsministerium, Weihnachten 1958.

Alois Mock wird dem damaligen Minister Heinrich Drimmel vorgestellt, erklärt diesem eher forsch, „eigentlich überhaupt kein Beamter werden zu wollen“ und im übrigen auch noch die Abschlußprüfung in Bologna absolvieren zu müssen: „Seit dem Tag weiß ich, daß eine der Verbindungsstraßen hinter dem Bundeskanzleramt rüber zum Minoritenplatz Abraham-a-Sancta-Clara-Gasse heißt. Dort gibt es keine Hausnummern. Verzweifelt irrte ich dort umher. Ich wollte zurück nach Bologna und vor allem kein Beamter werden.“

Kein Blick zurück im Zorn

Es nützte nichts. Am 1. Februar 1959 rückte er als Beamter ins Ministerium ein. Zunächst kümmerten sich etliche Sektionschefs und andere hohe Beamte rührend um den jungen Mann, wegen seiner Sprachkenntnisse – Englisch, Italienisch – wurde er binnen kurzem Referent für Studentenaustausch. Diese Funktion sollte im übrigen sein Privatleben entscheidend beeinflussen, worüber an anderer Stelle zu lesen ist.

Referent Mock setzte es sich in den Kopf, auch noch Französisch lernen zu wollen. Also bemühte er sich erneut um ein entsprechendes Stipendium. In der damaligen Zeit für jeden ein Gottesgeschenk. Als seine Absichten im Ministerium bekannt wurden, mahnte ihn ein väterlicher Freund: „Du, das kannst nicht machen, du bist Referent für Studentenaustausch, jeder wird sagen, das Stipendium ist eine g’schobene Sache, wenn du eines kriegst!“

> ❞ Ich wollte zurück nach Bologna und vor allem kein Beamter werden. ❝
> Alois Mock

Mock ließ sich nicht beirren. Seine Kontakte zu Bologna und den Professoren dort machten es möglich: Ein Stipendium im französischen Nancy oder eines in Belgien (College d’Europe in Gent) standen für ihn eines Tages zur Wahl. Mock: „Da haben sie mir einen ordentlichen Tanz aufg’führt am Minoritenplatz, so arg, daß ich sofort verzichtete.“ War es die Enttäuschung, oder war es einfach Ärger, jedenfalls beschloß Mock, jetzt das Ministerium selbst zu düpieren: Er bemühte sich neuerlich um ein Französisch-Stipendium, verzichtete diesmal auf private Kanäle und ging – sehr frech – gleich über das eigene Ministerium. Durch eine Schlamperei in der Administration klappte es wider Erwarten doch – Mock hatte sein Französisch-Stipendium, in Brüssel. „Dir ist nicht zu helfen“, ärgerte sich ein Sektionschef. Mock: „Ich war so eingeschüchtert, daß ich mich ins Café Bauernfeld gesetzt habe und einen Brief an den Personalchef des Ministeriums verfaßte. Nie wieder, schrieb ich, würde ich mich in Hinkunft um ein Stipendium bewerben, ich wolle nur meinen Beamtendienst im Ministerium leisten und sonst nichts. So hoffte ich, der mir angedrohten Kündigung zu entgehen."

> ”
> Sie brauchen gar nicht mehr dableiben, Sie können sofort Ihren Dienst beenden. Ich wünsche Ihnen alles Gute!
> “

Umsonst und zu spät. Der ministerielle Personalchef bat den jungen Beamten zu sich und die Sekretärin gleich dazu: „Spannen Sie ein: Der Vertrag des Dr. Alois Mock ist mit sofortiger Wirkung ... Na ja, gearbeitet haben Sie ja ausgezeichnet ... also, der Vertrag des Dr. Alois Mock wird einvernehmlich ... einverstanden, Herr Kollege? ... gelöst!" Mock: „Mir blieb nix mehr anderes übrig, als: ‚Bitte, Herr Ministerialrat!' zu hauchen." Mit einem herzhaften „Sie brauchen gar nicht mehr dableiben, Sie können sofort Ihren Dienst beenden. Ich wünsche Ihnen alles Gute!" war Alois Mock gefeuert.

Noch am selben Tag, wenige Minuten nach Mitternacht, verließ Mock Wien mit dem Zug Richtung Brüssel, um sein Stipendium anzutreten. Monate später meldet sich der Minoritenplatz plötzlich bei Mock: Er möge zurückkommen. Zwar hätten sich viele im Ministerium über ihn geärgert, aber alles sei vergessen. Da wollte Mock nicht mehr. Freunde rieten ihm, nach dem Studium in Belgien zwar nach Wien zurückzugehen, aber sofort ins Außenministerium zu wechseln. Tatsächlich landete der junge Mann aber im Bundeskanzleramt, von wo er 1962 nach Paris zur OECD-Botschaft abkommandiert wurde.

Erst 1968 trat Alois Mock, damals schon Kabinettschef bei Bundeskanzler Josef Klaus, zur Aufnahmsprüfung ins Außenamt an. Nicht zuletzt deswegen, weil er damals ohnehin nur vier, vielleicht fünf Jahre im Vorzimmer der Regierungsmacht bleiben wollte. Zusammen mit Thomas Klestil, dem heutigen Bundespräsidenten, absolvierte Mock 1968 das Examen préalable und die Dienstprüfung im Außenamt. Die Diplomatenakademie ersparte er sich durch sein Jus-Studium und seine Verwendung im Verwaltungsdienst.

Prinzipien eines Seitenstettners

Im „Vierkanter Gottes“ wurde Alois Mock für das Leben geprägt

Das Benediktinerstift Seitenstetten im westlichen Niederösterreich wird nach den bäuerlichen Grundstrukturen des Mostviertels – der Vierkanthof als Ausdruck bäuerlichen Stolzes, der Geborgenheit, der Stärke – im Volksmund „der Vierkanter Gottes“ genannt. Dort erfuhr der junge Euratsfelder seine vermutlich entscheidende Lebensprägung und Sozialisierung.

Lebensdisziplin. Strengere Lebensführung. Vor allem Härte.

Mock erinnert sich: „Was ich bei den Mönchen zunächst gelernt habe, war, den Umgang mit Menschen zu begreifen, die einen ganz anderen Hintergrund hatten als ich. Damals waren besonders viele Wiener in Seitenstetten, nicht nur, weil es dort das Gymnasium gab, sondern weil man am Land ein bißchen was Besseres zu essen bekommen hat.“

Mit den Söhnen von Professoren und Ärzten aus der Großstadt in eine Klasse zu gehen, das war damals etwas Besonderes für die Landkinder. Wenn auch oft die Fetzen flogen und die „Großkopferten“ bestraft wurden. Mock: „Als Kinder von Gewerbetreibenden hatten wir damals leichter Brot und zu essen im Dorf bekommen. Wenn wir dann in der Schule g'stritten haben mit den Wiener Kollegen, haben wir ihnen gesagt: Du kriegst heute nix, vor allem keinen Brotaufstrich. So war das.“

Dabei startete Mock seine Konviktskarriere bei den Benediktiner-Patres von Seitenstetten unter erheblichen Schwierigkeiten. Zwei Jahre lang hatte er zuvor die Hauptschule in Amstetten mit bestem

Erfolg besucht, dann wechselte er ins Gymansium der Provinzhauptstadt. Dort schlug ihm primitive Ablehnung entgegen: „Im September, als die Schule anfing und die Schüler im Klassenzimmer verteilt wurden, da hat eine Lehrkraft gemeint, es sei lustig, zu sagen: ‚Die Hottentotten-Trottel aus Euratsfeld und Umgebung, die werden wir in den letzten Bänken zusammensetzen.'"

Der junge Mock erlebte ein „irrsinnig hartes" Schuljahr, mit „katastrophalen Noten", besonders in Englisch, das er in den beiden ersten Hauptschuljahren nicht hatte. Bis seine Eltern nicht länger mehr zuschauen wollten und ihn aus dem Gymnasium nahmen. Um ihm seine Aufnahme in Seitenstetten etwas zu erleichtern, gestanden ihm die Amstettner Professoren gnädig ein „Genügend" in Englisch zu. Mocks wichtigste Erinnerung an damals, die ihn tief prägte und die er immer wieder erzählt: Allein seiner damaligen Geschichtsprofessorin Gertrud Wolf verdankt er es vermutlich, daß er damals als Zwölfjähriger nicht komplett aus der Bahn geworfen wurde. Mock: „Zweimal in der Woche, am Dienstag und am Freitag, hatten wir bei ihr eine Stunde Geschichtsunterricht. Darauf habe ich gewartet wie ein Hund auf den Knochen!"

> „Zweimal in der Woche, am Dienstag und am Freitag, hatten wir bei ihr eine Stunde Geschichtsunterricht. Darauf habe ich gewartet wie ein Hund auf den Knochen!"
>
> Alois Mock

Kein Wunder: Die Professorin nahm sich des Landbuben an, der von den Städtern, den Amstettnern eben, verspottet, verlacht, verhöhnt wurde. Mock: „Die ist hereingekommen in die Klasse und hat zu mir gesagt: ‚Na, Alois, wie geht es dir?' und hat mir übers Haar gestreichelt." Mocks langjähriger engster Vertrauter, ÖVP-Bundespressesprecher Herbert Vityska (1983): „Der heute 67jährigen Gertrud Wolf verdankt wahrscheinlich die Volkspartei, daß Alois Mock Bundesparteiobmann und Kanzlerkandidat ist. Hätte sie nicht vor 37 Jahren am Gymnasium in Amstetten unterrichtet, wer weiß, ob Mock diesen Schul- und Berufsweg gegangen und schließlich Politiker geworden wäre. Sie ließ ihn spüren, daß sie ihn, den zwölfjährigen Buben aus dem Markt Euratsfeld, schätzt."

Nicht nur seine Probleme im Amstettner Gymnasium – Mock: „Ich sprach damals einen sehr starken Dialekt, das verstärkte die soziale Ungerechtigkeit uns Landbuben gegenüber enorm" –, sondern auch die körperliche Erschöpfung des schmächtigen Zwölfjährigen ließen seine Eltern handeln. Mock: „Damals, 1946, gab's ja noch keinen Schulautobus. Wir sind im Winter zu Fuß oft über eineinhalb Stunden zur Schule gegangen, im Sommer knapp eine Stunde. Und am späten Nachmittag noch einmal so lange den Heimweg in das sieben Kilometer entfernte Euratsfeld. Todmüd' war ich immer. Ich hätte Aufgaben machen sollen, konnte aber oft nicht mehr. Dann bekam ich in Englisch Nachhilfe, dadurch mußte ich länger in der Stadt bleiben. Und einmal, im Winter war's, da haben sie mich dann gefunden, ein paar Kilometer außerhalb von Amstetten. Ich weiß die Stelle heute noch: Ich war so müde. Es war gegen fünf Uhr am Nachmittag, da habe ich mich auf dem Heimweg in den Schnee gelegt und bin eingeschlafen."

Ein zufällig vorbeikommender Arbeiter der Möbelfabrik Umdasch fand den Buben in der klirrenden Kälte: „Der hat mich dort liegen gesehen und mich erkannt. Der ist heim zur Mama und hat nur gestammelt: ‚Ihr Bub, Ihr Bub, der liegt da draußen im Schnee.' ... Meine Mama hat gleich durchgedreht, dabei ist ja eh überhaupt nix passiert. Das war vielleicht ein Theater damals."

Damit begann die Internatskarriere in Seitenstetten. Die schon nach sechs Monaten zum ersten großen Erfolgslebnis für den inzwischen dreizehnjährigen Alois Mock führte: „Mach nur so weiter, du kannst ja einen Vorzug kriegen", lobten ihn die Mitschüler wie die Patres. Der geregelte Tagesablauf – Wecken um 6.00 Uhr früh, 6.30 Uhr Morgenmesse, 7.15 Uhr Frühstück, 8.00 Uhr Schulbeginn im Gymnasium – fesselte den Euratsfelder Internatsschüler. Mock: „Alles war höchst interessant, die Leute, das Stift als solches. Ich lebte da sehr auf und habe unter der gewissen Strenge, die man Seitenstetten gelegentlich nachsagt, nicht gelitten. Im Gegenteil, ich empfand sie gar nicht als solche."

Neben dem geregelten Leben gab es etliche Benediktiner, die den jungen Mock persönlich sehr begeisterten.

2. Juni 1969: Dr. Theodor Piffl-Perčević übergibt Dr. Alois Mock das Unterrichtministerium. Piffl-Perčević war freiwillig zurückgetreten, weil ihm die ÖVP-Alleinregierung das 9. Mittelschuljahr nicht genehmigte.

„Ich lebte da sehr auf und habe unter der gewissen Strenge, die man Seitenstetten gelegentlich nachsagt, nicht gelitten. Im Gegenteil, ich empfand sie gar nicht als solche."

Alois Mock

Juli 1969: Minister Alois Mock stürzte sich mit großem Elan in seine neue Aufgabe. Aus dieser Zeit stammen die Überlegungen, den Eltern bei Schulbüchern und Schulfahrten finanziell zu helfen. Dies setzte allerdings erst die Regierung Kreisky um.

Etwa Pater Maurus, „der hat zehn oder zwölf Sprachen gekonnt, das war schon toll“. Oder der Pater Anton, der Englisch-Professor. Mock: „Der war damals schon in Amerika gewesen. Der hat uns viel erzählt, ein bißchen vom Hauch der großen, weiten Welt. Damals dachte ich mir: Warum ist nicht auch Europa ein einziges Land? Überhaupt: Die Patres haben uns im Geschichtsunterricht erzählt, wie die Benediktiner in ganz Europa ihre Klöster ausgedehnt haben, wann sie wo Schulen gegründet haben. Was sie uns da so mitteilten, das ließ uns über den Euratsfelder oder Seitenstettner Suppentellerrand hinaussehen.“

Geprägt wurde Mock auch durch den besonderen Geschichtsunterricht: anti-nazistisch und vor allem: Der Unterricht hörte nicht beim Jahr 1918 auf, sondern „erst heroben, in unseren Jahren eben. Das war doppelt interessant, das hat mich fasziniert“. Dazu kam, daß die Geistlichen, wie Mock sich schmunzelnd erinnert, oft so gar nicht als Mönche auftraten: „Ich lernte, daß man nicht immer nur ernst in die Welt schauen muß oder daß man sich permanent selbst bedauern muß, damit man ein ernstes Mitglied der Gesellschaft ist.“

> „Ich lernte, daß man nicht immer nur ernst in die Welt schauen muß, damit man ein ernstes Mitglied der Gesellschaft ist.“
>
> Alois Mock

Und das, obwohl es im Internat durchaus streng zuging. Mock: „Auch wenn es falsch verstanden wird: Strenge heißt nicht, daß man nicht geachtet wird. Es kann durchaus sein, daß einer geachtet wird, bei allem Strengsein, weil er Charakter hat.“ Zudem, sagt Mock heute, habe er in Seitenstetten die Toleranz eingeimpft bekommen. Zwar denke man als Schüler noch nicht sehr systematisch, aber etwa beim Fußballspiel, da waren die Professoren und Patres Gleiche unter Gleichen.

Dazu kam der Musikunterricht. Mock: „Ich habe begonnen, Klavier zu lernen. Ziehharmonika hatte ich schon daheim in Euratsfeld zu spielen begonnen, und eigentlich wollte ich zur Studentenkapelle Seitenstetten. Als Schlagzeuger, so was gab's daheim ja noch nicht."

Aus dem Problem-Gymnasiasten Alois Mock wurde binnen zweier Jahre ein Musterschüler. Alles paßte. Schon die 4. Klasse des Seitenstettner Gymnasiums schloß er mit einem Vorzug ab. Vier Jahre später wurde die 8. Klasse überhaupt nur mehr mit lauter „Sehr gut" beendet, „nur im eigentlichen Maturazeugnis hab' ich dann doch einen Zweier gefangen".

Mock erinnert sich: „Und zwar deswegen, weil ich ein bißchen präpotent war. Ich habe zwei grobe Fehler in der schriftlichen Latein-Arbeit gemacht, die ich statt nach vier schon nach zweieinhalb Stunden abgegeben hatte. Der Professor bedauerte zwar, mir einen Zweier geben zu müssen, aber er hat mich schon richtig eingeschätzt: Ich war etwas zu spielerisch und locker unterwegs."

In Seitenstetten hatte Mock seine Vorliebe für Sprachen entdeckt, „meine Lieblingssprache damals war Griechisch, genauer: Altgriechisch". In Deutsch wiederum schockte er seinen Professor: „Ich weiß nicht, ich glaube viermal habe ich das Wort christlich mit ‚ie' geschrieben. Der Professor zu mir: ‚Also bitte, was ist denn dir eingefallen, wennst das Wort wenigstens ein einziges Mal richtig geschrieben hättest! Aber das ist so ein hervorragender Aufsatz, daß ich dir trotzdem das Sehr gut gebe.'"

Die damalige „Lockerheit" des Alois Mock, die ihm ein reinrassiges „sehr gutes" Maturazeugnis im letzten Moment vermasselte, setzte sich zu Studienbeginn in Wien durchaus fort:

Mock: „Ich weiß nicht, was ich mir damals wirklich alles vorgestellt habe, aber ich war der einzige in der Klasse, der Welthandel studieren wollte, in die Wirtschaft gehen wollte, um später dann im Export zu arbeiten." In Wien angekommen – „ich hatte in

1969: Heute ist sie selbst Landespolitikerin und hinter Erwin Pröll die Nr. 2 in Niederösterreich – damals war Liese Prokop eine der erfolgreichsten Sportlerinnen unseres Landes. Sportminister Alois Mock übergab ihr eine Auszeichnung.

»Es kann durchaus sein, daß einer geachtet wird, bei allem Strengsein, weil er Charakter hat.«

ALOIS MOCK

der Großstadt keine Bekannten, nur ein paar Verwandte, und die Berufsberatung war auch nicht sehr aufregend" –, ging Mock mit einigen Kollegen einfach mit auf die Universität. Sie alle, seine Seitenstettner Freunde, inskribierten Jus. Mock: „Da dachte ich mir – warum eigentlich nicht?"

Die Wiener Studienzeit

„Heute", sagt der Außenminister, „bin ich eigentlich froh, daß ich nicht Welthandel machte. Jus war damals irgendwie bedeutungsvoller, und, obwohl ich damals überhaupt nicht wußte, daß ich später einmal im Außenamt landen würde, viel g'scheiter. Denn mit der Juristerei, wenn man zudem ein paar Sprachen konnte, kam man gleich in dieses Ministerium. Als Welthändler hätte ich eine Zusatzprüfung machen müssen."

So studierte Alois Mock eben Jus. Obwohl, wie er heute zugibt, ihn davon vieles nicht interessierte. Weder bürgerliches Recht noch Strafrecht, Handelsrecht und Konkursrecht schon gar nicht. Die ersten beiden Studienabschnitte absolvierte er dementsprechend unmotiviert. „Erst der dritte Abschnitt war dann meiner: Das war Wirtschaftsgeschichte, Wirtschaftsdogmatik, Verfassungsrecht, Völkerrecht."

Mock war an sich ein durchschnittlicher Student, absolvierte die erste Staatsprüfung noch mit einem einstimmigen „Gut" und glaubt heute, die zweite Staatsprüfung nur seiner damaligen Sitznachbarin zu verdanken: „Die haben mich nur durchgelassen, weil neben mir eine Dame saß, die ebenso wenig gekonnt hat wie ich, aber hübsch war. Mit einem beachtlichen Dekolleté. Da hat sich die Kommission wahrscheinlich gedacht – wenn wir die durchlassen, lassen wir den Mock auch durch. Ich bekam ein mehrstimmiges ‚Genügend' ... das war im Februar 1956."

Ängste und Prüfungskoller vor der dritten Staatsprüfung und den Rigorosen bekämpfte Mock in studentisch lockerer Manier – er ließ sich von Studienkollegen zu Tanzfesten und ähnlichem verschleppen. Ergebnis: „Gnädige" Professoren und profunde Kenntnisse im Verfassungs- und Völkerrecht verhalfen ihm schließlich zu einem „sehr guten" Wiener Studienabschluß.

Zeitzeuge Leo Wallner,

Generaldirektor der Casino-AG

„Mock wollte mich vor den Spielern retten"

Meine Wege kreuzten sich bereits seit früher Jugend mit denen von Alois Mock in zweifacher Hinsicht.

Er besuchte zwei Jahre vor mir, kurz nach Kriegsende, das Bundesrealgymnasium in Amstetten. Außerdem war sein Stiefvater als örtlicher Wirtschaftsbundfunktionär in Neuhofen an der Ybbs ein enger politischer Freund und Unterstützer meines Vaters (der Hauptbezirksparteiobmann des Wirtschaftsbundes in Amstetten und Abgeordneter zum Nationalrat war).

Alois Mock war ein ausgezeichneter Schüler, beinahe zum Herzeigen, und wurde auch von meinem Vater manchmal als nachahmenswertes Vorbild erwähnt.

Alois Mock hatte sicherlich keine leichte Jugend. Auf Grund der katastrophalen Verkehrsverhältnisse knapp nach dem Zweiten Weltkrieg mußte er nicht selten bei winterlichen Verhältnissen von Euratsfeld nach Amstetten zu Fuß zur Schule gehen. Dies mögen auch die Gründe gewesen sein, daß er ab der 4. Klasse in das Konvikt des Stiftsgymnasiums in Seitenstetten übersiedelte.

Mock war schon immer bereit, sich für seine Umgebung einzusetzen und für die Allgemeinheit zu arbeiten. Als Fachschaftsleiter der Österreichischen Hochschülerschaft auf der juristischen Fakultät der Universität Wien zeigte er beispielsweise ein überdurchschnittliches Engagement bei der Organisation der Hilfeleistungen für die ungarischen Flüchtlinge, die massenweise nach der bluti-

„Mock war schon immer bereit, sich für seine Umgebung einzusetzen und für die Allgemeinheit zu arbeiten."

»
Sein ganzes Wesen sträubte sich aufrichtig gegen bestehende oder vermeintliche Ungerechtigkeiten.
«

gen Niederschlagung der Revolution 1956 nach Österreich über die Grüne Grenze kamen.

Nach seinem Studium leitete er im damaligen Bundesministerium für Unterricht das studentische Referat. In meiner Eigenschaft als Vorsitzender der Österreichischen Hochschülerschaft an der Hochschule für Welthandel hatte ich daher auch dienstlich mit ihm zu tun.

Ich war dabei immer wieder beeindruckt von seinem Streben, vor allem sachliche Problemlösungen zu finden. Sein ganzes Wesen sträubte sich immer wieder aufrichtig gegen bestehende oder vermeintliche Ungerechtigkeiten.

Als Alois Mock später in der Sektion V (wirtschaftliche Koordination) des Bundeskanzleramts in der Hohenstaufengasse beschäftigt war, trafen wir einander sporadisch, meist zur Mittagszeit, beim Fleischhauer auf eine Leberkässemmel. Ich war gleich in der Nähe in der Renngasse im Institut für angewandte Sozial- und Wirtschaftsforschung tätig. Dabei fiel mir in unseren Gesprächen besonders sein Interesse an der Tagespolitik auf.

In seinem Gerechtigkeitsstreben und ausgeprägten Sinn für Veränderungen äußerte er für die damalige Zeit unübliche reformerische Gedankengänge. Es war unübersehbar, daß er nach politischen Gestaltungsmöglichkeiten und Herausforderungen strebte. Darauf mußte er nicht lange warten.

Dr. Alois Mock wurde der österreichischen Botschaft bei der OECD in Paris zugeteilt. Man erzählte sich, daß nicht selten bis nach Mitternacht Licht in seinem Arbeitszimmer brannte, während andere gern verschiedene Pariser Möglichkeiten und Verlockungen vorzogen ...

Anläßlich eines Staatsbesuchs in Frankreich lernte ihn Bundeskanzler Dr. Josef Klaus kennen. Mock war zur administrativen Betreuung des Kanzlers abgestellt. Nach Wien zurückgekehrt, erkundigte sich Dr. Klaus bei mir ausführlich über diesen fleißigen und zuvorkommenden Beamten. Ich war seit der Übernahme der Kanzlerschaft durch Dr. Klaus bei diesem als wirtschaftspolitischer Konsulent auf Werksvertragsbasis tätig.

Der Kanzler erinnerte sich nachher öfters in Gesprächen an den jungen Botschaftsbeamten Dr. Alois Mock und holte ihn bald darauf anläßlich des Wahlkampfs zur Nationalratswahl 1966 als Sekretär nach Wien.

Nach der Bildung der Alleinregierung trennte sich der Kanzler von seinem bisherigen Kabinettschef Dr. Karasek, dem späteren Generalsekretär des Europarates.

In diesem Zusammenhang fragte mich eines Tages der Kanzler, was ich davon hielte, wenn er Dr. Mock trotz seiner Jugend – was für die damalige Zeit ungewöhnlich war – für die Position eines Kabinettschefs in Erwägung zöge. Klaus führte vor allem Mocks Fleiß, seine Geradlinigkeit, seinen spartanischen Lebensstil und seine Loyalität ins Treffen.

Während der Zusammenarbeit mit Dr. Mock im Kabinett gab es kaum erwähnenswerte Reibungspunkte.

Wir hatten nur manchmal in einigen Fragen Auffassungsunterschiede. Bei der Beantwortung der zahllosen Briefe, die vom Kanzler meist persönlich zugeteilt wurden, war Mock im Gegensatz zu mir eher der Auffassung, alle Briefe gleichartig gewissenhaft zu bearbeiten und zu beantworten, während ich als Befürworter des Prinzips der Arbeitsökonomie je nach Absender und Thema schwerpunktmäßig zu gewichten pflegte.

Als ich Ende 1967 das Kabinett gegen den Wunsch des Bundeskanzlers verließ, um die Leitung der neugegründeten Casino-Gesellschaft im Zuge einer Umstrukturierung des damals defizitären Casinogeschäfts zu übernehmen, war Alois Mock auf Grund seines Weltbildes und seiner persönlichen Einstellung sehr bemüht, mir diesen Schritt im Hinblick auf die rufmäßig sicherlich nicht besonders angesehene Casinobranche auszureden.

Den endgültigen Ausschlag zu meinem Schritt, die Casino-Gesellschaft doch zu übernehmen, gab der freundschaftliche Rat des damaligen Staatssekretärs Dr. Karl Gruber.

» Es war unübersehbar, daß er nach politischen Gestaltungsmöglichkeiten und Herausforderungen strebte. «

Anläßlich des gewaltsamen Endes des Prager Frühlings 1968 sah ich Dr. Mock menschlich und politisch tief betroffen. Sein schon immer fast missionarischer Kampf um Freiheit und Demokratie in den kommunistischen Ländern war echt empfunden und nicht nur tagespolitisch motiviert.

Sein Fleiß, sein Pflichtbewußtsein und seine Hingabe an die politische Arbeit sowie sein Streben nach Lösungen politischer Probleme und die Erreichung politischer Zielsetzungen blieben ihm bis heute erhalten.

Trotz seiner zeitlichen Anspannung fand er immer noch Zeit für Sorgen von Freunden, auch wenn diese Treffen im Zuge seiner intensiven politischen Tätigkeit immer mehr in den frühen Morgen- oder späten Abendstunden oft im Café Eiles stattfanden.

Eine Seite seiner Persönlichkeit ist vielleicht zu wenig bekannt: Bei aller Hingabe an ein fast vollständiges Studium von Akten und einem Totaleinsatz in allen Tätigkeitsbereichen hatte er stets ein besonderes Interesse für sportliche Aktionen. So fährt er, in Erinnerung an seine Jugendzeit, gerne mit Lastautos. Als passionierter Autofahrer fuhr er oft fast nonstop von Paris nach Wien und umgekehrt. Außerdem erinnere ich mich genau, daß er früher auf Bällen stundenlang mit seiner heutigen Gattin zu meiner Überraschung schrittmäßig sehr gekonnt tanzen konnte.

Eines sei abschließend noch erwähnt: Eine seiner Stärken wird ihm auch von manchen als Schwäche ausgelegt – er opfert immer viel Zeit, um sich mit Details zu beschäftigen. Wobei es ihm später auf Grund seiner Lernfähigkeit zunehmend gelang, darin nicht unterzugehen.

»Eine seiner Stärken wird ihm auch von manchen als Schwäche ausgelegt – er opfert immer viel Zeit, um sich mit Details zu beschäftigen.«

Die Familie des Alois Mock

Geradlinigkeit, Aufrichtigkeit, Sturheit und niemals krumme Touren

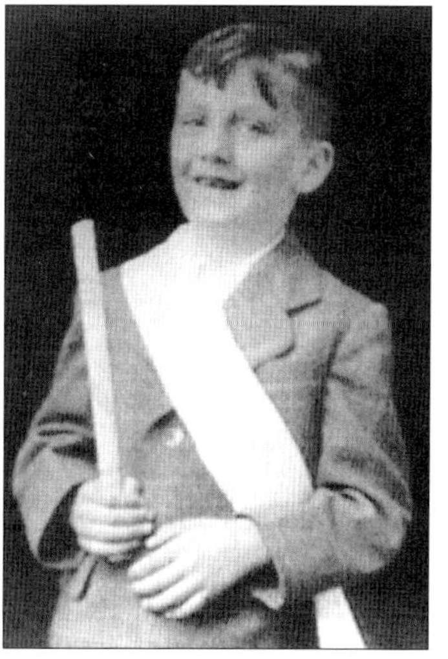

Als Alois Mock 1934 in Euratsfeld nahe Amstetten im niederösterreichischen Mostviertel zur Welt kommt, erlebt Österreich ein innenpolitisch explosives Jahr: Im Februar herrschte Bürgerkrieg, und im Juli wird Bundeskanzler Engelbert Dollfuß in seinen Amtsräumen auf dem Wiener Ballhausplatz von Nationalsozialisten ermordet.

In dem kleinen Marktflecken draußen in Niederösterreich aber ist die Welt noch heil.

Seinen Vater lernt Alois Mock nie kennen. Noch bevor er geboren wird, verunglückt dieser tödlich mit seinem Motorrad. Der Bruder seines Vaters – er führt eine Molkerei –, wird der Stiefvater des kleinen Alois. Die folgenden schweren Jahre beschreibt der Journalist Herbert Vityska in der von ihm 1983 verfaßten politischen Mock-Biographie „Der logische Nachfolger" so:

„Die Nazis und der Krieg versetzten der Familie einen weiteren Schlag. Man nimmt ihr den Betrieb weg. Zumal im ganzen Ort bekannt ist, daß die Mocks dem Nationalsozialismus feindlich gesinnt sind. Aber sie lassen sich nicht entmutigen und versuchen, unter schwierigsten Umständen ein kleines Fuhrwerksunternehmen zu erhalten. Der siebenjährige Alois begreift zunächst noch gar nicht, was sich da alles in seiner unmittelbaren Umgebung abspielt. Seine Volksschullehrerin ist eine besonders fanatische Nazi-Anhängerin. Besonders schwärmerisch erzählt sie von der Napola, die das erstrebenswerteste Ziel jedes jungen deutschen Menschen sein muß. Eines Tages kommt Alois Mock von der Schule nach Hause, stellt sich vor sei-

1951: Alois Mock und seine fünf Geschwister, im September jenes Jahres aufgenommen. Von links nach rechts: Maria (sitzend, zehn Monate), Mathilde (vier Jahre), Eva (zehn Jahre), Monika (zwölf Jahre), Franz (14 Jahre) und Alois, Österreichs späterer Außenminister, im Alter von 17 Jahren.

ne Mutter neben den Küchenherd und sagt: ‚Du, Mama, ich möchte gerne, daß du mich auf die Napola schickst.‘ Er hatte noch nicht einmal ausgesprochen, da hatte er schon links und rechts eine Ohrfeige. Er wußte nicht, wie ihm geschah. Erst viel später begann er zu begreifen.

Mit wachsamen Augen verfolgte er, welche Methoden ein diktatorisches Regime anwendet und wie es damit in die private Sphäre von Menschen eingreift.“

Heute erinnert sich Mock an seine Kindheitstage mit einer ungebrochenen Herzensbindung, vor allem an seine hochbetagte Mutter. „Ich habe mich daheim immer sehr, sehr wohl gefühlt. Später, als ich schon in Wien war und ich Vergleiche gezogen habe mit der Lebensweise zu Hause und jener, die ich in der Großstadt kennenlernte, bestätigte sich für mich etwas, was ich zwar als Kind schon irgendwie ahnte, aber dann war es für mich völlig klar: Daß wir im katholischen Sinne sehr, sehr streng erzogen worden sind.“

Geradlinigkeit, Aufrichtigkeit, gelegentlich unglaubliche Sturheit und vor allem keinerlei Anfälligkeit für krumme Touren – das ist es, was der junge Alois Mock von zu Hause mitnahm, als er aus der familiären Geborgenheit Euratsfelds entlassen wurde. Alois Mock bestätigt diese Analyse, ohne mit der Wimper zu zucken: Jawohl, so sei er halt erzogen worden von der strengen Mama.

Allerdings verwahrt er sich nachdrücklich gegen die Etikettierung, einer disziplinär strengen Familie zu entstammen. „Oft wurde mir schon zugeschrieben, in so manchen Portraits, die über mich im Lauf der Zeit in den Magazinen und Zeitungen erschienen sind, daß mein kindlicher Freiraum seinerzeit unterdrückt worden wäre und was weiß ich noch alles. Deshalb sei ich so akkurat, so arbeitsam. Nur, ich bin mir als Kind überhaupt nicht unterdrückt vorgekommen, nein, niemals! Relativ selten, soweit ich mich erinnern kann, hat es beispielsweise Ohrfeigen gesetzt. Nur einmal, das weiß ich noch gut, da hat es ordentlich gescheppert. Ich hab' in einer Garage Batterien gefunden und sie alle irgendwie zusammengesteckt, bis sie explodiert sind. Unsinn hab' ich halt ang'stellt. Da hat's dann eine Watsch'n gegeben."

Es waren materiell schlechte Zeiten, die das Kind Alois Mock durchleben mußte. Aber wohlbehütete, so daß der Bub nichts davon wirklich merkte. An die Molkerei seines Stiefvaters erinnert er sich lebhaft und auch an die Schlagobers-Erzeugung. „Für uns waren es schlechte Zeiten, nicht so wie in Wien, wo einige Leute nicht gewußt haben, wohin sie mit dem Schlagobers sollen, das sie uns abgekauft haben. Bei uns hat's nie eines gegeben dafür. Es wurde von unserer Familie zwar produziert, aber nicht konsumiert. Weil's zu wertvoll war. Trotzdem hatte ich immer das Gefühl, sehr umsorgt zu sein irgendwie, ich habe mich immer wohl gefühlt."

Unter den zahlreichen Mock-Stories nimmt jene von seinem Jugendtraum, als Fernlastfahrer unterwegs zu sein, einen besonderen Platz ein. Als er schon Bundesparteiobmann der ÖVP war, in den frühen achtziger Jahren, bat ihn eine Illustrierte, sich für eine Reportage hinter das Lenkrad eines Brummis zu klemmen. Dies bedeutete damals dem jungen Spitzenpolitiker viel und machte ihm mordsmäßig Spaß.

Warum er Fernlastfahrer werden wollte, begründet Mock heute so: „Wahrscheinlich hing das auch damit zusammen, daß mich immer interessiert hat, was irgendwo anders los ist, draußen,

1970: Dynamisch, sportlich, beinahe futuristisch gekleidet – Alois Mock als junger Unterrichtsminister bei der Ski-WM in Gröden. Der junge Euratsfelder übte sich im Eisstockschießen.

1933: Mathilde Mock, Jahrgang 1909, kurz vor ihrer Hochzeit mit Alois Mocks Vater. Zwei Wochen bevor sie ihren ältesten Sohn Alois gebar, verunglückte ihr Mann mit dem Motorrad tödlich. Mathilde Mock heiratete später ihren Schwager August.

» Mich hat immer interessiert, was irgendwo anders los ist, draußen, außerhalb meiner heilen Welt von Euratsfeld. « Alois Mock

außerhalb meiner heilen Welt von Euratsfeld oder im Raum Amstetten. Beim Karl May hab' ich immer gelesen, wie es in Arabien ist. Daß er selbst niemals dort war, erfuhr ich ja erst viel später. Und weil mein Papa einen Fuhrwerksbetrieb gehabt hat, habe ich das alles eben schon von klein auf mitbekommen."

Mock erinnert sich lebhaft, daß es eines der eindringlichsten Erlebnisse war, als er als Bub mit nach Innsbruck fahren durfte: „Ich bin die ganze Zeit hinten oben gelegen, bei den Zementsäcken, die mein Vater transportierte. Da ging's über die Ennsbrücke, die Demarkationslinie, das war vielleicht ein Abenteuer. Mitgefahren ist ein Beifahrer, der hieß wie der berüchtigte SS-Führer mit Familiennamen Kaltenbrunner. Na, das war ein Theater an der Enns. Es kommt der russische Wachsoldat aus seinem Häuschen und deutet uns: Zurückfahren auf den Parkplatz – und du da heraus! Ich saß neben dem Beifahrer, dem Kaltenbrunner eben, der hat gleich mächtig zu zittern begonnen, denn das Herauszitieren von den Russen konnte ja nur Ungutes bedeuten. Also geht der Kaltenbrunner mit dem Soldaten rein, kommt nicht nach fünf Minuten, nicht nach zehn Minuten. Nach über 20 Minuten wankt er daher, völlig grau im Gesicht. Der Russe macht die Tür auf, schiebt ihn herauf und sagt: ‚Das nicht Kaltenbrunner. Das dummer Mann!'"

Per Anhalter – Mock hatte das Gymnasium in Seitenstetten mit Bravour hinter sich gebracht – machte sich der junge Alois Mock kurz nach dem Krieg zu Reisen quer durch Europa auf. Etwa nach Schweden. Bei der Heimreise, zwischen Kiel und Hamburg, stoppte er erfolgreich einen Kühllaster. „Als der Lenker, der einen sehr müden Eindruck machte, von mir erfuhr, daß wir zu Hause ein Transportunternehmen hätten, nahm er offenbar an, daß ich schon einen Führerschein besaß. Er fragte mich, ob ich fahren wolle. Ich drauf: Selbstverständlich! Ich chauffierte das tonnenschwere Gefährt bis nach Hamburg."

Selbstredend, daß der junge Alois Mock natürlich zu diesem Zeitpunkt keinen Führerschein hatte. Schon gar nicht für Lastwagen.

Soviel zu dem angeblich in jungen Jahren so überaus braven, schüchternen Alois Mock.

Was seine Euratsfelder Erziehung angeht, meint Mock, dort die Grundlagen für seine spätere Lebensmaxime mitbekommen zu haben: Als politischer Mensch ein Wertkonservativer geworden zu sein, ansonsten aber ein Struktur-Progressiver, der zu Veränderungen drängte und drängt. Beides sei später in seinem politischen Leben oft verwechselt worden, sagt Mock. Etwa in den siebziger Jahren, als er als ÖAAB-Obmann sehr rasch wegen des Drucks, den er in bezug auf Sozialreformen entwickelte, von der eigenen Partei als „der linke Mock" abgestempelt worden war.

Die Siebziger waren auch eine Zeit, von der Mock heute sagt, daß „vielfach nur leere Worthülsen produziert worden sind, damals galten tatsächlich nur wenige Werte als fix".

Als einen Fixpunkt in der Werteskala definiert Mock den Glauben:

• „Die Überzeugung von einem persönlichen Gott. Wobei heute vieles sehr armutschkerlhaft ist, was wir uns vorstellen. Ich glaube, in 1000 Jahren wissen die Menschen sehr viel mehr über den Zweck der Schöpfung und all diese Dinge." Vieles, was heute mehr oder weniger heftig diskutiert wird, werde in Zukunft vermutlich überhaupt kein Problem darstellen. Etwa die Rolle der Frau in der Kirche.

Auch sei es nicht angebracht, heute von einem „altvaterischen" Papst zu reden. Mock hantelt sich mit einem politischen Vergleich weiter: „Was hat es denn für einen Sinn, für etwas, das weit in der Zukunft liegt, einen Riesenwirbel anzufangen? Da kommt nichts dabei heraus. 1523 wäre das geheime und direkte Wahlrecht ganz sicher genauso richtig gewesen wie heute – nur wären 1523 alle, die dafür eingetreten wären, aufgehängt worden. Das Zeitverständnis war nicht reif dafür." Darum regen Mock auch die Richtungskämpfe in der Kirche Österreichs nicht wirklich auf. „Wichtig ist das richtige Wort zur richtigen Zeit. Ich meine, daß vieles – und darüber wird ja oft berichtet –, daß vieles, was heute zu irren Diskussionen führt, über eine

„Was hat es denn für einen Sinn, für etwas, das weit in der Zukunft liegt, einen Riesenwirbel anzufangen? Wichtig ist das richtige Wort zur richtigen Zeit."

Alois Mock

1986: Während aller Jahre seiner politischen Karriere vergaß Alois Mock nie auf seine Heimat und erinnerte sich stets seiner Wurzeln. So oft es ihm möglich ist, sucht er auch heute noch seine inzwischen betagte Mutter auf, schreibt ihr von jedem Auslandsaufenthalt eine Karte und sucht bei seinen zahlreichen Aufenthalten in Euratsfeld – wenn auch nur für Stunden – ein wenig Entspannung. Bis vor wenigen Jahren begleitete er seine Familie (im Bild Mutter Mathilde und Bruder Franz) bei jeder Wahl zur Stimmabgabe.

progressive Kirche oder eine konservative, überhaupt nicht so wesentlich ist. Das Wesentliche, das sind ganz wenige Dinge, die immer gleichbleiben – vieles ändert sich nur, weil wir es alle miteinander glauben. Wenn manche da zu mir gekommen sind, mit diversen Interview-Wünschen, so auf die Art: ‚Das ist doch eine Katastrophe mit dem Bischof Krenn, nicht wahr?', dann sage ich denen immer: ‚Was ist das gegen das Faktum, daß es einmal in der Kirche über Jahrzehnte drei Päpste gegeben hat.' Nein, die Kirche hat schon viel mehr ausgehalten. Die Kirche hat für mich nicht ihren Wert, weil dort alles so perfekt wäre – vieles ist davon weit entfernt –, sondern weil sie trotz ihrer Mängel immer noch besteht. Da steckt mehr dahinter als nur eine menschliche Institution."

Fazit: Dinge, die falsch laufen, richten sich irgendwann ohnehin von selbst.

Und im übrigen solle man andere immer so behandeln, wie man selbst gerne behandelt werden will.

• Dann ist da die Toleranz. Daß Alois Mock sie hat und ausübt, ist inzwischen zu einem seiner Markenzeichen geworden.

Mock: „Ich glaube ohnehin, daß jemand, der feste Grundsätze hat, sich leichter tut, tolerant zu sein. Ich habe immer Freude mit jenen gehabt, die ganz anders gedacht haben als ich. Mit wirklichen Sozialisten etwa, jenen mit diesem marxistischen Puritanismus, der sehr auf Korrektheit aus ist, mit diesen Leuten tue ich mir überhaupt nicht schwer. Die haben eine Grundphilosophie, die ich zwar für absolut falsch halte, aber sie stehen dazu. Oder die Freimaurer, einer meiner besten Freunde war einer. Ich habe mir nichts gedacht dabei. Da war mein Weg – und da ist seiner. Das ist alles. Denn wenn das stimmt, daß die einzelne Person so einen enormen Stellenwert hat, dann kann man nicht drüberfahren, dann muß man dies respektieren. In allen Facetten, bei allen gegensätzlichen Gedanken und Auffassungen."

• Ein weiteres Grundprinzip des Alois Mock ist es, seine Arbeit grundsätzlich als Dienst an der Gemeinschaft zu definieren.

Mock: „Ich bin zwar eher, was die Absicht anlangt, durch Zufall in die Politik gekommen. Aber, wenn Sie so wollen, die Politik bedeutet für mich primär Dienst an der Gemeinschaft. Konkreter: Wenn ich einen Job haben will, um maximal zu verdienen, dann darf ich nicht Politiker werden. Ich bin natürlich dafür, daß Politiker ordentlich bezahlt werden, damit sie weniger zugänglich sind für Korruption und solche Sachen. Aber zu jammern, daß sie nicht soviel hätten wie ein Vorstandsmitglied der Ersten Österreichischen Sparkasse, das ist Blödsinn. In der Politik gelten andere Kriterien als in anderen Berufen. Die wirkliche Aufgabe eines Politikers ist, dafür zu sorgen, dem einzelnen größere Chancen zu eröffnen – indem er gesellschaftliche Voraussetzungen schafft, für ein gutes Bildungswesen beispielsweise, für Stipendien, Forbildung und vieles andere mehr. Rahmenbedingungen zu schaffen, das ist er, der Dienst des Politikers an der Gemeinschaft."

»
Dinge, die falsch laufen, richten sich irgendwann ohnehin von selbst.
Und im übrigen soll man andere immer so behandeln, wie man selbst gerne behandelt werden will.
« ALOIS MOCK

Edith, die Frau an seiner Seite

1958 erschien sie, die bildhübsche, temperamentvolle Studentin

Konsequenz ist eines der bestimmenden Charaktermerkmale der Persönlichkeit des Alois Mock. Und zwar nicht nur in beruflicher Hinsicht.

Der junge Beamte des Unterrichtsministeriums Alois Mock lernte seine spätere Frau Edith 1958 kennen. Geheiratet wurde im Juli 1963 – diese inzwischen 31 Jahre dauernde Ehe zählt heute zu den glücklichsten und funktionierendsten in Österreich. Daß das Ehepaar Mock kinderlos blieb, ist für beide – noch immer – eine nicht zu unterschätzende seelische Belastung. Daß die Mocks in diesen 31 Jahren ihrer Lebensgemeinschaft – und man kann in den Archiven blättern, soviel man will – niemals im Mittelpunkt irgendwelcher persönlicher Unregelmäßigkeiten oder gar Skandale standen, ist ein Markenzeichen dieser außerordentlichen Beziehung. Die seinerzeit, in den zu Ende gehenden fünfziger Jahren, gar nicht so „euphorisch" begonnen hatte:

Die junge Studentin Edith, bildhübsch, temperamentvoll und der Schwarm zahlloser Studienkollegen, Tochter eines Staatsbeamten, war von ihrer Mutter im Herbst 1958 dazu gedrängt worden, erstens ihren damaligen fixen Freund „endlich aufzugeben" und zweitens ihr Geschichts- und Englischstudium doch mittels eines Stipendiums für ein Jahr lang in London fortzusetzen. Stipendien waren damals noch recht außerordentliche Studienhilfen – noch dazu für relativ „begüterte" junge Leute. Und zu diesen zählte die spätere Ehefrau von Alois Mock, immerhin war ihr Vater ja Staatsbeamter.

Juli 1963: Alois Mock heiratet die Wiener Beamtenstochter Edith. Eine bildhübsche, temperamentvolle Studentin, die er fünf Jahre zuvor bei einer Stipendiumsprüfung im British Council kennengelernt hatte. Dr. Edith Mock, heute Direktorin eines Mädchengymnasiums in Wien, erinnert sich: „Am Anfang hat er mich überhaupt nicht interessiert. Ich war der Schwarm vieler anderer junger Männer. Aber als ich wußte, er ist der Mann meines Lebens, war es für alle anderen vorbei!“

Edith Mock hat den Moment, als sie ihren späteren Mann kennenlernte, schon oft geschildert: Ein junger, schlaksiger Beamter sei er gewesen, im Unterrichtsministerium der Stipendienreferent. Die Aufgabe des damals 24jährigen Mock bestand darin, Stipendienwerbern auf den Zahn zu fühlen, ob sie überhaupt der Unterstützung des Ministeriums würdig wären.

Alois Mock prüfte streng. „Wer war Aehrenthal?" Mit dieser Frage knallte er der attraktiven, dunkelhaarigen, schlanken 21jährigen die Eintrittskarte nach London auf den Tisch. Edith löste sich die Karte mit Bravour: „Aloys Graf Lexa von Aehrenthal war österreichisch-ungarischer Außenminister, als die Donaumonarchie 1908 Bosnien-Herzegowina annektierte", konterte sie zum Erstaunen des jungen Ministerialbeamten und fügte so viel Detailwissen hinzu, daß Mock sehr rasch sagte: „Danke, das genügt!", weil er die Details selbst nicht kannte.

> »Ich war ihm damals ganz offensichtlich auf Anhieb mehr als sympathisch.«
>
> EDITH MOCK

„Aber", so Edith Mock schmunzelnd, in der Erinnerung schwelgend, „ich war ihm damals ganz offensichtlich auf Anhieb mehr als sympathisch. Wohl deshalb gab er mir bei der Stipendiumsprüfung nicht die höchste Punkteanzahl, obwohl ich sie mir wirklich verdient hätte. Aber das war ja schon damals typisch für ihn: Nur um seine Sympathie zu mir zu verbergen und vor allem um sich nicht auch nur dem leisesten Verdacht auszusetzen, er beurteile bloß nach Sympathie oder Gefühl, war er halt besonders streng."

Bei der jungen Studentin, die ihre Prüfung bestand, hinterließ damals, am 5. Dezember 1958, der junge Alois Mock zunächst natürlich überhaupt keinen Eindruck. Im Gegenteil. Sie vergaß den jungen Mann ganz einfach. Kein Wunder: Viel zu viele junge Wiener rissen sich um sie.

Erst ein paar Monate später, auf einem Ball im Februar 1959, traf man einander wieder. Alois Mock, ganz auf schüchtern.

Die heutige Schuldirektorin des Mädchengymnasiums in der Schützengasse im dritten Wiener Gemeindebezirk: „Der war so feig, daß er einen Freund vorgeschickt hat, um mich an seinen Tisch

zu lotsen. Was mich natürlich überhaupt nicht beeindruckte. Er hat ja mich wiedererkannt, nicht ich ihn. Als er mich an meine Stipendiumsprüfung bei ihm erinnerte, sagte ich, glaube ich, nur lakonisch: ‚Aha, Sie waren das also!'"

Das war es aber auch schon: Alois Mock hatte die Frau seines Lebens gefunden, dessen war er sich damals – wie er heute betont – schon ziemlich sicher. Bei Edith Mock funkte es erst sehr viel später: Nach einem Verkehrsunfall, der ihr ein Gipsbein bescherte und die Distanzierung ihres damaligen Freundes von ihr dieses Mangels wegen. Edith Mock: „Ich hatte einen Gips bis zur Hüfte hinauf, nicht gerade sehr attraktiv." Dem Wiener Journalisten Joe Galley vertraute sie erst vor wenigen Monaten in temperamentvoller Offenheit an: „Meine damalige Liebe wollte eine Frau, nach der sich die Männer auf der Straße umdrehen", und weil das

1979–1989: Die zehn Jahre seiner Obmannschaft in der Volkspartei waren für Alois Mock phasenweise alles andere als ein Honiglecken. Seine Gattin Edith, die sich grundsätzlich in die Tagespolitik nicht einmischte, war ihm auch in den härtesten Tagen eine treue und vor allem hilfreiche Gefährtin. Sie war es, die ihm immer wieder Kraft gab, mit den diversen Aufregungen in der Partei fertig zu werden.

1987: In seinen schwersten Jahren als Parteichef ließ es sich Alois Mock dennoch niemals nehmen, in der Öffentlichkeit Optimismus und Zuversicht zu verbreiten. Auch dann nicht, als sich sein erzwungener Rücktritt schon deutlich abzeichnete. Im Bild beim Opernball mit Lotte Tobisch (links) und seiner Gattin.

mit dem Gips nicht mehr möglich war, sei sie plötzlich sehr einsam gewesen. Nur Alois Mock habe sich um seine Ballbekanntschaft gekümmert. Und ihr geholfen, gehen zu lernen. Edith Mock: „Das war der Moment, wo ich wußte, das ist der Richtige für mich."

Dennoch dauerte es noch fast vier Jahre, ehe im Juli 1963 geheiratet wurde.

Hochzeitsreise und Versetzung Mocks zur OECD nach Paris fielen wie geplant zusammen. Intensive Jahre, viel Zeit füreinander. Sechs Jahre später war das Glück zu Ende. „Todtraurig" sei sie gewesen, erinnert sich Edith Mock, als ihr Mann zum Unterrichtsminister berufen wurde.

Es liegt wohl an der außerordentlichen Persönlichkeitsstruktur des Paares – bei Alois Mock die strenge Selbstdisziplin, bei Edith Mock der unbändige Drang nach Selbstständigkeit im Beruf –, daß die Ehe der beiden trotz allem Streß, trotz intensiver Reisetätigkeit und vor allem des enormen, zum Großteil selbstverordneten Arbeitspensums des Ministers prächtigst funktioniert. Aber noch wesentlicher: Alois Mock ist – bei allem Bemühen, dies, wie überhaupt sein Privatleben, vor der Öffentlichkeit zu verbergen – offenbar ein sehr zärtlicher und vor allem aufmerksamer Ehemann. „Ditha", wie sie von ihrem Mann gerufen wird, ist trotz der zahllosen Dienstreisen ihres Gatten in alle Welt stets mit ihm in Verbindung: Telefonisch halten sie Kontakt, über Tausende Kilometer hinweg, zu jeder Tages- und Nachzeit. Die manchmal nicht wirklich billigen „Mitbringsel", eine Brosche da, ein Seidentuch dort, gehören seit Jahren zum Standardrepertoire ihrer Beziehung.

Dennoch hat Edith Mock besondes in den letzten Jahren die Angst um ihren Mann gepackt. Sie bangt immer häufiger um seine Gesundheit, um sein Wohlergehen – und hat eingesehen, daß aller Zorn, alles Betteln um ein Leisertreten kaum etwas bringt. Daß ihr Mann im Begriffe sei, sich „aufzuopfern", kommt ihr ebenso über die Lippen wie das Eingeständnis, es ihm nur schwer glauben zu können, daß er sich jetzt, nach seiner Operation im Mai, wirklich ernstlich schonen werde.

Umso liebevoller geht sie daher mit „ihrem Alois" gerade in den letzten Monaten um:

Trotz ihres stressigen Berufs als Schuldirektorin versucht Edith Mock häufiger als früher, bei offiziellen Anlässen an der Seite ihres Gatten zu sein.

- Als ihr Gatte im März zu den letzten entscheidenden Verhandlungen um den EU-Beitritt Österreichs nach Brüssel aufbrach, war Edith Mock selbstverständlich am Flughafen Schwechat, um ihn zu verabschieden. Das spätere Bild im TV zeigte eine Frau, die in der Abflughalle fast beschwörend auf ihren Mann einredet: Schone dich!
- Es rührte die Nation, als am Abend des 10. Juni 1994 über die TV-Schirme jene beeindruckenden Szenen vom Jubelfest der Republik zum 60. Geburtstag Mocks in der Wiener Hofburg flimmerten – und Edith Mock die Hand ihres gefeierten Mannes während des ganzen Festaktes nicht losließ.

> „Das war der Moment, wo ich wußte, das ist der Richtige für mich."
> EDITH MOCK

• Es war beeindruckend, wie in der Europa-Nacht des 12. Juni Edith Mock ihren umjubelten Minister-Gatten in der Wiener City, begleitet von Tausenden begeisterten Wienern, die immer wieder „Alois, Alois!“ skandierten, über den Kohlmarkt und den Graben zum Gottesdienst in den Stephansdom geleitete. Alois Mock, gestützt auf den Arm seiner Gattin, signalisierte allen, die es verstehen wollten:

‚Das ist die Frau, die mir selbst in der Stunde des größten politischen Triumphes viel, viel wichtiger ist als alles andere.‘

• Und es war rührend, zu beobachten, wie Edith Mock zu Hause im Wohnzimmer der Ministerwohnung in Wien-Döbling mit ihrem Mann der ersten TV-Hochrechnung über die EU-Volksabstimmung entgegenzitterte. Sie hielt ihrem Gatten im Sinne des Wortes die Daumen. Als ORF-Moderater Josef Broukal punkt 17 Uhr die unglaublichen 66 Prozent Zustimmung präzise voraussagte und Alois Mock selbst noch völlig fassungslos auf den Bildschirm starrte, fiel ihm seine Frau um den Hals, um ihn herzhaft abzubusseln. Beiden verschlug es für Sekunden die Sprache.

Edith Mock ist eine starke Frau.

Zeitzeugin Edith Mock

Direktorin eines Mädchengymnasiums

Das offene Bekenntnis einer schon 31 Jahre währenden Ehe

Fesch und resch ist sie, und nach wie vor gesegnet mit einem quirligen Temperament. Edith Mock gibt zu, daß sie derzeit Angst um ihren Mann hat. Daß er sich gesundheitlich noch immer nicht schont und daß – „wenn er so weitertut“ – die beiden ihre Pläne, die sie für den Ruhestand schon geschmiedet haben, vermutlich erst in der Ewigkeit würden verwirklichen können. Es war ein berührendes Gespräch, in dem Edith Mock unter anderem erzählte, wie sie seinerzeit den Mann kennenlernte, mit dem sie inzwischen 31 Jahre glücklich verheiratet ist.

Wie ich meinen Mann sehe

Frau Dr. Mock, Sie sind die Frau, die dahintersteht bei diesem zuletzt sensationellen Comeback von Außenminister Dr. Alois Mock. Ich frage Sie: Wie erleben Sie denn diesen Höhenflug Ihres Gatten?

Ja, wissen Sie, für mich hat er sich ja überhaupt nicht geändert. Für mich war der Alois immer schon so, wie er ist. Ich kenne ihn ja schon lange sehr gut.
Ich habe ihn 1958 kennengelernt, und auch da war er ein Mensch, der sehr introvertiert war.
Er braucht lange, bis er sich jemandem öffnet.
Für mich war er immer so, wie er sich auch jetzt den Leuten darstellt. Daher habe ich auch manches ganz einfach anders gesehen und nicht begriffen, warum andere ihn oft ganz anders sehen.

23. November 1986: Die dramatische Wahlnacht. Alois Mock, schwer gezeichnet, vor seinem TV-Auftritt. Edith stützt ihn.

Was meinen Sie?

Naja, was weiß ich, wenn es geheißen hat, daß er zum Beispiel Führungsschwächen hätte oder so. Da habe ich schon, als er Parteiobmann war, gesagt: ‚Na, du, sag einmal, hau doch einmal auf den Tisch!' Daraufhin hat er gemeint: ‚Du, paß auf, das sind ja alles g'standene Leute, das sind Landeshauptleute, das sind Nationalräte, Minister. Da kann ich ja nicht so auf den Tisch hauen. Das geht so nicht.'
Ich ließ nicht locker: ‚Ja, aber wenn sie von dir verlangen, daß du sie führst, dann mußt du es so machen.'
Erwidert er: ‚Das sagen sie nur so nach außen. In Wirklichkeit wollen sie eine Führung ja gar nicht.'
Das mit der Führungsfunktion, vielleicht habe ich das, bedingt durch meinen Beruf – weil das Schulische etwas sehr Direktes und auch etwas sehr Grobes und Handfestes ist, besser gekonnt. Ich war eigentlich schon immer ziemlich hart im Nehmen. Wobei es für mich auch eine sehr gute Schule war, schon als Sechzehnjährige von zu Hause weggegangen zu sein. Ich bin seinerzeit ein Jahr lang in Amerika in die Schule gegangen, das hat mir sicher sehr viel gegeben und auch sehr viel gebracht.
Aber zurück zu meinem Mann: Ich finde, so arg, wie manche Leute meinen, haben sie ihn eh nie abgewatscht. Manches von den wirklich argen Kritiken, die es gab, liest man auch gar nicht.
Nein, ich habe das alles nie persönlich genommen. Ich habe mir gedacht: Naja, das ist eine Phase in der Politik, das gehört eben dazu.
Außerdem dachte ich mir oft, wenn es drunter und drüber ging: Das ist nicht er, so wie er mir lieb und wert ist, sondern das ist der Politiker, und das gehört eben auch dazu.

Wie ich unsere Ehe sehe

Politikerehen sind sehr harte Ehen. Was zeichnet Ihren Mann aus ?

Wissen Sie, erstens einmal, Liebe, das sind hauptsächlich Gefühle, und die kann man nur sehr

> Mein Mann ist der einzige Mensch, von dem ich wirklich sagen kann, zu dem schaue ich auf, vor dem habe ich Respekt.

schwer beschreiben. Aber, wenn ich so nachdenke, ich war immer sehr lustig und fröhlich und habe immer sehr viel getan, alle möglichen Aktivitäten gesetzt und war für jede Hetz zu haben. Er jedoch hat nur die Politik im Kopf gehabt.
Ich, ich bin ausgegangen, habe mich immer mit irgend jemandem getroffen.
Als ich meinen Mann kennengelernt habe, hat er mich zuerst nicht sehr beeindruckt.
Aber ab dem Augenblick, wo ich ihn gern gehabt habe, waren alle anderen für mich gestorben.
Mein Mann war und ist der einzige Mensch, von dem ich wirklich sagen kann, zu dem schaue ich auf, vor dem habe ich Respekt. Das war und ist einfach so.

Sie haben Ihren Gatten kennengelernt, als er ein junger Diplomat war?

Ich habe ihn kennengelernt, als er noch Beamter im Unterrichtsministerium war.

Bei einer Stipendiumsprüfung.

Ja. Früher war es so, daß man an der Universität selber kaum oder sehr wenig Stipendien bekommen hat. Da mußte man wirklich sehr bedürftig sein.
Mein Vater war Staatsbeamter, also da bin ich nicht daruntergefallen. Ich habe in meinem Leben zwei Auslandsstipendien gehabt: Das eine war in der erwähnten High School in Amerika, und dann eben über das Historische Institut – ich habe Englisch und Geschichte studiert in Wien –, das ist über das Unterrichtsministerium gelaufen.
Es war am 5. Dezember 1958. Ich war gerade am Weg zu einem Krampus-Treffen, ich war deswegen ganz in Rot gekleidet. So ging ich hinein ins British Council. Und er ist dort gesessen, als junger Stipendienreferent, er war, glaube ich, seit Februar 1958 im Unterrichtsministerium beschäftigt.

So lernten Sie Ihren Mann kennen?

Es war so: Ich habe ihn das nächste Mal auf einem Ball wiedergesehen, das war schon 1959. Zunächst ging ich ja nach England, und während ich auf der Insel war, habe ich plötzlich eine Karte von ihm bekommen, worin stand, daß er vom Ministerium weg und auf dem Weg nach Brüssel sei. Von dort aus hat er mich einmal in London besucht. Er blieb beruflich noch in Brüssel, als ich schon wieder zurück in Wien war. Als er zurückberufen wurde nach Wien, ins Bundeskanzleramt, waren wir erstmals kurze Zeit an einem Ort zusammen. Das war die Zeit, wo man schon gesehen hat, daß er in den diplomatischen Dienst will. Nur, wenn er damals tatsächlich ins Ausland gegangen wäre, hätte er eher in den Tropen oder sonstwo Dienst machen müssen. Gott sei Dank blieb er da. Ich habe mein Studium fertiggemacht, meine letzte Prüfung am 30. November 1961 abgelegt, und mit 15. Jänner 1962 ist mein späterer Mann dann zur OECD nach Paris abkommandiert worden.

1993: Edith Mock bei den Salzburger Festspielen. Daß ihr Mann in der ÖVP Probleme hatte, ärgerte sie zwar, aber: „Das gehörte halt auch zur Politik." Im Bild mit ÖVP-Chef Erhard Busek.

Ab diesem Zeitpunkt waren Sie ein Paar?

Nein! Denn da waren wir noch nicht verlobt! Wissen Sie, ich habe darauf Wert gelegt, daß ich mein Studium fertigmache. Und ich habe vorher über andere Dinge überhaupt nicht gesprochen. Daher ist er allein nach Paris gegangen. Ich bin erst hinaus, als wir verheiratet waren.

Geheiratet haben Sie Alois Mock 1963.

Ich hatte im Jahr 1959 einen Unfall. Bin in einen Roller hineingelaufen. Mußte mit einem Liegegips drei Wochen zu Hause liegen. Da haben mich unzählige Freunde besucht – unter anderen eben auch der junge Ministerialbeamte Alois Mock.

Er ist immer dann gekommen, wenn die anderen bei schönem Wetter ins Bad gegangen sind, schwimmen und so. Manchmal war es schon so, daß jemand anderer bei mir gesessen ist, und die

Mutti hat mir signalisiert, daß er schon draußen wartet.
Ja, ich war lustig und fröhlich.
Dann habe ich den Gehgips gekriegt. Das war so ein hoher Gips, und ich hatte Angst, daß ich umfallen würde. Daraufhin hat er gesagt, er kommt nach dem Büro und wird mir gehen helfen.
Da sind wir halt schön langsam gegangen. Einmal hat er sich von seinem Vater das Auto ausgeborgt und ist mit mir auf den Kahlenberg gefahren. Er war sehr lieb und aufmerksam.
Eigentlich hatte ich damals ja eine andere Bekanntschaft, derjenige bemühte sich sehr um mich – ich kannte diesen Mann viel länger als den Alois Mock.
Meine Mutter aber hat mir gesagt: ‚Du, den Alois Mock darfst du nicht so behandeln wie deine anderen Freunde, weil der ist kein Student mehr.' In dem Augenblick habe ich gemerkt, daß das was Ernstes wird mit uns. Er hat mir damals schon immer Briefe geschrieben.
Nach der Promotion haben wir uns verlobt. Danach machte ich meine Lehramtsprüfungen. Kaum war ich fertig mit dem Studium, wurde Alois nach Paris versetzt. Ich mußte aber noch mein Probejahr machen. Und als dieses um war, im Dezember 1962, habe ich das nächste halbe Jahr etwas Geld verdient, damit ich mir das Brautkleid und eine Ausstattung leisten konnte, damit nicht nur die Eltern zahlen mußten.
In diesen ersten eineinhalb Jahren, als ich noch in Wien war, ist er jeden Feiertag, Ostern, Pfingsten und an den verlängerten Wochenenden immer gekommen. Immer mit einem Abstecher nach Euratsfeld zu seiner Mutter. Er ist in Frankreich – es gab damals noch keine Autobahn – um zwei Uhr früh weggefahren und war um fünf Uhr nachmittags da. Sonntag früh ist er wieder zurückgefahren, zehn Stunden lang, nach Paris.

Ein ganz schöner Einsatz, den der junge Alois Mock da zeigte, der doch eher ein ruhiges Temperament hat, ganz im Gegensatz zu Ihnen.

So ist es, mein Temperament, das leugne ich überhaupt nicht. Mein Mann, ja, der ist viel ruhiger. Er braucht sicher länger, um aus sich herauszugehen, weil er eben vorsichtig ist. Das ist so seine Art. Überhaupt, was Privates angeht, da schaltet er der Öffentlichkeit gegenüber wirklich ab. Sagt: ‚Das gehört mir, das gehört uns, und da lassen wir niemanden rein.'

Mein Mann kann verzeihen

Eines der wesentlichsten Merkmale ist, daß Sie beide eine außerordentlich gute Ehe führen. Dazu kommt, daß Ihr Mann in ebenso außerordentlicher Weise außerhalb jeglicher Kritik steht. Bei ihm gab und gibt es niemals auch nur den Anschein von Affären, von Streit oder von privaten Krisen.

Ja, das stimmt. Weil er ein unerhört guter, edler Mensch ist. So was gibt es kein zweites Mal. Ich bin, so temperamentvoll ich auch bin, oft allein. Im Grunde genommen ist alles sein Verdienst, weil er mich richtig zu behandeln weiß.

1994: Edith & Alois Mock, ein glückliches Ehepaar, dessen stilles Einverständnis in diesem Bild klar zum Ausdruck kommt.

99

Er würde nie mit einem Menschen schimpfen, das macht er ganz einfach nicht. Das ist die Erziehung, sicher auch das Christliche.

66

Auch wenn ich irgendwo mein Temperament rauslasse, läßt er mich verständnisvoll gewähren. Es ist natürlich ein schlechter Vergleich, mit dem Kaiser Franz Joseph und der Sissi: Aber der hat ihr ja auch alles durchgehen lassen.
Ich kann nicht sagen, daß er mir alles durchgehen läßt, aber er ist immer unerhört tolerant. Wenn ich mich über etwas ärgere, dann sage ich das. Und dann ärgere ich mich, und dann bin ich böse. Nicht auf ihn, weil ihm kann man gar nicht böse sein. Man kann auch mit ihm nicht streiten. Ich will ja auch gar nicht streiten, aber ich möchte schon Wortgefechte, nur spaßeshalber.
Er hat unerhört viel Geduld.
Ich habe nie verstanden oder nachempfinden können, warum er als Chef so beliebt ist. Das sehe ich jetzt anders. Auch wenn er einmal tadelt, ist er unerhört fein. Das liegt an seiner Erziehung: Er würde nie mit einem Menschen schimpfen, das macht er ganz einfach nicht. Das ist die Erziehung, sicher auch das Christliche. Dabei ist er auf keinen Fall bigott. Seitenstetten hat ihn sehr geprägt. Und anscheinend haben ihn die Mönche gelehrt, daß man halt immer verzeihen muß. Sie waren für ihn doch irgendwie Vorbilder.

Sie sind jetzt 31 Jahre verheiratet. Ihr Gatte, wo immer er sich gerade befindet, schreibt Ihnen nach wie vor Karten oder ruft Sie täglich an?

Ja, es ist so – früher haben wir uns immer Briefe geschrieben. Da haben wir es immer so gemacht, daß ich schon geschaut habe, wo er wann sein wird, so daß er dort schon einen Brief von mir in seinem Hotelzimmer vorfand.
Die Briefe waren immer numeriert. Und er hat mir dann auch geschrieben, also, was weiß ich, vom Amerika-Aufenthalt, ich weiß nicht mehr, wie oft da Briefe gekommen sind. Jetzt sind wir schon fauler geworden, machen alles übers Telefon. Die Karten schreibt er heute seiner Mutter.

Wir telefonieren täglich, wenn er auf Dienstreisen ist. Und zwar nicht nur vom Ausland, sondern auch, wenn er in Wien ist und wir uns einmal nicht sehen können.

Was ist eigentlich das Geheimnis dieser nach so langer Zeit immer noch funktionierenden Ehe?

Das Geheimnis unserer Ehe

Es ist erstens einmal der Umstand, daß wir keine Kinder haben. Darunter habe ich am Anfang sehr gelitten. Warum wir keine Kinder haben? Naja, wir haben halt keine gekriegt.
Es war sicher dann auch die Politik irgendwie schuld dran. Und daher bin ich auch sofort wieder in den Beruf gegangen. Ich rechne es meinem Mann sehr hoch an, daß ich sofort in die Schule zurückgehen konnte. Das hat mir sicher sehr geholfen, weil mir dadurch nie fad war und ich nie auf ihn warten mußte.
Ich konnte also mein eigenes Leben führen, obwohl er schon sehr oft gesagt hat, er wolle, daß wir alles gemeinsam machen. Das waren wir aus Paris gewöhnt.
Aber: Wir sind schon beide sehr pflichtbewußt in unseren Berufen, deswegen sehen wir uns oft nur selten.

Das zweite einer erfolgreichen Ehe ist natürlich, daß man an der Liebe oder an der Beziehung zueinander permanent arbeiten muß. Es ist doch selbstverständlich, daß man, wenn man verlobt ist, alles macht, was dem anderen nützt und was gut ist, also Blumen und Geschenke und so. Weil man versucht, den anderen zu erobern, ihm jeden Wunsch von den Lippen abzulesen und so. Nach der Hochzeit meinen dann viele: ‚So, jetzt habe ich alles erreicht, ich brauche nichts mehr tun.'
Genau das ist nicht wahr.
Man muß weiter an der Beziehung arbeiten. Ich sage immer: Mit der Eheschließung beginnt es erst.
Außerdem war und bin ich der altmodischen Meinung, daß man halt vor der Hochzeit nicht

irgendwie so zusammenzieht, sondern daß man zuerst heiratet.
Ich war immer dafür, alles der Reihe nach zu machen.

Das ist doch ein eher konservativer Standpunkt für heutige Zeiten?

Nicht eher, sondern sicher ist er das. Alle meine Freunde haben immer zu mir gesagt: ‚Du schaust anders aus als du bist.'
Das habe ich als Kompliment empfunden.
Ich glaube – um mich zu charakterisieren –, ich bin ein Kumpel-Typ und nicht ein Weibchen.

Gibt es Dinge, die Sie in Ihrem offenbar so harmonischen Eheleben dennoch schmerzen oder geschmerzt haben?

Eines hat mich natürlich immer geschmerzt und tut es noch heute – die Trennungen von ihm. Ich kann mich noch genau erinnern, als ich ihn zum Flugzeug begleitet habe, seinerzeit, als er mit dem Bundeskanzler Klaus nach Amerika gefahren ist, da bin ich dagestanden und habe zum Abschied geheult.
Natürlich hat es auch andere Zeiten gegeben, wo man traurig war. Was mir weh getan hat – daß wir keine Kinder haben. In den ersten Ehejahren, wenn wir zu Taufen eingeladen waren, mußte ich immer rausgehen, damit die anderen meine Tränen nicht sehen.

Haben Sie je überlegt, Kinder zu adoptieren?

Doch, doch, doch. Aber das wollte mein Mann eher nicht. Er hat immer gesagt, wir würden schon noch welche kriegen. Dann aber war ich so fest im Beruf drinnen, daß das gar nicht mehr gegangen ist. Wobei ich sicher zu Hause geblieben wäre, wenn wir Kinder gehabt hätten. Weil ich finde, man kann nicht die Kinder anderer betreuen und die eigenen nicht.

» Was mir weh getan hat – daß wir keine Kinder haben. «

Die Kinderlosigkeit belastet auch den Außenminister.

Ja. Früher ist er mit den Kindern unserer Familie am Boden herumgetobt. Er tut sich leicht mit den Kleinen, nur mit Teenagern, zwischen 12 und 18 etwa, da geht das nicht so.

Zurück zur Politik und zur Karriere Ihres Gatten. Da gab es in der Wahlnacht 1986 seinen vielzitierten Zusammenbruch, der über das Fernsehen in ganz Österreich zu sehen war. Haben Sie sich damals gekränkt?

Nein. Weil daran war ich ja – kann man auch sagen – nicht unschuldig, das muß ich schon sagen.
Und das kam so: Ich war immer bei den Stimmenauszählungen an Wahltagen dabei, als Wahlbeisitzerin in Wien-Währing. Am Wahltag 1986 bin ich, wie immer, schon zeitig in der Früh in das Wahllokal in die Schule hinuntergegangen. Er ist dann irgendwann später nach Euratsfeld gefahren und mittags wieder zurückgekommen. Er war sehr müde damals. Als er sich hinlegte, am Nachmittag – ich hatte für eine Stunde meinen Wahleinsatz unterbrochen und war rasch nach Hause gegangen, um ihm ein Mittagessen zu geben –, hat er zu mir gesagt: ‚Du, zieh mir das Telefon hinaus, ich will wirklich schlafen, ich richte mir eh den Wecker.' Den dürfte er am Abend nicht gehört haben.

Also war's zunächst nur totale Erschöpfung vom wochenlangen Wahlkampf?

Ja. Meine Schwägerin und meine Nichte haben mich nach diesem Stimmenauszählen von der Schule in der Anastasius-Grün-Gasse abgeholt. Es regnete, wir sind in die ÖVP-Bundesparteizentrale gefahren. Dort haben mich die Leute gefragt: ‚Wo ist denn Ihr Mann?'
Darauf ich: ‚Oje, was ist denn da passiert? Ist er wirklich nicht da?'
Der Michael Graff meinte noch: ‚Rufen wir ihn zu Hause an.'

1986 hat er sich nur verschlafen

»Du, zieh mir das Telefon hinaus, ich will wirklich schlafen, ich richte mir eh den Wecker.«

ALOIS MOCK

»
Also wissen Sie, daß man sagt, er ist vor allen Leuten zusammengebrochen, nein, das hat es überhaupt nicht gegeben.
«

Ich hab' ja nicht gut sagen können, daß unser Telefon ausgesteckt war. Wir haben dann irgendein Auto genommen, und ich bin so rasch wie nur irgendwie möglich heimgefahren.
Mein Mann hatte tatsächlich wie ein Toter geschlafen. Plötzlich meldete sich der Heribert Steinbauer via Autotelefon und teilte mit: ‚Er hat sich inzwischen gemeldet.'
Als ich heimgekommen bin, war mein Mann völlig ‚tramhappert', völlig verschlafen.
Später haben sie gesagt, er hätte alle möglichen Pulver genommen.
Aber das stimmt überhaupt nicht. Er war ganz einfach furchtbar ‚übernachtig'. Hat sich schlicht und einfach einmal richtig ausg'schlafen. Als er aus der Dusche rausgekommen ist, hat er sich furchtbar langsam – das weiß ich noch – die Socken angezogen. Ich hab' ihm dabei noch geholfen, damit es schneller geht. Dann sind wir runter, in die Partei.
Während der Fahrt in den ersten Bezirk sagte er: ‚Kaufen wir unterwegs noch schnell einen Kaffee.'
Er wollte aussteigen, aber das ist mir schon wieder alles zu langsam gegangen, also haben wir den Kaffee im Auto getrunken. Dann rauf in die Partei. Mein Mann ist aber nicht zu den anderen gegangen, sondern rüber in das Zimmer, wo der Gerd Bacher gesessen ist, hat sich hingesetzt und war eher still.
Also wissen Sie, daß man sagt, er ist vor allen Leuten zusammengebrochen, nein, das hat es überhaupt nicht gegeben.
Mein Mann war hundemüde, und das war halt die Reaktion darauf.
Im Innenministerium, in der Hauptwahlbehörde, da war er dann eher aggressiv, wie sonst nie. Im Innersten aufgewühlt.
Dabei – ich kann mich noch genau erinnern, daß er mir schon vor den Nationalratswahlen ankündigte: ‚Also diese Wahl verlieren wir.'
Und zwar an dem Tag, als der Haider zum Parteiobmann gewählt wurde.

Da ist er nach Hause gekommen und hat sich umgezogen für irgendein Herren-Essen. Im Schlafzimmer haben wir einen Fernseher, und da haben wir – ich kann mich noch gut erinnern –, während er in die Hose hineingeschlüpft ist, die Nachrichten gesehen. Wir sahen, wie in Innsbruck beim FPÖ-Parteitag mordsmäßig gejubelt wurde.

Daraufhin hat er zu mir gesagt: ‚Du wirst sehen, der Haider gewinnt die Parteitagsabstimmung und wird Parteiobmann, dann werden wir Nationalratswahlen haben, und die werde ich verlieren.' Das hat mein Mann damals tatsächlich schon geahnt.

Dabei wirkte er gar nicht resignativ, sondern stellte das nur rein als Tatsache fest.

Ich weiß nicht mehr genau, was ich darauf gesagt habe, wahrscheinlich: ‚Geh, wie kann man denn das jetzt schon sagen?' oder so irgendwas.

Dann hat der Michael Graff angerufen, aber da war mein Mann schon weg.

Ich erzählte dem Graff, was mein Mann befürchtet. Er drauf:

‚Jetzt wird der Haider einmal FPÖ-Chef. Das ist sehr gut für uns.'

Sage ich: ‚Der Alois meint das nicht.'

Sagt er: ‚Nein, nein, das paßt schon.'

Im nachhinein habe ich mir gedacht, ja, der Alois hat das schon vorher gespürt. Wobei er überhaupt immer ein Optimist war, was heute vielleicht nicht mehr so nach außen kommt.

Zurück zur Wahlnacht. Sie schließen also definitiv aus, daß Ihr Gatte damals Medikamente verabreicht bekam?

Ja. Er war einfach müde. Fertig.

Wie haben Sie danach seinen Sturz als Parteiobmann erlebt? Die Partei ist ja nicht wirklich freundlich mit ihm umgegangen bis zu seinem Rücktritt.

Eigentlich wollte er 1986 zurücktreten

Mhm, ja, aber das gehört zur Politik dazu. Ich würde sagen, vielleicht hätte ich, wenn ich nicht

„Ich wollte nie, daß er Parteiobmann wird."

berufstätig gewesen wäre, das irgendwie mehr mitgelebt.

Waren Sie irgendwie erleichtert, als er nicht mehr Parteiobmann war?

Ja. Ich wollte nie, daß er Parteiobmann wird. Das letzte, mit dem ich mich noch halbwegs anfreunden konnte, war der Kubobmann. Da bin ich noch mitgegangen. Das hat er auch recht gerne gemacht.

Waren Sie ihm böse, als er 1979 das Amt des Parteiobmanns annahm?

Nein. Ich habe immer, bei allen Dingen, zu ihm gesagt: ‚Wir sind ein Team, und wenn du willst, dann gehe ich mit dir mit.'
Aber ich weiß noch genau, daß er selbst gemeint hat, er nimmt die Funktion nicht, er macht das nicht.
Am Vormittag, bevor er dann designiert worden ist – das weiß ich noch –, ist der Erhard Busek gekommen. Ich bin zu einem Firmling von mir gefahren, dem ich eine Kutschenfahrt versprochen hatte. Als ich zurück nach Hause gekommen bin, da war er schon am Weggehen: ‚Du, ich schlage den Erhard vor. Du wirst sehen, ich mache es nicht!'
Da sagte ich zu ihm, weil ich das schon kommen gesehen habe:
‚Wirst sehen, daß du heute als Obmann nach Hause kommst!'
Das war es dann auch.

Wie erlebten Sie seinen Rücktritt?

Ich habe aus einer Bemerkung nach den Wahlen 1986 schon einmal geschlossen, daß er eigentlich nicht mehr will.
Welche Bemerkung das war, kann ich heute nicht mehr exakt wiederholen. Ich weiß nur, daß sie so ähnlich lautete wie: ‚Das mache ich nicht mehr lange.'

Nein, eigentlich war er damals nicht resignativ, sondern viel eher aggressiv, in die Richtung: ‚Das mache ich nicht mehr mit.'
Dann aber begannen die Regierungsverhandlungen, und die hat er ja wirklich sehr gut geführt ...

Bei denen er eigentlich die Kleine Koalition mit Jörg Haiders FPÖ herbeiführen wollte.

Ja, weil es seine Meinung war, daß der Haider eingebunden gehört und daß man die Reformen eher mit ihm, mit dem kleineren Partner, durchziehen kann.
Außerdem war er der Meinung, daß Franz Vranitzky, in dem Moment, wo die SPÖ nicht mehr in der Regierung gewesen wäre, sicher nicht Oppositionsführer geworden wäre.

Also wollte er durch die Installierung einer Kleinen Koalition der Bürgerlichen zugleich Franz Vranitzkys politische Karriere beenden?

Ja. Dennoch hat er sich mit dem Vranitzky immer sehr gut verstanden, bis heute. Ein korrektes Verhältnis, von beiden Seiten.
So wie ich mit der Frau Vranitzky ein korrektes Verhältnis habe. Obwohl – mit der Frau Sinowatz war es ein anderes Verhältnis gewesen, ein persönlicheres. Wenn wir uns auf der Straße getroffen haben, sind wir stehengeblieben, haben getratscht und so. 1986 war's aber dann so, daß offen nur drei Leute: Michael Graff, Wilfried Haslauer und Saus Gruber, dafür waren, daß mein Mann die Kleine Koalition macht. Zwei weitere, Siegfried Ludwig und Robert Lichal, wollten ihm aus Loyalität folgen. Alle anderen waren dagegen. Also fügte sich mein Mann diesem Mehrheitswillen, aber er hat damals auch ganz offen gesagt: ‚Wir laufen Gefahr, ans Krepierhalfter der SPÖ zu kommen.'

Meinte er damit, daß die ÖVP in der Großen Koalition politisch untergehen würde?

»
Wir laufen Gefahr, ans Krepierhalfter der SPÖ zu kommen.
«
Alois Mock

Ja, so ungefähr, weil er gesagt hat: ‚Für das Gute kriegt der Erste das Lob, und für das Schlechte werden wir g'haut werden.'
Da war er innerlich schon eher weg von der Partei – habe ich gefunden. Da war ihm schon nur mehr der EG-Beitritt wichtig.
Das wollte er unbedingt machen.
Wie dieses Vorhaben 1989 in der Regierung durch war, hat er gesagt, er tritt nicht mehr zum Parteiobmann an.
Zunächst aber fand eine Abstimmung im ÖVP-Präsidium statt, daraus ist er wieder als Sieger hervorgegangen.
Damals ist der Vityska Herbert gekommen und hat gejubelt: ‚Das ist das erste Mal, daß der Parteiobmann gewinnt.'

» Für das Gute kriegt der Erste das Lob, und für das Schlechte werden wir g'haut werden. «

ALOIS MOCK

Haben Sie Zorn darüber empfunden, daß Ihr Gatte damals von wichtigen Parteileuten besonders mancher ÖVP-Bundesländer verlassen wurde, deren Vertrauen verloren hat? Hatten Sie nie ein Gefühl, etwa in der Art: „Eigentlich ist es ja ungeheuerlich, was die mit meinem Mann aufführen, jetzt, nachdem er zehn Jahre die Partei geführt und sie in die Regierung gebracht hat?"

Nein. Zorn habe ich überhaupt nie gehabt.
Weil, erstens einmal, ich das alles ja doch nicht so nahe miterlebt habe. Außerdem hat er mir ja auch nicht alles erzählt.
Auch mein Mann hat keinen Zorn gehabt. Der war längst auf ganz was anderes eingestellt, auf Europa.

Heute habe ich Angst um ihn

Ihr Gatte ist dafür bekannt, daß er sich nicht schont. Auch jetzt nicht, da er trotz seiner Bandscheibenoperation von Termin zu Termin hetzt. Haben Sie Angst um Ihren Mann?

Ja, manchmal schon. Weil wir alle unsere Pläne, die wir uns noch vorgenommen haben, womöglich nur mehr in der Ewigkeit realisieren können, wenn er noch lang so weitertut.

1994: Edith Mock weiß um die Befindlichkeit ihres Mannes. Es rührt die Österreicher, wie sehr sich diese Politikerfrau gerade jetzt um ihren Mann annimmt. So oft es ihr nur möglich ist, begleitet sie Alois Mock zu dessen öffentlichen Auftritten, um ihm – im Sinne des Wortes – nahe zu sein.

Er hat mir zwar versprochen, sich zu schonen, ich bin aber damit, wie er das momentan tut, überhaupt nicht zufrieden. Dabei ergänzen wir uns ja: Er wieder ist überhaupt nicht damit zufrieden, wie ich mich um meine Gesundheit kümmere.

Sie sprechen von Plänen, die Sie beide haben. Welche sind das?

Als wir seinerzeit, 1966, von Paris heimgekommen sind, ging er zum Bundeskanzler Klaus, und ich habe gedacht, nach vier Jahren gehen wir wieder weg ins Ausland. Das war immer mein großer Traum.
Daher war ich sehr unglücklich, als er Unterrichtsminister wurde.
Und dachte mir, wir gehen eben später, aber dann sicher wieder ins Ausland.
Paris war so schön – und überhaupt, da haben wir unser Teamwork begonnen. Ich finde,

man sollte einander ergänzen. Und der eine soll ganz einfach einspringen, wenn der andere ihn braucht.
Mit der Zeit allerdings habe ich gemerkt, daß es keine Chance mehr gibt auf eine erneute Auslandsverwendung. Deswegen habe ich mich immer mehr in meinen Beruf involviert, habe mir alle möglichen Gschaftln zuteilen lassen.
Mir wurde klar, daß wir wahrscheinlich nie mehr ins Ausland gehen würden.

Zukunftspläne

Theoretisch könnte mein Mann ja schon in Pension gehen. Ich allerdings noch nicht. Wenn wir aber einmal beide im Ruhestand sind, dann möchte ich folgendes für uns beide noch verwirklichen: viel Theater, viele Konzerte, viel Kultur – und Reisen.
Ich möchte einmal so eine Schiffsreise machen, eine Kreuzfahrt nach Südamerika zum Beispiel. Dort war ich noch nie.

Aber Ihr Gatte will ja noch unbedingt vier Jahre Außenminister bleiben. Also müssen Sie Ihre Pläne bis frühestens 1998 verschieben.

Ich weiß. Außerdem, brauche ich auch noch etwas Zeit zur Pension, denn ich kann ja nicht vor meinem 60. Lebensjahr in den Ruhestand treten als Schuldirektorin. Also es ist durchaus in meinem Sinne, daß der Alois den Außenminister noch eine Zeitlang macht.
Denn es wäre für mich fürchterlich, ginge er vor mir in Pension: Wenn ich mir vorstelle, daß ich noch in der Schule und den ganzen Tag über weg bin und ich nicht weiß, was er mir inzwischen daheim alles anstellt – nein, nicht auszuhalten wäre das.

Alois Mock, christlich-sozialer Standespolitiker

Der ÖAAB oder „Wie ich lernte, Bundespolitik zu machen"

Niederösterreichs spätere Landeshauptstadt St. Pölten wurde am 22. Mai 1971 zur bundespolitischen Startrampe für die damals 37jährige „ÖVP-Hoffnung" Alois Mock.

Zunächst aber gab es noch ein lokales Zwischenspiel in seiner Karriere: Der inzwischen schon als Ex-Minister titulierte Euratsfelder hatte sich nach dem Wahlabsturz der ÖVP 1970 überraschend in die Kommunalpolitik zurückgezogen – wenige Wochen nach dem Start von Bruno Kreiskys SPÖ-Minderheitsregierung wurde der Diplomat und Legationsrat Alois Mock am 12. Mai 1970 zum Bürgermeister seiner Heimatgemeinde Euratsfeld im Bezirk Amstetten gewählt.

In seiner nur kurzen Amtszeit – bis 3. Juli 1971 – bewältigte er in nur 14 Monaten immerhin den Bau eines Kindergartens, ordnete die Feuerwehrfinanzen und begann mit umfangreichen Straßen- und Güterwegebauten in der bäuerlichen Marktgemeinde. Bürgermeister Mock erarbeitete erstmals einen Flächenwidmungsplan, betrieb für die Gemeinde Grundstücksbevorratung und trieb die Aufschließung von Baugründen voran. Er gründete die Sport-Union Euratsfeld und auch einen Fremdenverkehrsverein – und verhalf mit dieser Mini-Initiative seiner Heimatgemeinde in den folgenden Jahren immerhin zum viermaligen Sieg im Wettbewerb um die schönste Blumenschmuck-Gemeinde Niederösterreichs. Im Oktober 1985 dankten ihm „seine" Euratsfelder diesen kurzen, aber fulminanten kommunalen Einsatz mit der Ehrenbürgerschaft – neun Jahre später, 1994, ehrte Euratsfeld

1971: Alois Mock wird in einem weiteren politischen Überraschungscoup Bundesobmann des ÖAAB. Gemeinsam mit vielen Kampfgefährten (im Bild rechts: Hans Gassner) führt er die Arbeiter- und Angestelltenorganisation der ÖVP zu politischer Beachtung, speziell in den siebziger Jahren.

den inzwischen 60 Jahre alt gewordenen „großen Sohn“ und Alt-Bürgermeister mit der Benennung eines Platzes nach ihm.

Zurück in das Jahr 1971. In den Stadtsälen zu St. Pölten hatte der scheidende Bundesobmann des ÖAAB, Alfred Maleta, zum Bundestag gerufen. Hunderte Delegierte sollten seinen Nachfolger küren – nach dem Rücktritt von Bundesparteichef Josef Klaus und dem absehbaren Abgang von Hermann Withalm war auch im ÖAAB die Generationsablöse angesagt.

Maleta wollte den späteren Bundesparteiobmann der ÖVP, Josef Taus, als seinen Nachfolger haben. Der Salzburger Karl Glaser, nach Taus' Verzicht aussichtsreichster Kandidat, fiel jedoch bei der Landesobmännerkonferenz durch. So kam es zur Nominierung von Ex-Verteidigungsminister Georg Prader.

Der aber setzte nur 24 Stunden vor dem ÖAAB-Bundestag die etwas mehr als 300 Delegierten vor vollendete Tatsachen: Er ließ eine politische Bombe platzen, als er plötzlich von seiner Kandidatur zurücktrat und den jungen Alois Mock als neuen Bundesobmann vorschlug. Georg Prader sprach von einer lange geplanten Strategie, und 259 von 309 Delegierten votierten für Mock.

Der „Linksüberholer“

Unter dem donnernden Applaus des ÖAAB-Bundestages deklarierte der neue bündische Obmann klipp und klar seinen Arbeitsstil: „Ich werde kein Stubenhocker sein ... die politische Vertretung von fast 300.000 Arbeitnehmern bei der politischen Willensbildung ist eine faszinierende Aufgabe ...“

Die Alois Mock erneut mit aller Wucht angeht. Zahllose Betriebsbesuche, Hunderte Gespräche mit Betriebsräten, Personalvertretern und Gemeinderäten. Schließlich seine Grundsatzerklärung, die neue Ideologie des ÖAAB zu Anfang der siebziger Jahre angesichts der politischen Dominanz eines Bruno Kreisky:

„Wahlen werden in der heutigen Zeit primär nach der Glaubhaftigkeit von Personen und unter Beurteilung konkreter politischer Entscheidungen verloren oder gewonnen. Die Sozialenzykliken der katholischen Kirche sind ebenso wie die evangelische Sozialethik wertvolle und ständige Orientierungshilfen bei der Entwicklung gesellschaftspolitischer Vorstellungen, ohne Impulse für einen neuen Humanismus aus anderen geistigen Zentren für die politische Arbeit auszuschließen. Die Sozialenzykliken und die Sozialethik sind für uns nicht vorgegebene Rezepte, die uns ein Dasein in einem geistigen Faulbett erlauben, sondern eine ich-betonte Orientierungshilfe bei einer selbständigen geistigen Auseinandersetzung mit der Zukunft der Menschen. Sozialpolitik ist für uns auch kein ständisch begrenztes Anliegen. Soziale Solidarität ist heute auch für manche Gruppen der Selbständigen angebracht. Wie für kleine und mittlere Bauern. Solidarität wird nicht nach Klassenkampfkriterien praktiziert, sondern nach konkreten Bedürfnissen. Sozialpolitik wird schließlich in der nächsten Zukunft immer mehr eine Frage der Qualität und nicht der Quantität. Die Qualität der Umwelt, der Gesundheit des Menschen, des Bildungssystems, der Altersvorsorge wird immer stärker in den Vordergrund rücken."

Alois Mock zum Jahreswechsel 1971/72.

Womit der Grundstein für die spätere Etikettierung von Alois Mock als „Linksüberholer" gelegt ist. Der Linksüberholer eckt immer deutlicher in der eigenen Partei an, wird aber in zunehmendem Maße von den alleinregierenden Sozialisten ernst genommen. Als Mock im Mai 1972 die „Klagenfurter Beschlüsse" des ÖAAB ausarbeitet, die weitestgehende soziale Verbesserungen für Österreichs Arbeitnehmer zum Inhalt haben (Lohnfortzahlung für Arbeiter bei Krankheit, Kündigungsschutz für ältere Angestellte, Bildungsfreistellung, Humanisierung der Arbeitswelt, Stärkung des Betriebsrates in den Firmengremien, Mitbestimmung) inklusive erster Umweltschutz-Maßnahmen, ist Feuer am Dach.

Alois Mock heute, 22 Jahre später, über seine damaligen bundespolitischen Anfänge:

„Mir ging es darum, das personalistische Weltbild im Rahmen der Arbeitnehmerpolitik zur Realität zu machen. In der Politik sollte die menschliche Person den absoluten und besonderen Stellenwert

1971: Beim ÖAAB-Bundestag in St. Pölten entschied sich das erste Mal das politische Schicksal des Alois Mock. Eigentlich sollte Josef Taus ÖAAB-Chef nach Alfred Maleta werden. Dieser verzichtete, ebenso wie – zur Überraschung aller – Ex-Verteidigungsminister Dr. Georg Prader, der seinerseits Alois Mock ins Rennen schickte. – Erfolgreich.

> ❞
> Viele Herren in der Partei erwarten sich von mir, daß ich nur brav mitlaufe und dankbar bin.
> ❝ Alois Mock

haben. Ich glaube, die gesamte politische Philosophie läßt sich so ableiten, daß eigentlich nur zwei Grundprinzipien gerechtfertig sind: Jenes des personalistischen Weltbildes und jenes des kollektivistischen. Natürlich, das verschwimmt oft, es gibt Mischparteien. Der Sozialismus gibt dem Kollektiven einen großen Stellenwert, sieht die Einzelperson nur als Teil der gesamten ökonomischen Struktur."

Als Mock ÖAAB-Chef wurde, erzählt er, habe ihn „ein bekannter und tüchtiger Industrieller" darauf aufmerksam gemacht, daß Alfred Maleta persönlich durchaus vermögend gewesen sei. Mock: „In der ganzen Darlegung war die Absicht offensichtlich, mich davon abzuhalten, mich für den sozial Schwächeren besonders zu engagieren. Diesen Erwartungen habe ich nicht entsprochen – daher war ich rasch der Linksüberholer. Weil ich die Arbeitnehmer-Beteiligung predigte. Bitte, ich habe damals ohnehin gewußt, was viele Herren in der Partei sich von mir erwarteten – und was sie sicher nicht serviert bekommen sollten von mir!"

Mock sagt, daß man sich von ihm erwartet hätte, „daß ich nur brav mitlaufe und lediglich dankbar bin, daß überhaupt eine Arbeitnehmerbewegung in der ÖVP da ist. Als ich dann aber mit meinem Team agierte, besonders in sozialen Fragen, hörte ich da und dort: ‚Ja, derf er denn dös?' Da bekam ich meine Punze des Linksüberholers bzw. des linken Mock ab".

Als der junge ÖAAB-Chef begann, vor allem das Thema der flexiblen Arbeitszeit voranzutreiben, speziell für arbeitende Frauen, und zudem noch für die Erhöhung des gesetzlichen Mindesturlaubs eintrat – durchaus im Gleichschritt mit den regierenden Sozialisten – plus der Eigentumsbildung in Arbeitnehmerhand, hatte Alois Mock innerparteilich härteste Konfrontationen zu bestehen. Allzu gut sind ihm aus dieser Zeit Parteivorstandssitzungen in Erinnerung, wo er faktisch auf sich allein gestellt um sozialpolitische Ziele fighten mußte. Die Unternehmer-Gruppen in der ÖVP stiegen dem forschen ÖAAB-Chef schwer auf die Zehen – weil sich Mock dagegen wehrte, den Ar-

beiter, den Angestellten lediglich als „Humankapital“ und nicht als eigenständigen Menschen zu sehen. Mock rückblickend ebenso zurückhaltend wie diplomatisch: „Dieser unser Standpunkt wurde sehr akzeptiert – allerdings in der Theorie, würde ich sagen. In der Praxis aber hat das Verständnis für diese unsere Sicht völlig gefehlt, und dementsprechend auch die Bereitschaft, diese Sicht der Dinge politisch umzusetzen.“

Mit seinen Klagenfurter Beschlüssen pochte der junge ÖAAB-Chef auf die „soziale Verantwortung“, was in der Öffentlichkeit prompt zu dem Schluß führte, damit sei der erfolgreiche Ansatz zur Spaltung der ÖVP gegeben. Was insbesondere Bruno Kreisky, dessen Ziel die politische Zertrümmerung der Volkspartei ja war, auf den Plan rief. Mock: „Ich habe vom Kanzler eines Tages einen Brief bekommen. Mit Interesse, so schrieb er, habe

1988: Der ÖAAB war immer die politische Heimat von Alois Mock. Dies bewährte sich vor allem dann, wenn es ÖAAB-Kampfgefährten nicht gutging. Alois Mock hielt eisern zu ihnen. Vor allem zu Niederösterreichs Landeshauptmann Siegfried Ludwig. Dieser kam 1983 in WBO-Probleme und 1988 in schwere Wahlturbulenzen. Im Bild: Ex-Landesparteisekretär Gustav Vetter (links), Alois Mock, NÖN-Chefredakteur Prof. Hans Ströbitzer, LH Siegfried Ludwig.

er von unserer Tagung in Klagenfurt in den Medien gelesen. Ich solle zu ihm kommen, er wolle mit mir darüber reden."

Etliche ÖVP-Granden beschworen Mock händeringend, Kreisky ja nicht in die Falle zu tappen.

Kreiskys Versuch, die ÖVP zu spalten

Mock in der Erinnerung: „Na bitte, ich lass' mich doch nicht auslachen, ich fürchte mich nicht vor dem Dr. Kreisky, sagte ich denen und stimmte dem Wunsch des Bundeskanzlers zu. Ich schrieb ihm, mit ihm das Gespräch führen zu wollen. Natürlich durchschaute ich seinen Trick, die Parteispaltung zu versuchen. Deswegen schlug ich ihm folgendes vor: ‚Wenn Sie einverstanden sind, Herr Bundeskanzler: Sie haben ohnehin mit meinem Parteiobmann Dr. Karl Schleinzer demnächst eine Aussprache vereinbart. Ich habe mit ihm darüber gesprochen, daß ich ihn begleiten werde. So können wir uns sehen.'"

Völlig klar, daß Bruno Kreisky in diesem Moment an der Aussprache mit Mock nicht mehr interessiert war. Mock: „Kreisky wollte haben, daß ich allein zu ihm komme. Damit er sagen kann, wir in der ÖVP wären eh schon durcheinander."

Grundsätzlich, so beschreibt Alois Mock seine damaligen harten politischen Kampfjahre, habe es teilweise falsche Vorstellungen an der Spitze der ÖVP gegeben. Nämlich, daß man nur in den Begriffen „Wirtschaft im Sinne des rein ökonomischen Agierens" oder „Das Soziale ist nur ein Aufputz" oder „Der ÖAAB ist der Form nach zwar gleichberechtigt, aber daß er mitmischen will, ist eigentlich eine Zumutung" dachte.

Als Mock Jahre später selbst ÖVP-Chef war, schöpfte er aus den Erfahrungen von damals. Auf folgende Weise: So wie sich seinerzeit der ÖAAB benachteiligt fühlte, verstand Mock in seiner Obmann-Zeit, daß sich etwa die Bauern durch den soziologischen Wandel – sie wurden immer weniger – bedroht fühlten und der gesellschaftlichen Entwicklung mißtrauisch gegenüberstanden. Mock: „Daher habe ich als ÖVP-Chef die Bauern immer massiv unterstützt. Weniger aus ökonomischen Gründen, sondern speziell aus sozialen und kulturellen Überlegungen. Was dazu geführt hat, daß ich immer ein besonders gutes Verhältnis zur Bauernschaft hatte, speziell zu Roland Minkowitsch und Alois Derfler. Bei der Wirtschaft habe ich mich ohnehin nicht schwergetan, weil das eigentlich mein familiärer Hintergrund war. In meiner ÖAAB-Zeit hatte ich tatsächlich mit den einfachen Wirtschaftstreibenden auch nie Probleme, nur mit deren Funktionären eben."

Sein betont sozialer Kurs, aber auch manche Schwächen der SPÖ-Alleinregierung Kreiskys habe seinen ÖAAB damals in eine „durchaus komfortable politische Lage" gebracht, analysiert Alois Mock heute seinen bundespolitischen Start in den frühen Siebzigern.

Die damalige erste Verstaatlichten-Krise, beachtliche Inflationsraten und erstmaliger Verzicht auf wohlerworbene Ansprüche (VÖEST-Pensionisten mußten auf einen Teil ihrer Zusatzrenten verzichten) hätten zu pointierter ÖAAB-Politik geführt, sagt Mock: „Ich formulierte: ‚Wir müssen eine Politik machen, die den ÖAAB zur natürlichen politischen Heimat des österreichischen Arbeitnehmers macht, soweit er nicht marxistisch-sozialistisch überzeugt ist.' Prompt stiegen wir bei den Arbeiterkammerwahlen zunächst von 19 auf 23 Prozent und später von 23 auf 31 Prozent. Hatten 1974 in Vorarlberg mit Bertram Jäger plötzlich einen schwarzen Arbeiterkammer-Präsidenten, später dann auch in Tirol."

Damals tauchte erstmals der Name des Oberösterreichers Helmut Kukacka auf, der sich für Alois Mock in den Arbeiterkammer-Wahlkämpfen mächtig ins Zeug legte. Kukacka wurde nach Graff unter Alois Mock Generalsekretär der ÖVP.

Der 19. Juli 1975 geht als Schicksalstag in die Annalen der ÖVP ein. Bundesparteichef Karl Schleinzer, der nach einem Mittelmeeraufenthalt in den Morgenstunden nach Wien zurückgekehrt war, stirbt knapp vor 15 Uhr am Steuer seines Ford-Granada bei Bruck/Mur. Schleinzer lenkte den Wagen selbst. Er befand sich auf der Heimfahrt nach Kärnten, nach St. Oswald, als sein Auto aus der Spur ausbrach und in einen entgegenkommenden Lastwagen raste.

1969: „Du, der kann ja auch reden!" meinte Parlamentspräsident Alfred Maleta zu Bundeskanzler Josef Klaus, als der junge Unterrichtsminister Alois Mock sich im Parlament souverän gegen die Attacken von SPÖ und FPÖ behauptete. Maletas Urteil war wichtig für die spätere politische Karriere des Euratsfelders.

Schleinzers Tod …

Damit verlor die ÖVP wenige Wochen vor den Nationalratswahlen auf tragische Weise ihren Spitzenkandidaten.

... und die Folgen

Noch an diesem Unglückssamstag treten in den Abendstunden in Wien die schwer getroffenen Granden der ÖVP zusammen, sie müssen wegen des Wahl-Zeitdrucks über einen neuen Spitzenkandidaten nachdenken. Rudolf Sallinger, Wirtschaftsbundobmann, führt als Dienstältester interimistisch die ÖVP, sehr rasch sind die Namen von Josef Taus, Stefan Koren – und Alois Mock als mögliche neue Bundesparteichefs in Diskussion. Mocks späterer Bundespressesprecher, Herbert Vityska, über die damaligen dramatischen Stunden: „Es wurde ein sogenanntes Königsmacher-Gremium eingesetzt, dem Rudolf Sallinger, der NÖ-Landeshauptmann Andreas Maurer sowie der Salzburger ÖAAB-Obmann Karl Glaser angehörten."

Der ÖAAB unter Führung von Alois Mock spielte in diesen Jahren in der Bundes-ÖVP eine zentrale Rolle. Dafür zeichnete vor allem der verunglückte Karl Schleinzer verantwortlich, der „mit Ruhe und Besonnenheit als maßgeschneidert konservativer Politiker dennoch die wichtigen Reformschübe eines Alois Mock zuließ" (so Vityska). Womit der ÖAAB auch in der Frage der Schleinzer-Nachfolge gefordert war. Einer der engsten politischen Weggefährten von Mock, der schon verstorbene Mödlinger Hans Gassner, hatte nur knapp 24 Stunden nach dem Tod Schleinzers alle ÖAAB-Spitzenpolitiker Österreichs nach Wien einberufen.

Karl Glaser, der 1971 ursprünglich anstelle von Mock ÖAAB-Chef werden sollte, sprach es aus: Mock müsse zur Schleinzer-Nachfolge antreten. Und es war Georg Prader, der dagegenredete: Nein, Mock müsse im ÖAAB bleiben, der Tag, da ihn die Bundespartei brauche, sei noch nicht gekommen. Mock selbst setzte der Diskussion ein Ende:

Für ihn sei niemand anderer als Josef Taus der neue Parteiobmann und Kanzlerkandidat der ÖVP, gerade jetzt brauche die Partei einen Mann der Wirtschaft – deshalb werde er, Mock, ihn beim inzwischen für 31. Juli fixierten Sonderparteitag namens des ÖAAB auch vorschlagen.

In der Öffentlichkeit wurde nach diesem dramatischen ÖVP-Wochenende der Vorschlag mit Taus noch um einen Zusatz erweitert: Das Team Taus/Mock sollte antreten, hieß es in den Zeitungen.

Tatsächlich nominiert Josef Taus nach seiner offiziellen Kür – unmittelbar nach dem Begräbnis von Karl Schleinzer – den Wiener Erhard Busek als neuen Generalsekretär der ÖVP, der den unter Schleinzer amtierenden Herbert Kohlmaier ablöst.

Die Debatten um Alois Mock als möglichen Schleinzer-Nachfolger und sein loyales Verhalten gegenüber Josef Taus hatten den Euratsfelder Mitte der siebziger Jahre endültig zur „Parteihoffnung" für die achtziger Jahre gemacht.

Hinzu kam, daß sich die politische Bilanz seiner sechsjährigen Bundesobmannschaft im ÖAAB mehr als nur sehen lassen konnte. Der Arbeiter- und Angestelltenbund hatte innerhalb der ÖVP klar an Bedeutung gewonnen, Mock hatte frühzeitig die Entwicklung hin zur Arbeitnehmer-Gesellschaft erkannt und für die ÖVP entsprechend reagiert.

Der ÖAAB wurde wieder ernst genommen, vor allem vom politischen Gegner, von der SPÖ. Härteste Angriffe sind dafür der eindeutigste Beleg. SPÖ-Zentralsekretär Fritz Marsch verglich im März 1973 den ÖAAB mit den italienischen Kommunisten, Leopold Gratz nannte ihn „den politischen Stoßtrupp der ÖVP, um Unruhe zu stiften".

Es war der Kampf um die Arbeitnehmerschaft, der die SPÖ sichtlich nervös machte.

Der damalige SPÖ-Klubchef im Parlament, Heinz Fischer, heute Parlamentspräsident, bezichtigte den ÖAAB, „er wolle im trüben von sozialer und politischer Unruhe fischen", ÖGB-Präsident Anton Benya meinte dazu, „was die Vertreter des ÖAAB in den Ausschüssen des Parlaments aufführen, rechtfertigt einen solchen Vorwurf".

Alois Mock hatte – ehe er den ÖAAB in andere Hände übergab – politisch ganze Arbeit geleistet. Auf seinem Weg zum Chef der Volkspartei sollte er aber zunächst noch eine Hürde zu nehmen haben – die des ÖVP-Klubchefs im Parlament.

1988: Helmut Kukacka, Oberösterreich, zu Unrecht als „Aufpasser" für Alois Mock verdächtigt, kämpfte als Generalsekretär der Volkspartei wie so viele seiner Vorgänger und Nachfolger auf verlorenem Posten. Das Klima in der bürgerlichen Partei war und ist eben immer ein mehr als rauhes.

Auf Konfrontationskurs mit der eigenen Partei

Auf dem Weg zum ÖVP-Chef

Von Schleinzer zu Taus, von Taus zu Alois Mock

Als die ÖVP 1975 nach dem tragischen Tod Karl Schleinzers im Juli rasch einen Nachfolger finden mußte – die Nationalratswahlen am 5. Oktober standen bevor – und für das höchste parteipolitische Amt erstmals der Name Mock fiel, war der weitere politische Weg des letzten ÖVP-Unterrichtsministers und amtierenden ÖAAB-Bundesobmannes faktisch vorgezeichnet.

Der inzwischen 43jährige Jungstar der ÖVP wußte um seine parteiinternen Karrierechancen durchaus Bescheid. Dennoch kämpfte er als ÖAAB-Chef unverdrossen auch gegen das Partei-Establishment, wenn es sein mußte.

• So kam es 1976 im Zusammenhang mit der Verlängerung des Mindesturlaubs auf vier Wochen zu einer harten Nagelprobe. Dies wollte zunächst Kreiskys Alleinregierung per 1. Jänner 1977 durchsetzen, in der ÖVP sprachen sich die Wirtschaftskreise massiv dagegen aus – „wirtschaftlich nicht verkraftbar“, hieß es dort. Tatsächlich war die Urlaubsverlängerung schon seit geraumer Zeit Gedankengut der ÖVP – besonders des ÖAAB – gewesen, jetzt drohte die SPÖ die große Oppositionspartei ihrer sozialen Kompetenz zu entkleiden. Es sah so aus, als würde sich die ÖVP gegen den sozialen Fortschritt stellen.

Als die Gesamtpartei auf den harten Nein-Kurs der Wirtschaft einschwenkte, stellte sich allein ÖAAB-Chef Alois Mock dagegen. Mit harten öffentlichen Worten: „Die Volkspartei muß in wachsendem Maß die Partei der Arbeitnehmer sein. Die Meinung der Bundeskammer etwa kann für die

ÖVP nicht unbedingt bindend sein" – eine innerparteiliche Konfrontation zeichnete sich ab.

Und zu der kam es auch. Der Kronen-Zeitung muß Alois Mock damals am Vorabend eines ÖAAB-Bundestages entnehmen, daß die ÖVP-Zentrale höchst sauer ist: „Taus wird den ÖAAB wegblasen", so lautet die Schlagzeile. Ein Krisengipfel der Parteigranden – eine Stunde vor dem Bundestag – bringt die Entspannung: Josef Taus, Rudolf Sallinger, Roland Minkowitsch und Stefan Koren diktieren Generalsekretär Erhard Busek einen Kompromißtext, der auch Mocks Einverständnis findet: „Die ÖVP stimmt der Urlaubsverlängerung bei verantwortungsvoller Prüfung durch die Sozialpartner zu." Vityska: „Ohne Zweifel ein wichtiger Erfolg des ÖAAB. Er ist damit ein anerkannter Faktor in der Politik der Volkspartei geworden, an dem man nicht mehr vorübergehen konnte."

Neue Ziele ...

1976 setzt ÖAAB-Chef Alois Mock zudem bedeutende gesellschaftspolitische Signale:

• Er lädt Wiens Erzbischof, Franz Kardinal König, zu einer Bundesvorstandssitzung in die ÖAAB-Zentrale in die Wiener Laudongasse. Hintergrund: Seit dem Salzburger Programm der ÖVP war es geklärt, daß die Partei nicht mehr wie früher am Klerikalismus hängt, sondern christlich-demokratisch-sozial-liberal agiert. Offen für Christen, aber auch für jene, die sich aus anderen Beweggründen zu einem humanistischen Welt- und Gesellschaftsbild bekennen. Gleichzeitig kam es in den späten sechziger und frühen siebziger Jahren zur Aussöhnung der Sozialisten mit der Kirche. In ÖVP-Kreisen war der Ärger über diese „Anbiederung" der SPÖ groß. Zudem traten immer wieder gesellschaftspolitische Konflikte auf, etwa wenn die Katholische Sozialakademie die Wirtschafts- und Sozialpolitik der ÖVP hart kritisierte und die Steuer- und Einkommensphilosophie der SPÖ offen unterstützte. Oder wenn die Junge Generation der SPÖ versuchte, den Religionsunterricht abzuschaffen und dies Kirchenkreise mit Schweigen quittierten. Als dann noch Franz Kardinal König von der „Äquidistanz" der Kirche zu den Parteien sprach, war das Schlagwort vom „roten Kardinal" geboren.

1969: Mocks erste Amtshandlung als neuer Unterrichtsminister – er empfing seine Ressortkollegin aus der Sowjetunion. Schon am Abend jenes Tages, an dem er wenige Minuten zuvor das Ressort übernommen hatte.

... neuer Stil

Dieser Mißstimmung suchte Alois Mock entgegenzuwirken. Kardinal König dankte es ihm mit klaren Worten:

„Wenn die Bischöfe die Katholiken ermahnen ... sich als Christen politisch zu bewähren, dann müssen doch wohl die Bestrebungen gerade jener anerkannt werden, die sich seit Jahrzehnten bemühen, aus ihrer Sicht heraus, aus ihrer politischen Verantwortung nach christlichen Grundsätzen zu handeln."

• Darüber hinaus setzt sich Mock in diesem Jahr 1976 sehr deutlich mit grundsatzpolitischen Fragen auseinander. Er formuliert:

„Das Wesen politischer Verantwortung liegt zunächst in der freien Entscheidung des politisch Handelnden für ein gesellschaftliches Wertesystem, das ein bestimmtes Menschenbild – Würde, Fehlbarkeit, transzendentale Anlage –, allgemeine Grundsätze über die inhaltliche Gestaltung des sozialen Gefüges – Freiheit, Gleichheit, Lebensqualität – und Vorstellungen hinsichtlich der anzuwendenden Methoden – Toleranz, Verantwortung, Engagement – enthält.

Daneben heißt politische Verantwortung aber auch Mut, Wahrheitsliebe, Gerechtigkeit – sie erfordert somit auch Tugenden des Herzens.

Wer Politik überhaupt oder gar als Beruf betreiben will, muß sich daher seiner Verantwortung für das, was er tut oder was aus seiner Handlung entstehen kann, bewußt sein. Das ‚Maß' als Ausdruck der Endlichkeit der Welt und ihrer Inhalte ist somit nicht nur natürlicher Ausdruck des Geschaffenen, sondern wesentlicher Bestandteil der demokratischen Begriffswelt.

Die Demokratie in all ihren Ausformungen kann nur funktionieren, wenn das Maß in der Kritik und Bekämpfung des politischen Gegners, im Gebrauch des rechtsstaatlichen Instrumentariums, in der Anerkennung der Mehrheit, aber auch in der Respektierung der Minderheit vorhanden ist.

Max Weber verlangt drei Qualitäten für den Politiker: Leidenschaft, Verantwortungsgefühl und Augenmaß. Und nennt zwei Todsünden: Unsachlichkeit und Verantwortungslosigkeit – die er in der

Absicht sieht, die Macht lediglich um ihrer selbst willen, ohne inhaltlichen Zweck, zu genießen.

Diese Sätze, vor mehr als einem halben Jahrhundert formuliert, haben nichts von ihrem Aussagewert verloren."

Wenige Monate später ist es für Alois Mock soweit. Er bricht auf, macht sich auf den Weg zum Bundesparteiobmann der ÖVP – zunächst ohne dieses Ziel selbst definitiv zu sehen, geschweige denn anzustreben.

1969: Alois Mock, junger Unterrichtsminister, ging sofort unkonventionelle Wege. Der Politikwissenschafter Anton Pelinka (im Bild links) beeindruckte Mock seinerzeit schon ebenso wie General Kuntner (Bild Mitte). Beiden verlieh er Auszeichnungen.

Am 17. Jänner 1978 kommt es in den Klubräumen der ÖVP im Parlament am Wiener Ring zur Kampfabstimmung um den neuen Klubchef. Diese wesentliche Personalentscheidung in der Volkspartei hatte der politische Gegner verursacht – Bundeskanzler Bruno Kreisky hatte den bisherigen Klubchef der ÖVP, den angesehenen und profilierten Wirtschaftswissenschafter Prof. Stefan Koren, zum Präsidenten der Nationalbank auserkoren.

Kreiskys unkonventionelle Personalentscheidung, einen „Schwarzen" zu nominieren, hatte handfeste politische Hintergründe: um damit in der ÖVP Unruhe auszulösen und bei der Bevölkerung Erstaunen darüber, daß der rote Regierungschef zu einer solchen „Geste" überhaupt bereit ist. Anderseits schwelte in der SPÖ – von der Öffentlichkeit völlig unbemerkt – schon der Konflikt zwischen Kreisky und Hannes Androsch. Korens Kür durch Kreisky war nicht zuletzt eine ordentliche personelle „Ohrfeige" des „Alten" für dessen aufmüpfig gewordenen politischen Ziehsohn Hannes.

Mock wird Klubobmann der ÖVP

Wie auch immer: Die Kampfabstimmung um den neuen Klubchef der ÖVP war in der Tat nichts, was mit Kampf zu tun gehabt hätte. Robert Graf, Wirtschaftsbündler aus dem Burgenland – er sollte 1986 in der Großen Koalition Wirtschaftsminister werden – und Alois Mock verband persönlich eine enge und tiefe Freundschaft, die bis heute anhält. Daß sie dennoch gegeneinander antraten und es überhaupt zu einer „Kampfabstimmung" kam, geht auf Mock selbst zurück:

Er war nämlich immer schon der Meinung, daß um wichtige innerparteiliche Funktionen ein echter Wettbewerb stattfinden sollte. Deshalb die Abstimmung – wobei Graf und Mock vorher einander versprachen, ihre persönliche Freundschaft trotz des Wettstreits um Abgeordnetenstimmen niemals zu brechen. Was auch gelang.

Graf unterlag Mock mit 54 : 62 Stimmen, schon drei Tage später, am 20. Jänner, übergab Alois Mock „seinen" ÖAAB an dessen neuen Chef Herbert Kohlmaier.

Der neue geschäftsführende Klubobmann begann im Nationalrat seine politischen Fäden zu ziehen.

Der „Fall Zwentendorf"

Eine der ersten Bewährungsproben für Alois Mock lag in der Lösung der im Herbst 1977 losgetretenen Atomstrom-Frage.

Als Gesundheitsministerin Ingrid Leodolter einen Tag vor dem Heiligen Abend 1977 die Lieferung von Brennstäben für Zwentendorf genehmigte, gab es einen politischen Eklat. Die Opposition fühlte sich von der SPÖ überrumpelt, für Mock war klar: Sollte die Sicherheitsfrage nicht zweifelsfrei geklärt werden, würde er der Nutzung der Atomenergie in Österreich nicht zustimmen. Extensiver Gebrauch der Geschäftsordnung des Nationalrats, heikle Fragestunden, dringliche Anfragen an die Regierung, Enqueten, immer öftere Einschaltung des Rechnungshofes – die ÖVP beginnt in den Jahren der Klubobmannschaft von Alois Mock, der SPÖ zunehmend auf die Nerven zu fallen.

Zu einem besonders harten Schlagabtausch im Parlament kommt es im Jänner 1979, als ÖVP-Klubchef Alois Mock mit Bundeskanzler Bruno Kreisky in Verstaatlichten-Fragen zusammenkracht und die Verstaatlichten-Krise erstmals in ihrer ganzen Dramatik sichtbar wird.

Enttäuschte Hoffnungen: Die Achse Taus/Mock

Sehr bald nach seinem Einstieg als Klubchef prägt Alois Mock im Oktober 1978 den Begriff vom „politischen Kurswechsel", den die Republik Österreich nötig habe. In der Arbeitsteilung zwischen ÖVP-Bundesparteichef – Josef Taus formuliert die positiven Politangebote an die Bevölkerung – und Klubobmann fällt Alois Mock immer deutlicher die Rolle dessen zu, der die scharfe politische Attacke gegen die im Amt befindliche Regierung zu reiten hat. Allgemein macht sich der Eindruck breit, daß die ÖVP nach nunmehr fast zehn Jahren auf der harten Oppositionsbank plötzlich Tritt zu fassen scheint. Durch die Achse Taus/Mock, so damals der Journalist Kurt Vorhofer, wittere die ÖVP ihre Chance auf einen Erfolg bei den bevorstehenden Nationalratswahlen 1979.

Der 6. Mai 1979 bringt allerdings für die ÖVP eine herbe Enttäuschung. Bruno Kreisky erringt trotz seiner Zwentendorf-Niederlage den höchsten Wahlsieg in seiner 13 Jahre dauernden Kanzler-Ära: Mit 95 Mandaten schlägt die SPÖ bei dieser Nationalratswahl alle ihre bisherigen Rekorde, Josef Taus und seine ÖVP hingegen müssen den Verlust von drei Mandaten hinnehmen.

Womit bei der ÖVP der Countdown zur Erneuerung noch in der Wahlnacht begann. Josef Taus versuchte zwar zunächst noch, der Partei eine Reform zu verpassen, die speziell die mächtige Bündestruktur zerschlagen sollte, hatte sich aber innerlich schon verabschiedet. Als sich Roland Minkowitsch für die Bauern, Rudolf Sallinger für die Wirtschaft und Herbert Kohlmaier für die Arbeiter und Angestellten gegen Taus stellten – die Auflösung ihrer Bünde war der Kriegsgrund –, kam es Anfang Juni 1979 zum großen Knall: Josef Taus resignierte und trat als Parteichef zurück.

Innerhalb von nur zehn Jahren hatte die ÖVP ihren vierten Parteichef verschlissen: nach Josef Klaus, Hermann Withalm und Karl Schleinzer jetzt auch Josef Taus.

1969: Für Sport ebenso zuständig wie für das Schulwesen, kümmerte sich Alois Mock auch um Österreichs damalige Spitzensportler. Im Bild mit Karl Schranz, der ein paar Jahre später von Bruno Kreisky nach dem Olympia-Ausschluß in Japan ebenfalls auf dem Ballhausplatz empfangen worden war.

Die Würfel sind gefallen

Der 13. Juni 1979 ist der Tag des Alois Mock. Ein Sonntag. In der Politischen Akademie der ÖVP, nahe Schönbrunn, hat sich der Parteivorstand in Klausur zurückgezogen. Mock selbst erklärt am Morgen noch, er wolle Erhard Busek zum Parteichef vorschlagen. Die Parteigranden aber entscheiden anders. Abends, nach einem TV-Auftritt mit ersten Erklärungen, fällt zwischen Alois Mock und seinem treuen Weggefährten Herbert Vityska, den sich der neue Bundesparteichef als Bundespressesprecher in die ÖVP-Zentrale mitnimmt, der ebenso sinnige wie nachdenkliche Satz:

„Also gut, gehen wir es an, dieses Himmelfahrtskommando!“

Alois Mock wird 1979 ÖVP-Bundesparteiobmann

„Also gut, gehen wir es an, dieses Himmelfahrtskommando!"

Wie alle seine politischen Aufgaben zuvor, sei es als Kurzzeit-Unterrichtsminister, als Kurzzeit-Bürgermeister von Euratsfeld, als Langzeit-Obmann des ÖAAB und als ÖVP-Klubchef im Parlament, übernahm Alois Mock sein neues Amt als ÖVP-Bundesparteiobmann mit totalem persönlichem Einsatz.

Der Journalist Gerald Freihofner damals, 1979: „Wenn ich bisweilen kurz vor Mitternacht noch schnell am Dr.-Karl-Renner-Ring zu einem Abschlußschluck Richtung Café Landtmann eile, gehört ein Blick hinüber zum düster daliegenden Parlament schon zur Routine. So auch am vergangenen Samstagabend. Während die Wahlkämpfer der Parteien längst alle viere von sich gestreckt hatten oder im kleinen Kreis über erhoffte Pöstchen mauschelten, beantwortete Mock bis in die späte Nacht Briefe von Bürgern. In dieser Nacht hatte ihm ein guter Freund einen Zettel hinter die Windschutzscheibe seines Wagens gesteckt: ‚Du wirst Dich noch zum Krüppel arbeiten!'"

Eine Szene, die heute, 15 Jahre danach, dramatische Realität geworden ist.

Mock begann in den Julitagen 1979 einen vierjährigen Kampf gegen den übermächtig scheinenden politischen Gegner mit Bundeskanzler Bruno Kreisky an der Spitze, an dessen Ende 1983 zwar nicht die Kanzlerschaft für die ÖVP stand, aber immerhin Kreisky zum Rücktritt gezwungen worden war.

Mock heute, rückblickend auf die Tage, als er die ÖVP übernahm: „Was damals vielfach fehlte, waren

» Was damals vielfach fehlte, waren Selbstsicherheit und Mut an der Parteispitze ... «

Selbstsicherheit und Mut an der Parteispitze. Dabei hätten wir uns so vieles von unseren kleinen Funktionären abschauen können, draußen in den Betrieben. Die oft unter schwersten politischen Bedingungen zur Partei gehalten haben. Die haben oft eine essentiellere kämpferische und offensive Haltung an den Tag gelegt als manche hohe Parteifunktionäre, die, an der Spitze stehend, sich oft beklagten. Vieles hätten wir uns damals von der Haltung der kleinen Leute abschauen müssen. Vielleicht war das die Basis jener Bereitschaft von mir – was vielen manchmal etwas größenwahnsinnig erschienen ist –, im Jahre 1979 doch den Parteivorsitz zu übernehmen. Angesichts des ‚Sonnenkönigs' Bruno Kreisky. Aber ich sagte mir in bezug auf ihn: Erstens ist niemand fehlerfrei – die Frage ist nur, ob man die Fehler aufzeigen kann. Daß es Fehler gab, die eben nicht dem Dienst an unserem Land förderlich waren, auch bei einer so begabten Persönlichkeit wie dem Dr. Kreisky, war mir klar. Das sah man dann ja 1983, und vier Jahre später, 1986/87, war er ohnehin nicht mehr unser Gegner."

Tatsächlich gelang es Mock, den Abstand zwischen SPÖ und ÖVP in den zehn Jahren seiner Parteiobmannschaft (7. Juli 1979 bis 14. Mai 1989) dramatisch zu verkürzen.

- 1979 hatte die SPÖ im Nationalrat die ÖVP auf die unglaubliche Distanz von 16 Mandaten verwiesen. Kreiskys Mannen nahmen 95 Nationalratssitze ein, die ÖVP gerade noch 77.
- Bei den Nationalratswahlen am 24. April 1983 verkürzte Alois Mock diesen 16-Mandate-Abstand zu den Sozialisten auf nur mehr neun Mandate. Die SPÖ besetzte 90 Sitze im Nationalrat, die ÖVP jetzt schon 81.
- Am 23. November 1986 verpaßte Alois Mock nur haarscharf die relative Mehrheit, er verkürzte den Abstand zwischen SPÖ und ÖVP auf lächerliche drei Mandate (80 : 77).
- Vier Jahre später – Mock war zurückgetreten und hatte dem Steirer Josef Riegler als neuem ÖVP-Chef Platz gemacht – rasselte die ÖVP bei den Nationalratswahlen am 7. Oktober 1990 in den Keller:

7. Juli 1979: Alois Mock wird in der Wiener Stadthalle mit 97,5 Prozent der Delegiertenstimmen zum neuen Bundesparteiobmann der ÖVP gewählt. Nach Klaus, Withalm, Schleinzer und Taus der fünfte Obmann binnen zehn Jahren. Grund zum Jubeln gab es allerdings nicht viel, weil mit Bruno Kreisky ein politisch übermächtiger Gegner auf den jungen Parteichef wartete.

> „... Dabei hätten wir uns so vieles von den kleinen Funktionären abschauen können."
> ALOIS MOCK

20 Mandate hinter der SPÖ! Diese besetzte 80 Nationalratssitze, die ÖVP nur mehr 60.

Ohne Zweifel hatte Alois Mock in den Julitagen 1979 eine daniederliegende Partei übernommen. Und diese – obwohl die Erwartungshaltung niedrig war – doch einigermaßen wieder aufgerichtet. Aus welchen Gründen dies gelang, analysiert der Langzeit-Obmann heute so:

Mocks Verdienst: Die ÖVP im Aufwind

„Ich glaube, erstens einmal ist es gelungen, der Partei doch ein sachlich-politisches Profil zu geben. Man hat gewußt, was die Volkspartei in wesentlichen Fragen will – im Dienste unseres Landes. Und man hat gewußt, wie unser Land aussehen würde, hätte die ÖVP ihre Politik verwirklichen können. Zweitens haben wir doch auch sehr klar drübergebracht, was wir nicht wollen bzw. was die Fehler der sozialistischen Alleinregierung und später der sozialistischen Koalitionsregierung mit der FPÖ waren. Drittens: Ich habe eine Unmenge von Freunden und Persönlichkeiten gehabt, die mich auf meinem Weg dahin massiv unterstützt haben. Die Fehler des politischen Gegners haben natürlich auch sehr geholfen."

Jene, die erfolgreich ein Stück des Weges mit ihm gingen, zählt Mock in dieser Reihenfolge namentlich auf: den Vorarlberger Bertram Jäger. Den Salzburger Karl Glaser. Die Tiroler Fritz Prior und Fritz Dinghauser. Robert Lichal. Siegfried Ludwig. Rudolf Sallinger. Gerhard Possart, Oberösterreich. Mock: „Sallinger möchte ich besonders hervorheben. Weil es eigentlich trotz mancher Sachdifferenzen nach außen tatsächlich ein persönliches Verständnis gegeben hat, wo ich mich selbst oft wunderte, wie großzügig Sallinger mit mir umgegangen ist. Und zwar verläßlich."

Als seine persönlichen und politisch treuesten Freunde nennt Alois Mock zwei Männer in der ÖVP: Robert Graf und Josef Taus.

Plus seine drei Generalsekretäre. Mock: „Ich hatte mit allen drei riesiges Glück. Zunächst mit Sixtus Lanner. Er wurde seinerzeit beinahe zu Tode kritisiert, aber er war einer der politisch Begabtesten. Das Projekt ‚Ländlicher Raum' beispielsweise, eine ganze Konzeption für den

Bauernbund und für die ÖVP, das stammte von ihm. Und dann seine wertvolle Tätigkeit im Europarat.

Der zweite war Michael Graff, er war der Kämpfer schlechthin.

Und schließlich Helmut Kukacka, der mit einer ganz blöden These zu kämpfen hatte, nämlich der, er wäre der von Josef Ratzenböck zu mir geschickte ‚Aufpasser'. Bitte, ich möchte wissen, ob jemand als Landesrat freiwillig verzichtet, nur weil er Aufpasser im Auftrag eines Landeshauptmanns in einem der schwierigsten Jobs in Wien wird, nämlich ÖVP-Generalsekretär.

Nein, es ist schon so: Ich hatte mit allen drei Generalsekretären, mit denen ich arbeiten durfte, riesiges Glück gehabt."

Parteipolitisch wären die Jahre 1983, später 1986 und schließlich 1989 absolute Zäsurjahre gewesen, sagt Mock. Als die ÖVP zunächst die Alleinregierung der SPÖ brach, dann zwar die relative Mehrheit verfehlte, aber nach 17 Jahren wieder den Regierungseintritt schaffte, und schließlich der Rücktritt nach zehn Jahren Parteiobmann. Alle drei Daten seien politisch sicher wichtig, sagt Mock. Persönlich aber nennt er drei andere Ereignisse als seine politisch wichtigsten Zäsuren:

- „Am wesentlichsten war für mich das Erlebnis von 1970. Wo so mancher sogenannte Grande der ÖVP sagte, noch zum Zeitpunkt der damaligen Regierungsverhandlungen, die Oppositionsbank würde die Volkspartei nie und nimmer aus- und durchhalten. Aber: Unsere politische Gemeinschaft hat dann in den folgenden 17 Jahren bewiesen, daß sie viel stärker ist, als mancher der sogenannten Großen geglaubt hat. Gott sei Dank hängt die ÖVP nicht immer von den Granden ab, sondern von den sogenannten kleinen Leuten, die in der Zukunft einer politischen Gemeinschaft die größere Bedeutung haben."
- „Das zweite wesentliche Ereignis für mich war mein Einstieg in die Arbeitnehmer-Politik, damals, 1971, als ich ÖAAB-Chef geworden bin."
- „Die dritte, vermutlich wesentlichste Zäsur aber war der 12. Juni 1994. Weil dieser Tag, an dem das österreichische Volk zu 66 Prozent Ja zu

1980: Oppositionschef Dr. Alois Mock profilierte sich binnen weniger Monate als unerbittlicher politischer Gegner des „Sonnenkönigs". Er zwang Bruno Kreisky im Parlament immer öfter in die Defensive. Kreiskys Konflikt mit Hannes Androsch, die Verstaatlichten-Krise, der AKH-Skandal und Kreiskys damals schon sehr angegriffene Gesundheit bedeuteten für Alois Mock nicht unwesentliche Vorteile.

Europa und zur Europäischen Union gesagt hat, für unsere politische Gemeinschaft, aber auch für das Land ganz entscheidend war. Eine Weichenstellung!“

Interessant, daß Alois Mock das Jahr 1989, als ihn die eigene Partei zum Rücktritt zwang, nicht wirklich als wichtiges Datum einstuft. Damals resignierte Mock erst in jenem Moment, als es offenkundig war, daß ihm einflußreiche Landesparteichefs der ÖVP quer durch Österreich nicht mehr so recht vertrauten.

Mock: „Nein, halt, nicht mehr nicht vertrauten, sondern mir nichts mehr zutrauten! Zwei oder drei hatten schließlich den Mut, mir das auch zu sagen.“

Der erzwungene Rücktritt 1989

Tatsächlich erfüllte sich das parteipolitische Schicksal von Alois Mock einmal mehr in Niederösterreich. Im Stift Melk.

Dort traf man sich unter den besorgten Blicken eines persönlichen Freundes von Mock, des Stiftsherrn Abt Burkhardt Ellegast, zu einem letzten, geheimen Krisengipfel. In der Prälatur saßen einander der spätere neue Bundesparteiobmann Josef Riegler und Alois Mock gegenüber. Riegler hatte, quasi als „Sekundanten“, Oberösterreichs Landeshauptmann Josef Ratzenböck mitgebracht. An der Seite Mocks war Niederösterreichs Siegfried Ludwig gekommen.

Mock: „Als wir da zusammenkamen, hatte ich für mich innerlich schon längst die Entscheidung getroffen, zu gehen. Dieses Gespräch drehte sich nur mehr um die Formalitäten des Rücktritts. Und zwar um solche, daß niemand das Gesicht verlieren und vor allem die Partei keinen Schaden nehmen sollte.“

Nein, er sei weder „verletzt noch gekränkt“ gewesen, damals in den Tagen des Rücktritts im April 1989. Vielmehr habe er „die Dinge mit pragmatischem Realismus hingenommen“. Was Mock heute so nobel umschreibt, war damals in Wahrheit das Ende einer drei Jahre dauernden, in der Salamitaktik vollführten „Hinrichtung“ eines Parteichefs durch seine eigene Bewegung.

Die Wurzeln dieser ÖVP-internen Schlacht gegen den eigenen Obmann sind noch im Wahlkampf

1986 zu suchen. Die ÖVP war damals – aufgekratzt durch den Sieg Kurt Waldheims in der Bundespräsidentschaft – enorm gut unterwegs. Kämpferisch. Bissig. Mock predigte landauf, landab die „politische Wende".

Plötzlich ließen andere Bundespolitiker der ÖVP, aber auch starke Landesfürsten verlauten, wie immer die Wahlen ausgingen, nachher käme ohnehin die Große Koalition. Das sei schon fix.

Die Glaubwürdigkeit von Alois Mock war gebrochen. Er, der nach wie vor die politische Wende predigte, war unglaubwürdig geworden. Jene Wähler, die von der SPÖ die Nase voll hatten und der ÖVP eine Chance zum Regierungs- und Kurswechsel geben wollten, wandten sich enttäuscht ab und sprangen gleich in das Boot des Jörg Haider.

Hinzu kam in der Wahlnacht der unglückliche TV-Auftritt von Alois Mock, dem die Erschöpfung eines mörderischen Wahlkampfes und die Enttäuschung über das knappe Verfehlen der relativen Mehrheit so ins Gesicht geschrieben stand, daß viele zu bangen begannen.

Über allem aber stand die seltsame Tatsache, daß das an sich hervorragende Wahlergebnis der ÖVP, bis auf drei Mandate an die SPÖ herangekommen zu sein, plötzlich von der Partei selbst als „Niederlage" angesehen und so auch „verkauft" wurde.

Die Stimmung in der ÖVP war – ohne Not – so am Boden wie schon viele Jahre zuvor nicht mehr.

Noch bevor die Regierung der Großen Koalition gebildet war – Mock hatte immerhin die personelle Parität bei der Ministerbesetzung herausgeholt (8:8) und im Regierungsprogramm erhebliche programmatische Vorstellungen der ÖVP untergebracht – brach die Obmanndiskussion in der ÖVP mit voller Wucht los.

Schon im Winter 1988 dachte Alois Mock über einen Rückzug als Parteichef nach, sollte sich der ÖVP-Bundesparteivorstand weiterhin spröde zeigen und bei der Realisierung seiner Politik nicht voll mitziehen.

Wie brutal es zuging, beweist ein Rückblick auf den 5. Dezember 1986, als in der ÖVP-Akadmie in

1980: ÖVP-Chef Alois Mock suchte in den frühen Achtzigern immer wieder Kontakt mit der FPÖ, die damals vom Grazer Alexander Götz geführt wurde. Kreisky beobachtete dies mit scheelen Augen und tat alles, um eine schwarz-blaue Koalition zu verhindern. Er selbst plante nämlich, seine SPÖ mit Hilfe der FPÖ an der Macht zu halten.

Wien-Schönbrunn der erweiterte Bundesparteivorstand zusammentrat. Es ging ein reinigendes Gewitter nieder. Es flogen die Fetzen. Wegen niederschmetternder Wahlergebnisse in einzelnen ÖVP-dominierten Bundesländern ebenso wie wegen zahlreicher TV-Auftritte mancher Funktionäre nach den Nationalratswahlen. Gallige Replik der Bundesparteileitung: Wären sie auch im Wahlkampf nur so oft auf dem Bildschirm erschienen!

Eine denkwürdige Sitzung

Vor allem die Niederösterreicher, aber auch Marga Hubinek und Hermann Withalm verlangten, die Kritiker Gerhard Hirschmann, Bernd Schilcher und Helmut Kukacka zu disziplinieren. Was aber auf wütende Proteste von Josef Krainer und Erhard Busek stieß: Man muß doch noch reden können und dürfen!

Auffallend an diesem Abend in der ÖVP-Akademie, daß sich der Generalsekretär Michael Graff bei der Manöverkritik zur Nationalratswahl sehr, sehr still verhielt. Mock steht nach wie vor zu ihm. Aber wird Michael Graff die ÖVP-Sekretärekonferenz kommenden Dienstag überstehen? Das fragten ÖVP-Granden sehr offen.

Das Eis brach dann Ex-Parteichef und Ex-Vizekanzler Hermann Withalm. Er erinnerte an die unselige ÖVP-Tradition, Obmänner nach Mißerfolgen immer sofort zu killen. Das sei ihm selbst so ergangen, ebenso Josef Klaus und Josef Taus. Mit dieser Art müsse doch einmal Schluß sein.

Das war das Stichwort für Alois Mock, das entscheidende Wort. Er, der am Wahlabend innerlich schon entschlossen war, zu resignieren, und nur mit Mühe davon abgehalten werden konnte, stellte sich jetzt vor allem aus diesem Grund mit all seiner Kraft erneut der Verantwortung. Nicht aus Eigennutz, denn nicht um seine Person gehe es, sondern um die Partei – die es eben durchzutragen gelte. Und das in einer neuen, anderen Art. Beispiele ausländischer Politiker bewiesen es ja, daß diese oft erst nach vielen bitteren Niederlagen – weil sie nicht immer sofort resignierten – später politisch umso stärker zurückgekommen seien.

Das war auch das Stichwort für eine Phalanx von vier Landesfürsten: Eduard Wallnöfer aus

Tirol, Wilfried Haslauer aus Salzburg, Josef Ratzenböck aus Oberösterreich und Siegfried Ludwig aus Niederösterreich formierten sich pro Mock. Sie drückten den einstimmigen Beschluß einer Art Generalvollmacht für Mock durch, der schließlich auch Erhard Busek und Josef Krainer zustimmten.

Das war sie, die emotionsgeladene Sitzung draußen in der Politischen Akademie der ÖVP. Realpolitisch wußten die ÖVP-Granden an diesem Abend ohnehin sehr genau, daß sie und die Partei mit dem Rücken zur Wand standen: Ein wirklich potenter Mock-Ersatz fand sich auch diesmal nicht. Einer, der gesagt hätte: „Ich mach's." Die Einsicht, daß eine noch mehr zerstrittene ÖVP ein gefundenes Fressen sei für die SPÖ bei den Regierungsverhandlungen, tat ein übriges, um Mock mit dieser Generalvollmacht auszustatten. Schließlich wußte man ziemlich sicher, daß die SPÖ die ÖVP in jedem Fall mit von der Partie haben wollte. Also konnte für die Partei selbst, wenn sie halbwegs geschlossen auftrat, eigentlich gar nichts schiefgehen.

Auch wußte man von diesem Abend an, daß Alois Mock es persönlich akzeptiert hatte, in einer

1975: Wesentlich fairer als in den heißen Parlamentsdebatten ging es auf dem grünen Rasen zu, wenn sich Österreichs Parlamentarier in den Siebzigern zu internationalen Begegnungen mit ihren Politiker-Kollegen aus Europa trafen. Im Bild von links nach rechts die Abgeordneten Hietl (ÖVP), Reinhardt, Ortner, Mondl, Blecha (alle SPÖ), Ofenböck, Mock, Pitschmann (alle ÖVP), ÖFB-Präsident Dr. Gerö sowie die ÖVP-Abgeordneten Neuner und Bertram Jäger.

Großen Koalition eben nur Vizekanzler werden zu können.

Und schließlich ließ man ihm ja die Option auf eine Koalition mit der FPÖ Jörg Haiders irgendwie noch in der Rocktasche – wenngleich niemand mehr an eine solche Konstellation glauben wollte.

Welchen Kurs steuert die ÖVP?

In diesen Tagen des Winters 1986/87 spielte sich in der ÖVP neben allen persönlichen Scharmützeln in Wahrheit ein beinharter Richtungskampf ab, der bis heute, acht Jahre danach, noch nicht wirklich ausgestanden ist. Locker formuliert, könnte man auch von einem Konflikt zwischen den sogenannten „Liberalen“ und den „Konservativen“ in der Partei sprechen. Zu kurz gegriffen wäre es, nur von Gegensätzlichkeiten zwischen den Cartell-Brüdern und dem Nicht-CV-Lager zu reden, da zu dieser Zeit – immerhin ging es um die Regierungsbildung und damit um Macht und Einfluß – die „alten“ Bünde der ÖVP plötzlich ein ganz starkes Leben entfalteten. In Summe: Der Streit um die künftige Richtung der ÖVP ging quer durch alle Landesparteigruppen, aber auch quer durch alle Teilorganisationen.

Zur Frage standen:

• Sollen Alois Mock & Co künftig Politik nur mehr für die Kernschichten der Volkspartei machen oder doch versuchen, Randwählergruppen anzusprechen?

• Soll die Politik der ÖVP eher links bis hin zur Mitte gehen oder doch rechts davon bleiben?

• Geht es um eine Politik mit Herz oder nur um eine rein pragmatische Politik?

• Geht es um eine zukünftige Politik, die sich ausschließlich nur am vielzitierten Zeitgeist orientieren soll, oder ist Grundsatzpolitik doch wichtiger, wenn auch weniger spektakulär, weil dann vermutlich die täglichen Schlagzeilen ausbleiben?

• Kommt es zu einer Politik der bunten Luftballons oder zu einer Politik der Stahlhelme?

Als schließlich die Steirer gegen Verteidigungsminister Robert Lichal schwere Breitseiten schossen, um die Stationierung der Draken in Graz-Thalerhof zu verhindern, und ihren eigenen Parteifreund einem Mißtrauensantrag im Parlament aussetzten, war das ÖVP-Faß nahe am Überlaufen. Mock hielt eisern zu Lichal, Rücktrittsaufforderungen gegen den Minister aus der eigenen Partei prallten – noch – ab.

Zudem setzte sich parteiintern jene Erkenntnis durch, derentwegen Alois Mock 1986 zunächst eher in Richtung Kleine Koalition mit der FPÖ unterwegs war: Als Juniorpartner in einer Großen Koalition würde die ÖVP parteipolitisch wiederum auf der Verliererstraße landen. Denn die SPÖ mit ihrem Franz Vranitzky könnte regierungspolitisch alles Positive für sich lukrieren, während der ÖVP – in den Augen der Bevölkerung – jene Dinge angelastet würden, die schiefgingen.

Die Partei steuerte in eine ausweglose Situation.

Wie sehr die Nerven der ÖVP in diesen ersten Jahren der Großen Koalition blank lagen, bewies auf dramatische Weise jener Tag im März 1988, als Bundesparteichef und Vizekanzler Alois Mock dem jungen Finanzstaatssekretär Johannes Ditz binnen weniger Stunden das Vertrauen entzog und dieser aus der Regierung ausscheiden mußte. Dabei hatte Mock immer eine sehr hohe Meinung von Ditz. Er bedauerte dessen Ausscheiden – „auch in einer demokratischen Partei muß es Disziplin geben" – und erklärte: „Ditz bleibt eine personalpolitische Reserve der Republik."

Der „Fall Ditz"

Anlaß der dramatischen Ereignisse an diesem Mittwoch, 2. März 1988, war ein Gespräch, das ich selbst am Vortag in einem Wiener Kaffeehaus mit dem Finanzstaatssekretär für die Tageszeitung Kurier geführt hatte. Zwei Tage zuvor, am Sonntag, war Vizekanzler Alois Mock in der TV-„Pressestunde" zu Gast, wo es um die damals gerade mühsam mit der SPÖ paktierte Steuerreform gegangen war. Im Zuge der Pressestunde rückte Mock plötzlich vom vereinbarten Steuerreformpaket ab, indem er das Teilkapitel Zinsertragssteuer in Frage stellte und dabei sinngemäß formulierte, daß er es satt habe, nach der Pfeife der SPÖ zu tanzen. Staatssekretär Johannes Ditz, der einer der Fachexperten der ÖVP in den Verhandlungen mit der SPÖ zu dieser Steuerreform war – die politische Einigung zwischen Kanzler Vranitzky und Vizekanzler Mock darüber wurde am Freitag zuvor mit Pauken und Trompeten verkündet –, machte im Gespräch mit mir seiner Enttäuschung Luft, daß mit Mocks sonntägigem TV-Auftritt offenbar wieder alles in der Luft hing. Ditz meinte damals, in zugegeben scharfen Worten, das könne die Große Koalition gefährden, und sprach von „Irrationalität".

In der ÖVP war der Teufel los. Die Mock-Gruppe bestürmte den Vizekanzler, sich solches ja nicht gefallen zu lassen. Rasch hatte man als „Missetäter" den jungen Staatssekretär in Verdacht, der in der Meinung, eine Entschuldigung beim Vizekanzler würde reichen, sich selbst enttarnte. Zu diesem Zeitpunkt aber stand Mock schon unter Druck – vor allem der ÖAAB verlangte von ihm, Konsequenzen zu ziehen, ein Exempel zu statuieren. Nur so könne er seine Autorität als Parteichef, die ohnehin schon schwerstens angeschlagen sei, noch halbwegs wahren. Deshalb kam Johannes Ditz zum Handkuß – und erklärte noch am Abend des 2. März seinen Rücktritt.

Heute ist er längst wieder im Amt, als Staatssekretär im Finanzministerium, und hoch angesehen. Mehr denn je ist er inzwischen einer der wenigen wirklichen „Hoffnungsträger" für künftige Parteizeiten. Daß er 1988 so unsanft behandelt wurde, lag sicher nicht an seinen damaligen Äußerungen über das Problem Steuerreform und seiner verständlichen Frustration, ein von ihm mitverhandeltes Abkommen mit der SPÖ gefährdet zu sehen. Vielmehr wurde Johannes Ditz auf dem Altar wilder innerparteilicher Richtungskämpfe geopfert. Völlig sinnlos, denn:

Die Demontage beginnt

Als zu Jahresbeginn 1989 die Stimmen vor allem aus den ÖVP-Ländern Steiermark und Salzburg nach einer „Erneuerung" immer lauter wurden, war das Schicksal Mocks besiegelt. Offiziell wurden die Attacken zwar gegen den damaligen ÖVP-Klubchef im Parlament, Fritz König, und gegen Verteidigungsminister Robert Lichal geritten, gemeint war aber der Parteichef selbst.

Zunächst mußte noch Mocks Erster Generalstabsoffizier Michael Graff als Hitzeschild herhalten. Wiens ÖVP-Chef Erhard Busek hatte ihn öffentlich zum Rücktritt aufgefordert: „Der Parteiobmann wird gut beraten sein, sich einen Generalsekretär zu suchen, der in der Lage ist, ein Kontrastprogramm zur Regierung zu entwickeln." Was ein damals ungemein böser Graff in aller Öffentlichkeit erwiderte: „Du scheinst in mir eine Art Generalsekretär auf Bewährung zu sehen, dem du Bedingungen stellen könntest. Das ist ein Irrtum. Der Generalsekretär steht nicht zu deiner oder sonst jemandes Disposition!" Soweit Michael Graffs damalige Botschaft an seinen Partei„freund" Erhard Busek.

Die Bundes-ÖVP stand parteiintern schwer unter Beschuß. Vor allem ging es darum, daß die Rest-ÖVP Alois Mock & Co vorwarf, insbesondere nach dem Sprung ins Koalitionsehebett der SPÖ nur mehr eine Politik zu machen, die Posten und Machtpfründe absichere.

Kurios: Genau davor hatte Mock gewarnt: Die ÖVP werde, wenn sie nicht das Wagnis der Kleinen Koalition eingehe, als Partei immer im Schatten der SPÖ stehen. Nur wenn sie den Kanzler stellt, könne sie wieder soviel Profil bekommen, daß sie der SPÖ Paroli zu bieten in der Lage wäre. Es war Wirtschaftspräsident Rudolf Sallinger, der zum Entsetzen von Kanzler-Kandidat Alois Mock nur zwei Wochen vor den Nationalratswahlen verkündete, daß es für die ÖVP auch ein schöner Erfolg wäre, wenn sie nur als Zweite durch die Wahl-Ziellinie ginge – wichtig sei allein die Regierungsbeteiligung und sonst nichts.

Parteihistorisch betrachtet, muß man heute feststellen:

Der Zusammenbruch von Parteichef Alois Mock am Abend des Nationalratswahl-Sonntags 1986 wurde auch dadurch ausgelöst, daß ihn seine eigenen Parteifreunde auf dem schon sicher scheinenden Weg zum Bundeskanzler von Österreich abrupt stoppten.

Das hat Mock damals viel mehr getroffen als der drei Jahre später erzwungene Rücktritt.

Und es ist darüber hinaus kurios, daß die ÖVP heute, 1994, knapp vor den Nationalratswahlen mit ebendiesen Abgrenzungsproblemen zur SPÖ ge-

„Der Parteiobmann wird gut beraten sein, sich einen Generalsekretär zu suchen, der in der Lage ist, ein Kontrastprogramm zur Regierung zu entwickeln."

ERHARD BUSEK

„Du scheinst in mir einen Generalsekretär auf Bewährung zu sehen. Das ist ein Irrtum. Der Generalsekretär steht nicht zu deiner Disposition!"

MICHAEL GRAFF

nauso ringt wie vor fünf Jahren. So äußerte der neue junge ÖAAB-Bundesobmann, der Klosterneuburger Josef Höchtl, zum Entsetzen von Bundesparteichef Erhard Busek Ende Juli ganz ungeniert: „Die ÖVP muß sich stärker von der SPÖ abgrenzen!" Und das, nachdem Busek in der Europa-Volksabstimmungsnacht des 12. Juni euphorisch erklärt hatte, die ÖVP werde „ohne Wenn und Aber" nach den für 9. Oktober angesetzten Nationalratswahlen mit der SPÖ erneut eine Große Koalition bilden.

> „Nur ein Wahl-Gewinn am 9. Oktober kann die Bedingung sein, überhaupt über eine weitere Große Koalition nachzudenken."
>
> Josef Höchtl

Josef „Pepi" Höchtl, der als Nachfolger von Robert Lichal in der Bundesobmannschaft des ÖAAB sofort (und auch früher schon) der nach wie vor vorhandenen „Stahlhelmtruppe" der ÖVP zugerechnet wurde und wird, dazu: „Nur ein Wahl-Gewinn am 9. Oktober kann die Bedingung sein, überhaupt über eine weitere Große Koalition nachzudenken."

Sollte dies nicht gelingen – und die Chancen der ÖVP sind nicht allzu günstig, folgt man in diesem heißen Sommer 1994 den Meinungsforschern –, dann hätte die Partei den neuerlichen Gang in die Opposition ernsthaft zu überlegen. Höchtl, aber auch sein Vorgänger Robert Lichal waren einer Meinung: „Es kann ja nicht so sein, daß die ÖVP, seit sie 1986 mit der SPÖ eine Partnerschaft eingegangen ist, von Mal zu Mal weniger und kleiner wird. Das müssen wir endlich stoppen."

Richtig ist, daß Alois Mock 1986 die ÖVP mit etwas mehr als 41 Prozent in die Regierung geführt hat.

Vier Jahre später, 1990 stürzte die Partei katastrophal auf 32,1 Prozent der Stimmen ab. Daß die Nationalratswahl 1994 schon als Erfolg angesehen würde, käme man nur einigermaßen über die 30-Prozent-Marke, ist für den Zustand der Volkspartei mehr als bezeichnend.

In aller Dramatik stellt sich heraus, daß Alois Mock 1986 zunächst mit dem völlig richtigen politischen Instinkt agiert hat – nämlich sofort und ohne Umwege die Kanzlerschaft für die ÖVP anzustreben, wenn auch mit Hilfe Jörg Haiders und dessen FPÖ.

Insofern kann auch als gesichert gelten: Franz Vranitzkys damalige sofortige politische Ausgrenzung der FPÖ unter einem Parteichef Jörg Haider – immerhin kündigte der SPÖ-Kanzler binnen weniger Tage nach dem Sturz Norbert Stegers in Innsbruck die Kleine Koalition auf – war tatsächlich ein politischer Schachzug, mit dem Vranitzky zwei Fliegen auf einmal schlug:

• Einerseits profilierte er sich als jener Politiker, der am konsequentesten gegen rechtsradikale Umtriebe auftrat. Weil Jörg Haider in diesem Bereich nie wirklich klare Abgrenzungen erzielte, war er für Vranitzky politisch kein Partner mehr.

• Beinahe ebenso wichtig in der politischen Wirksamkeit aber ist dies: Durch die Ausgrenzung Haiders und die damals offenbar massiv betriebene gleichzeitige Einbindung der ÖVP in ein großes Regierungsbündnis – Stichworte: Sanierunspartnerschaft, Österreich zuerst – hielt Vranitzky die ÖVP in Wahrheit von deren eigener, höchst not wendiger Regeneration fern. Solange die Partei als Regierungspartner auf den politischen Gegner SPÖ

1983: Die Nationalratswahl ließ sich für die ÖVP sehr gut an. Kreiskys Alleinregierung hatte das Mallorca-Paket verkündet, nach den Wahlen sollte eine kleine Belastungswelle auf die Österreicher zukommen. Das nützte der ÖVP. Alois Mock als Kanzlerkandidat, nach nur vier Jahren Parteiobmannschaft, war überraschend in aller Munde. Tatsächlich gelang es ihm, am Wahlabend den Mandatsabstand zur SPÖ deutlich zu verringern.

1983: Alois Mock setzte auf das Bad in der Volksmenge, in Wirtshäusern beschwor er die Österreicher, der „anderen Politik“ eine Chance zu geben.

trotz allen Gezänks und öffentlichen Schattenboxens Rücksicht zu nehmen hat, kann sie die eigene Profilierung vergessen. Denn mit seinem Bonus als Bundeskanzler überstrahlt Franz Vranitzky seit 1986 tatsächlich alle Probleme – auch jene seiner SPÖ. Die seit 1986 in Wahrheit alle Wahlen verloren hat – nur nicht in jenem Ausmaß wie die ÖVP. Dennoch sind den Bürgerlichen die Hände gebunden, sie können aus der politischen Schwäche der Sozialdemokraten keinerlei Kapital schlagen.

Aber zurück zu den für die Partei so schlimmen Februar-Tagen im Frühjahr 1987: Alois Mock, der manchen seiner Partei„freunde“ nicht mehr recht traute, sammelte in diesen Tagen seine Getreuen um sich. Eben Robert Lichal, Fritz König, Siegfried Ludwig. Als er Fritz König als neuen ÖVP-Klubchef im Parlament durchdrückte, stimmten die Steirer ein ohnmächtiges Wutgeheul an: „Michail Gorbatschow in Moskau ist mittlerweile weit reformfreudiger als die Österreichische Volkspartei!“ verkündete Gerhard Hirschmann vollmundig in Graz, und der politische Direktor der ÖVP im Parlament in Wien, Kurt Bergmann, zog für seine Person die Konsequenzen: Er, der davon ausgegangen war, daß Wirtschaftsbund-Generalsekretär Wolfgang Schüssel neuer starker Mann der ÖVP-Nationalratsriege werden würde, trat zurück. Bergmann, der sich in der Funktion des politischen Direktors als „Hausknecht der ÖVP-Fraktion“ sah, schmiß Mock mit der Aufforderung, unter diesen „Stahlhelm-Umständen“ Fritz König zu küren, den Klubkrempel hin.

Das böse Schlagwort von der „Stahlhelm-Fraktion“ tauchte auf. Sie werde angeführt von Robert Lichal, gelte als besonders konservativ, verstockt und rückständig – und Mock gehöre ihr an, dulde und fördere sie.

Das bittere Ende

Im Februar 1989 preschte Steiermarks neuer geschäftsführender Landesparteiobmann Gerhard Hirschmann vor. Über Radio sagte er es klipp und klar: Mock muß weg!

Als die ÖVP am dreifachen Wahlsonntag des 12. März 1989 bei den Landtagswahlen in Tirol, Salzburg und Kärnten schwerste Verluste einfährt, ist Feuer am Dach der Partei. Die offene Intrige gegen Mock läuft. Erhard Busek, ÖVP-Landesparteichef in Wien, übt harte Kritik, und Alois Mock erklärt noch im März, beim kommenden Parteitag neuerlich zum Obmann zu kandidieren – und zwar erst recht auch dann, wenn es einen Gegenkandidaten geben sollte. Vor allem das einfache Parteivolk ist es, das den ÖVP Chef und Vizekanzler mit Tausenden von Briefen und Telefonanrufen zum Durchhalten aufruft.

Das Drama endet am 16. April 1989. In einer dürren Presseaussendung erklärt Alois Mock seinen Rücktritt. Ihm ging es um die Einheit der Partei, die er gefährdet sah. Wäre er beim Parteitag angetreten, hätte er die Mehrheit der Delegierten nach wie vor hinter sich gehabt.

Für diesen Fall aber drohte eine ÖVP-Landesorganisation (die Steiermark) mit der Abspaltung von der ÖVP und der Gründung einer eigenen Partei ähnlich der CSU/CDU in Deutschland. Ein anderes Bundesland (Salzburg) drohte mit der „inneren Emigration“, Landeshauptmann Wilfried Haslauer war einer der entschiedensten Gegner der Großen Koalition mit der SPÖ – er drohte offen damit, sich mit seiner ÖVP-Landesorganisation soweit wie möglich von der Bundespartei fernzuhalten, wenn sich nichts ändere.

Man forderte von Mock einen aussichtslosen politischen Spagat:

- Er solle parallel zur Regierungsarbeit mit der SPÖ eine programmatische Reform der Partei beginnen. Ziel: Die ÖVP dürfe sich als Partei nicht länger von der SPÖ zudecken lassen, indem man als Regierungspartner nichts als „brav“ sei.
- Mock dürfe nicht zulassen, daß sich das Sympathie-Spektrum der ÖVP immer mehr in Richtung klassische Altpartei verenge, wo dann nur noch der Kern der Stammwähler übrigbleibe und der Rest der ÖVP-Wähler rundum an alle anderen politischen Gruppierungen abgegeben werde.

Den Zerfall wollte Mock „seiner“ Volkspartei nicht antun. Darum trat er zurück.

Alois Mock heute im Rückblick: „Wie gesagt, ich war nicht ernsthaft gekränkt oder verletzt. Denn

> ” Leider ist es ja generell so, daß die humaneren Dinge im Alltag der Politik meistens unter die Räder kommen oder in dieser erst gar nichts zu suchen haben. “
>
> Alois Mock

»Dieses gelegentliche Herumgemotze nachher, gut, das ist zwar menschlich, aber wirklich kein Zeichen von besonderer Selbstdisziplin und von Charakter. Aber was soll's, wir haben eh alle unsere Schwächen ...«

ALOIS MOCK

»Ich denke, daß Alois Mock heute noch immer strahlender Bundeskanzler sein könnte, wäre ihm 1986 nicht die Bildung einer Kleinen Koalition verwehrt worden.«

GERHARD HIRSCHMANN

schließlich dachte ich mir: Es ist ja eine ungeheure Sache, daß mir so viele Menschen immerhin doch zehn Jahre lang das Vertrauen als Parteichef gegeben haben. Mein Gott, ich habe ohnehin nie geglaubt, daß ich der Weisheit letzter Schluß in der Weltgeschichte bin, auch nicht in Österreich. Daher habe ich es als eine gigantische Geste für mich gesehen, daß ich dieses Vertrauen zehn Jahre lang ja schon gehabt habe. Das war der eine Punkt, der die Rücktrittssache für mich nicht gar so dramatisch gemacht hat. Der andere Punkt war die unglaublich faire und kollegiale, ja nette Haltung des Dr. Riegler mir gegenüber, das müßte überhaupt öfters unterstrichen und betont werden. Leider ist es ja generell so, daß die humaneren Dinge im Alltag der Politik meistens unter die Räder kommen oder in dieser erst gar nichts zu suchen haben. Darum unterstreiche ich's jetzt, bei dieser Gelegenheit."

Es ehrt Alois Mock, die Dinge heute, fünf Jahre danach, doch deutlich herunterzuspielen.

Nur leise gibt er zu, damals „phasenweise schon sehr deprimiert" gewesen zu sein. Etwa dann, wenn Beschlüsse im Parteivorstand gefaßt wurden, an die sich später einige nicht hielten, und in aller Öffentlichkeit sogar die Parteiloyalität so sehr verletzt wurde, indem Partei„freunde" sogar mitteilten, sie akzeptierten die Abstimmungen nicht mehr.

Mock: „Dieses gelegentliche Herumgemotze nachher, gut, das ist zwar menschlich, aber wirklich kein Zeichen von besonderer Selbstdisziplin und von Charakter. Aber was soll's, wir haben eh alle unsere Schwächen ..."

Es mag ein später Triumph für den Euratsfelder sein, daß selbst die damaligen steirischen Rebellen die dramatischen Ereignisse der Jahreswende 1989/90 heute, 1994, in einem anderen Licht sehen. Josef Krainers starke rechte Hand, der geschäftsführende ÖVP-Chef der Steiermark Gerhard Hirschmann: „Ich denke, daß Alois Mock heute noch immer strahlender Bundeskanzler sein könnte, wäre ihm 1986 nicht die Bildung einer Kleinen Koalition verwehrt worden."

Zeitzeuge Robert Lichal,

scheidender Zweiter Nationalratspräsident

„Das wichtigste Prinzip des Alois war: Treue für Treue!"

Dr. Alois Mock war Bundesparteiobmann, Klubobmann und Oppositionsführer der ÖVP, als er mich, kurz nachdem ich im Jahre 1979 nach den Nationalratswahlen vom Bundesrat in den Nationalrat übergewechselt war, mit der Funktion eines Sicherheitssprechers der Partei betraute.

Als tatenfreudiger Politiker habe ich mich in der Folge mit meiner Aufgabe indentifiziert und versucht, über den Weg der Verbesserung der Ausbildung, der Ausrüstung und der Bewaffnung mehr Sicherheit für die Exekutive und damit auch für die Bevölkerung zu erreichen.

In dieser Zeit habe ich mir verschiedene Kosenamen erworben, die von „Django" über „Sheriff der Nation" bis zum „Revolver-Hofrat" reichten. Sofort spürte ich den politischen Gegenwind in einer Art, wie er mir noch nie ins Gesicht geblasen hatte. Man versuchte, meine Bestrebungen als inhumane Vorgangsweise gegen arme Rechtsbrecher zu verteufeln.

Alois Mock akzeptierte aus voller Überzeugung, daß durch mich in dieser Zeit auf diesem Gebiet der Sicherheitspolitik ein wesentlich rauheres Klima eingetreten ist. Da er als Parteiobmann einer staatstragenden Partei auch für die Sicherheit der Bevölkerung Verantwortung zu tragen hatte, nahm er davon Abstand, mich auf eine weiche Linie zu trimmen.

Insbesondere bei Veranstaltungen der Exekutive freute er sich in sichtbar kameradschaftlichem Geist über den Zuspruch, den ich bei jenen Menschen fand, die für ein friedliches Zusammenleben in unserer Gemeinschaft Sorge zu tragen haben und manchmal auch ihre Gesundheit und leider Gottes auch ihr Leben für die Sicherheit der Bevölkerung opfern.

Sicherheitspolitik war schon damals ein Hauptanliegen unseres Alois Mock.

Natürlich war die Genauigkeit in der Vorbereitung – zum Beispiel von politischen Initiativen – auch für mich ein wenig Neuland, und nicht nur einmal spöttelte ich über die vielen Vor- und Nachbesprechungen, die Alois Mock als Klubobmann forderte.

Mit Großmut ging er darüber hinweg, wenn ich die Frage stellte, wann es eigentlich wieder zur Vorbesprechung eine Nachbesprechung und zur Nachbesprechung wieder eine Vorbesprechung und eine Vorbesprechung zur Hauptbesprechung usw. geben wird.

» Es gab kein Gebiet, das nicht Interesse beim Obmann fand. «

Diese intensive Befassung mit der Materie durch den Spitzenpolitiker spiegelte das Interesse an und die Identifikation mit der Aufgabe wider. Das heißt, daß Alois Mock als Oppositionsführer im Parlament immer wissen wollte, wie die einzelnen Funktionäre ihre Reden und Vorgangsweisen anlegen wollten. Es gab kein Gebiet, das nicht Interesse beim Obmann fand. Wirtschaftspolitik, Familienpolitik, Gesundheitspolitik, Sicherheitspolitik und nicht zuletzt die Außenpolitik wurden intensiv behandelt, und alle Reden, mit Ausnahme des persönlichen Extemporierens der Redner, waren strategisch und inhaltlich vorbereitet.

Ich glaube heute zutiefst, daß diese gründliche und exakte Arbeit in der Opposition uns bei den Nationalratswahlen im Jahre 1986 um ein Haar die relative Mehrheit gebracht hätte. Die wir alle so sehr erhofften, um eine Änderung in den verschiedensten Bereichen herbeiführen zu können.

Mit Bestimmtheit wäre auch die Sicherheitspolitik betroffen gewesen, weil die jahrzehntelange sozialistische Führung des Innenressorts großteils

Unbehagen auf dem Personalsektor, aber letztendlich auch bei der Ausbildung und Ausrüstung der Exekutive hervorgerufen hat.

Nach den Wahlen 1986 kam es bei den Verhandlungen zur Bildung einer Koalitionsregierung zwischen SPÖ und ÖVP.

Als Mitglied des Verhandlungskomitees erinnere ich mich gerne an diese historische Aufgabe, da damit die mehr als eineinhalb Jahrzehnte währende Absenz der ÖVP von der Regierungsverantwortung beendet wurde.

Auch wenn Alois Mock persönlich zutiefst getroffen schien, daß trotz des von ihm schon damals geleisteten totalen körperlichen und geistigen Einsatzes es nicht geglückt war, die relative Mehrheit für die ÖVP zu erreichen, ging er in voller Verantwortung für den Staat in die Verhandlungen. Die er zielstrebig und mit Zähigkeit führte, wohl wissend, daß er nur mit dem Vizekanzler und der Außenministerfunktion rechnen konnte.

Die letztere war zwischen den Verhandlungspartnern mehr als umstritten, da der Ehrenvorsitzende der SPÖ, Dr. Bruno Kreisky, es seiner Partei nicht verzeihen wollte, seine geliebte Außenpolitik der schwarzen Reichshälfte zu überantworten.

» Mock schlug mich für die Funktion des Bundesministers für Landesverteidigung vor. «

Ein besonderes Kapitel unseres gemeinsamen politischen Weges stellte sicher die Zeit meiner Ministerschaft und damit die Tätigkeit im gleichen Kabinett des Vizekanzlers Dr. Alois Mock dar. Nachdem die Regierungsverhandlungen zur Bildung der ersten Großen Koalition abgeschlossen waren, schlug mich der Parteiobmann für die Funktion des Bundesministers für Landesverteidigung vor. Ich war sehr überrascht, da ich diese Mitteilung erst unmittelbar bei dem Gespräch Vranitzky/Mock erhielt.

Es dauerte auch nur wenige Tage, und der sogenannte „Drakenkrieg" brach aus. Die steirischen Parteifreunde teilten mir mit, daß ich unverzüglich das Ausbildungsprogramm für die Draken-Piloten

> »Sicher wäre es ihm im ‚Drakenkrieg' ein leichtes gewesen, mich auszuwechseln.«

beenden müsse. Wie erinnerlich, war im Herbst des Jahres 1986 ein Offizier des österreichischen Bundesheeres bei einem Trainingsflug in Schweden mit einem Draken tödlich verunglückt Das Trainingsprogramm wurde dann in der Folge auf Simulator-Übungen umgestellt, was aber nur eine vorübergehende Lösung darstellte.

Nach ausführlicher rechtlicher und sachlicher Überlegung bin ich zu der Überzeugung gekommen, daß das Training unserer Piloten auf dem Draken fortgesetzt werden müsse, da sonst das gesamte Projekt der Luftfahrt-Verteidigung in sich zusammenbrechen würde.

Es war aber sicher eine sehr heikle Entscheidung mit großer politischer Tragweite, da natürlich nach erfolgreicher Abschlußausbildung auch der nächste Schritt, nämlich die Stationierung der Draken, unvermeidlich geworden war.

Es war dies sicher für mich eine sehr schwere und belastende Zeit, da ich das Projekt gegen den erklärten Widerstand vieler Landespolitiker der Steiermark und auch mit dem teilweise vorhandenen Unverständnis der Öffentlichkeit weiter verfolgen mußte.

Nun zeigte sich die Qualität des Parteiführers Alois Mock und seine Bereitschaft, einen aus Überzeugung für die Sicherheit Österreichs mit Problemen kämpfenden Parteifreund nicht aus kurzfristigen politischen Überlegungen fallenzulassen, sondern in Verantwortung für den Staat und in Wahrung der Interessen unseres Landes zu unterstützen. Sicher wäre es Alois Mock damals ein leichtes gewesen, dem starken Druck nachzugeben und mich bei Unbeugsamkeit auszuwechseln.

Alois Mock nahm jedoch den Gegenwind im Interesse der Sicherheit in Kauf und belohnte meine durch viele Jahre geleistete Gefolgschaft mit Treue zu diesem Gefolgsmann.

Neben dieser persönlichen Stütze war aber auch die kluge Voraussicht der politischen Entwicklung in Europa mit ein Grund der Entscheidung des auch die Funktion des Außenministers erfüllenden Vizekanzlers.

1994: Der scheidende Zweite Nationalratspräsident Dr. Robert Lichal (links) war einer der treuesten Mitstreiter an der Seite von Alois Mock. Bis zur letzten Sekunde wollte er 1989 die Abwahl Mocks als Parteiobmann verhindern.
Heute sagt er: „Bei uns machte man damals Karriere, wenn man Treue mit Treue vergalt. Heute muß man seinen besten Parteifreund verraten, um etwas zu werden."

Das Drakenprojekt wurde abgeschlossen, die Flugzeuge auf den vorgesehenen Flugplätzen stationiert, und bei der Slowenien-Krise war ganz Österreich glücklich, besonders aber die bedrohte Bevölkerung, in einem gefährdeten Grenzbereich beschützt zu werden.

Alois Mock ist es daher wirklich zu danken, daß Österreich heute in der Lage ist, seinen internationalen Verpflichtungen aus dem Völkerrecht, aber auch seiner Neutralität wirksam nachkommen zu könnnen.

Noch immer ist es unbestrittene Verpflichtung eines Staates, sich selbst zu schützen, wenn man nicht auf die Hilfe anderer Staaten angewiesen sein will. Diese Hilfe anderer Staaten wurde jedoch, wie wir aus der leidvollen Geschichte Europas wissen, äußerst unterschiedlich ausgelegt. Allein die „brüderliche Hilfe“, die der Tschechoslowakei im Jahre 1968 durch Truppen des Warschauer Paktes zuteil wurde, ist uns, glaube ich, noch in bester Erinnerung.

> ”
> Daß Politik nichts anderes bedeutet als totaler Einsatz für die Heimat, das lebt uns Alois Mock vor.
> “

So wie Alois Mock schon im Jahre 1987 der kommenden Entwicklung mit Sorge entgegengeblickt hat, wird er heute in ganz Europa, ja ich glaube, ohne Übertreibung sagen zu dürfen, in der ganzen Welt als exzellenter Kenner der europäischen Situation, insbesondere am Balkan, anerkannt und geschätzt.

Heute, am Ende meiner politischen Laufbahn stehend, kann ich rückblickend nur eines sagen:

Es war schön mit Alois Mock und unter seiner Führung für dieses Land zu arbeiten. Daß Politik nichts anderes bedeutet als totaler Einsatz für die Heimat, daß Politik nichts anderes ist als der Versuch, das Zusammenleben von Menschen nach gewissen Vorstellungen zu regeln, und daß Politik nicht nur nach tagespolitischen Erfolgen ausgerichtet sein darf, sondern wertorientiert und selbstlos zu sein hat, das lebte und lebt uns Alois Mock in beeindruckender Weise vor.

Treue, die ihm entgegengebracht wurde, hat er stets auch mit Treue belohnt.

Der Gegner heisst Bruno Kreisky

„Und ich gewann ihn doch, diesen Kampf David gegen Goliath"

Sonntag, 6. März 1966. Die ÖVP feiert. Erneut hat sie, wie schon 1945, die absolute Mandatsmehrheit im Parlament bei den Nationalratswahlen errungen. Mit 2,191.109 Stimmen (48 Prozent) errang die Volkspartei unter Dr. Josef Klaus 85 Mandate im damals noch 165 Sitze umfassenden Nationalrat, die SPÖ unter Bruno Pittermann kam lediglich auf 74 Sitze, die FPÖ auf sechs Mandate.

Das war das Ende der Großen Koalition der Nachkriegszeit, die in der Bevölkerung ohnehin nur mehr als „schwarz-rotes Proporz-Regime" verteufelt worden war.

Am 18. April entschloß sich die schwer geschlagene SPÖ, das Koalitionsangebot der ÖVP nicht anzunehmen – Josef Klaus trat mit seiner Partei die Alleinregierung an, die bis 1970 währte.

Zu diesem Zeitpunkt begann der damals noch nicht 32jährige Alois Mock zunächst als Sekretär und danach als Kabinettschef von Bundeskanzler Klaus seine politische Karriere. Drei Jahre später, 1969, war er bereits Unterrichtsminister, allerdings nur für ein knappes Jahr, da die Regierung Klaus 1970 spektakulär abgewählt wurde.

1966 aber war die ÖVP auf ihrem bis heute nicht mehr erreichten politischen Höhepunkt angelangt. Der junge Alois Mock absolvierte seine ersten Gehversuche auf dem glatten Parkett des Wiener Ballhausplatzes. Gemeinsam mit Michael Graff, er sollte später Mocks Erster Stabsoffizier werden. Mit Leo Wallner, dem heutigen Generaldirektor der Casino-Austria AG. Mit Peter Marboe, der später viele Jahre Österreichs Kulturinstitut in den USA vertrat. Mit Heinrich Neisser, dem heutigen Klubchef der ÖVP im Parlament. Mit Thomas Klestil, heute Bundespräsident. Mit Fritz Hoess, heute Österreichs Botschafter in Deutschland, in Bonn.

Herbert Vityska, durch viele Jahre Bundespressesprecher von Parteichef Alois Mock, beschrieb 1983 diese junge Garde der ÖVP des Jahres 1966 so: „Von den Personen, die Josef Klaus in den sechziger Jahren großgezogen hat, lebt heute noch die ganze ÖVP!“

Dieser Satz gilt teilweise sogar noch heute.

In diesen März- und Apriltagen des Jahres 1966 dominierte noch eine anderere Persönlichkeit Österreichs Innenpolitik: Bruno Kreisky, SPÖ-Außenminister in der eben zu Ende gegangenen Koalitionsregierung. Er trat damals trotz der bitteren Wahlniederlage vehement dafür ein, mit der ÖVP die Große Koalition fortzusetzen.

In seinem 1993 verfaßten und inzwischen unentbehrlich gewordenen zeitgeschichtlichen Buch „Die Kreisky-Jahre“ beschreibt Nationalratspräsident Heinz Fischer die damaligen Ereignisse sehr treffend: „Rückblickend betrachtet, war es eine bemerkenswerte Pointe der Geschichte, daß gerade jene Oppositionsrolle, die Bruno Kreisky unbedingt vermeiden wollte, ihm dann als Sprungbrett für die Position an der Spitze der Regierung dienen sollte.“

Bruno Kreisky wurde am 31. Jänner 1967 zum neuen Parteivorsitzenden der SPÖ gewählt, ihm unterlag der spätere SPÖ-Chef von Niederösterreich und Kurzzeit-Innenminister Hans Czettel nur knapp.

Als Bruno Kreisky in den Apriltagen 1966 vehement, aber letztlich doch erfolglos um die Fortsetzung der Großen Koalition kämpfte, kam es zum ersten direkten Zusammentreffen zwischen dem erfahrenen Kreisky und dem blutjungen Klaus-Sekretär Alois Mock.

Es war an einem Sonntag. Mock erzählt: „Ich habe, wie so oft, auch am Sonntag gearbeitet. Plötzlich läutet bei mir im Büro das Telefon. Außenminister Kreisky war am Apparat – veärgert.“ Der Vollblutpolitiker läßt gegenüber dem jungen Sekretär seiner Stimmung freien Lauf:

»
Von den Personen, die Josef Klaus in den sechziger Jahren großgezogen hat, lebt heute noch die ganze ÖVP!
« Herbert Vityska, 1983

„Wissen S', Herr Doktor, gestern sind die Koalitionsverhandlungen eigentlich eh schon so gut wie endgültig geplatzt! Sagen S', wissen Sie, wo ich trotzdem heut' noch den Bundeskanzler Klaus erreichen kann?"

„Ja, der is' draußen in seinem Haus in Wolfpassing im Tullnerfeld."

„Kann man da mit ihm telefonieren?"

„Nein" – Sekretär Mock wird verlegen –, „er hat noch kein Telefon. Aber wenn Sie es wünschen, Herr Minister, ich kann ja rausfahren zu ihm."

Kreisky kämpft um die Fortsetzung der Großen Koalition

Kreisky, schon etwas lockerer: „Ja, das wäre sehr nett, Herr Doktor. Sagen S' ihm, ich würde gerne mit ihm noch ein letztes Mal reden, vielleicht auch zu viert, wenn er es wünscht. Wenn er den Vizekanzler Dr. Withalm mitnehmen möcht', gerne, nur, ich möcht' gerne mit ihm reden, ich würde dann mit dem Dr. Schachner-Blacizek kommen." (Kreisky meinte den Vater des heutigen SPÖ-Chefs der Steiermark.)

Mock erinnert sich: „Also bin ich halt ins Tullnerfeld rausg'fahren mit meinem Peugeot. Ich unterrichtete Bundeskanzler Klaus vom Kreisky-Anliegen, und der hat mir nach anfänglichem Zögern aufgetragen: ‚Also, ja, ruf halt den Withalm in Wolkersdorf z' Haus an und frag ihn, ob er Zeit hat heut' nachmittag, und wenn ja, soll er um 15 Uhr im Bundeskanzleramt am Ballhausplatz sein.'"

Mock telefonierte von einem Gasthaus aus, fuhr anschließend sofort zurück nach Wien, alarmierte das Büropersonal von Josef Klaus und dessen Kabinettschef, den späteren Generalsekretär des Europarates, Karasek, den er allerdings an diesem regnerischen Sonntag nicht auftreiben konnte, und bereitete alles für diese allerletzte, sehr geheime Koalitionsverhandlung vor.

Als Mock gegen 14.30 Uhr schließlich auf den Ballhausplatz eilt, um beim Eintreffen der hohen Herren dazusein, hat er zunächst einen heiklen Journalistenkontakt zu bestehen. Kurt Vorhofer wußte aus für Mock unerfindlichen Gründen, „was los ist", und „wollte mich prompt ausfragen: ‚Was machen denn die vier heute im Bundeskanzleramt?'"

Dieser allerletzte Koalitionsgipfel verlief ergebnislos. Wenige Tage später wurde die erste und bislang einzige ÖVP-Alleinregierung von Bundespräsident Franz Jonas angelobt.

Die nächsten – wenn auch nur indirekten, aber durchaus unerfreulichen – politischen Berührungspunkte mit Bruno Kreisky ergaben sich für Alois Mock, als er 1969, nach dem freiwilligen Rücktritt von Theodor Piffl-Perčević, für wenige Monate zum Unterrichtsminister im Kabinett Klaus avancierte.

Der 35jährige Ressortchef ging mit großem Elan ans Werk: Die Überlegungen des ÖVP-Ministers, finanzielle Hilfen für die Anschaffung von Schulbüchern und auch die Bezahlung der täglichen Schulfahrt einzuführen, wurden von der ÖVP-Alleinregierung nicht nur nicht verwirklicht, sondern Mock mußte später tatenlos zusehen, wie diese seine Ideen von der SPÖ realisiert und als große politische Errungenschaften auch gefeiert wurden. Das erging ihm auch mit den Versuchen so, Englisch und Französisch in den Volksschulunterricht einzubauen.

Bruno Kreisky, dessen Kanzler-Karriere 1970 begann und ohne Unterbrechung bis 1983 dauern sollte, wurde zum großen politischen Gegenspieler des Alois Mock. Die Stationen: In den frühen siebziger Jahren, als Mock mit 37 Jahren Bundesobmann des ÖAAB wurde und von Teilen der eigenen Partei als „Linksüberholer" abgestempelt worden war, begann sich SPÖ-Chef und Kanzler Bruno Kreisky immer mehr für „diesen politisch uns nicht ungefährlichen Oppositionellen" zu interessieren. Bis hin zu dem Versuch, den scheinbar „linken" Mock und dessen in der ÖVP sozial-aufmüpfigen ÖAAB als Spaltpilz gegen die bürgerliche Opposition einzusetzen.

Mock heute über Kreisky, dem er 1983 die absolute Mehrheit abgejagt und ihn dadurch faktisch zum Rücktritt bewogen hatte:

„Er war sicher eine der wichtigsten politischen Persönlichkeiten der Zweiten Republik. Die natürlich – und ich betone das ausdrücklich – ihre großen Mängel und Fehler gehabt hat. Ich habe mei-

» Kreisky war sicher eine der wichtigsten politischen Persönlichkeiten der Zweiten Republik. «

Alois Mock

ner Partei immer wieder gepredigt: Wenn man diese Fehler und Mängel Kreiskys aufzeigt, werden die Österreicher nicht immer ja zu ihm sagen. Weder zu seiner Wirtschaftspolitik, die desaströs war, noch zu seiner Verstaatlichten-Politik und auch nicht zu seinem persönlich durchaus glaubwürdigen Interesse für weit entfernte internationale Situationen – die halt nur ohne wirklich glaubwürdige Bezüge zu Österreich waren."

Mock kratzt deutlich am so glanzvollen internationalen Image Kreiskys: „Kreisky hat trotz seiner Kapazität, die Dinge zu erklären, letztlich bei den Österreichern doch das Gefühl hinterlassen, er interessiert sich für den Gaddafi – um ein Beispiel zu nennen – nur deshalb, weil er weiß, wenn er den gut kennt und er sich überhaupt in den arabischen Regionen gut auskennt, wird er auch von den Amerikanern geschätzt, zumindest als Gesprächspartner. Ich aber fragte und frage nach wie vor: Was hat, was hatte das mit uns zu tun? Und Kreiskys gelegentliche Ankündigungen, man tue dies alles, weil für die Wirtschaft auch entsprechende Export-

1983: Nationalratswahlen stehen vor der Tür, der Kampf Davids gegen Goliath hat begonnen. Gerne erinnert man sich der TV-Diskussion (Moderator: Peter Rabl, heute Kurier-Chefredakteur), in der Alois Mocks geschliffene politische Argumentation den großen alten Mann der SPÖ, Bruno Kreisky, arg in Verlegenheit brachte.

1983: Die Überraschung ist perfekt. Alois Mock hat Bruno Kreisky und der SPÖ nach 13 Jahren Alleinregierung die absolute Mehrheit abgejagt. Dennoch wußte es Mock schon in der Wahlnacht – Bruno Kreisky würde alles tun, um die ÖVP am Mitregieren zu hindern.

aufträge dadurch zustande kämen, waren letztlich zuwenig."

Dennoch, sagt Mock, sei Bruno Kreisky „beeindruckend" gewesen. Vor allem in seiner politischen Wendigkeit: Etwa, wie er 1970 die FPÖ unter „dem ehemaligen SS-Offizier Friedrich Peter" zu einem De-facto-Koalitionspartner aufgewertet hat, als die Freiheitlichen die SPÖ-Minderheitsregierung duldeten und sich dafür von Kreisky eine Wahlrechtsreform einhandelten. Mock: „Dieser eine Punkt hätte ja schon genügt, einen überhaupt nicht mehr akzeptabel erscheinen zu lassen."

Oder als Kreisky mit seiner Politik generell den Eindruck entstehen ließ, „jetzt habe jeder seine Chance". Mock: „Sozusagen als Gegensatz zu ÖVP-Kanzler Klaus, der die Dinge und seine Prinzipien so ernst genommen hat, daß es schien, es wäre jeder ausgeschlossen gewesen, der anders gedacht

hat. Ganz anders Kreisky: ‚Jetzt kommt die große liberale sozialdemokratische Zeit.‘ Ja, das war sicherlich Kreiskys Botschaft, mit seiner Teamarbeit, das war sicherlich eine sehr beeindruckende politische Wendigkeit.“

Gerade diese Wendigkeit habe er, Mock, für falsch und „grundsatzlos“ gehalten. Bruno Kreisky sei auch „sehr sehr ärgerlich, fast bösartig“ geworden, wenn jemand trotz allem Gerede fest bei seinen Grundsätzen geblieben ist. „Er wollte zwar den Eindruck entstehen lassen, daß jeder unter ihm seine Chance hätte, ob liberal, sozialdemokratisch und am Rande auch christlich-demokratisch und was weiß ich noch alles, aber letztlich wollte Kreisky nur sozialistische Politik gelten lassen und machen.“

Dabei, so Mock, müsse er zu Kreiskys Ehrenrettung sagen, daß dieser im Gegensatz zu vielen sei-

1983: In der ÖVP-Bundesparteizentrale gab es nach harten 13 Oppositionsjahren und vielen Niederlagen endlich wieder einen Grund zum Feiern. Die ÖVP hatte an Stimmen und Mandaten gewonnen.

1983: Die Koalitionsverhandlungen, zu denen Bruno Kreisky das ÖVP-Verhandlungsteam (Robert Graf, Alois Mock, Josef Ratzenböck und Michael Graff, v. l. n. r.) eingeladen hatte, waren nur für das Protokoll. Tatsächlich hatte sich Kreisky längst entschlossen, seinem Nachfolger Fred Sinowatz die FPÖ zu verordnen – der Burgenländer mußte gegen seinen Willen mit einer Kleinen Koalition regieren.

ner Regierungsmitglieder „durchaus eine Grundsatzlinie und Grundsatzvorstellung von der Gesellschaft und ihren Entwicklungen gehabt hat. Beispielsweise hat er mir einmal, vertraulich, über die Schwierigkeiten, die er mit seinen Partei-Lieblingen hatte, folgendes anvertraut: ‚Wissen S', Herr Dr. Mock, es gibt halt in jeder Partei Leute, die sind dafür, daß die Partei an der Macht ist. Denn dann sind auch sie an der Macht. Und dann gibt es Geld, gibt es Einfluß und manches andere noch, was im Leben schön ist. Nur wenn es der Gesinnungsgemeinschaft einmal schlechtgeht – das ist bei euch so wie bei uns –, dann sind die alle weg ...'"

Das Verhältnis zwischen Kreisky und Mock war grundsätzlich von gegenseitigem Respekt getragen, allerdings glaubt Mock, daß ihn der SPÖ-Vorsitzende des öfteren „schon ein bißchen herablassend" behandelt hat, vor allem wenn es galt, politisches Kleingeld in der Öffentlichkeit zu wechseln. Als seine „deprimierendste Erfahrung", die er mit Kreisky gemacht habe, schildert Mock die Causa Simon Wiesenthal (in der Affäre um die SS-Vergangenheit Friedrich Peters, 1975). Mock: „Ich sagte zu Kreisky: ‚Also, Herr Bundeskanzler, was Sie da mit dem Ing. Wiesenthal aufführen, das ist schon ein bißchen arg!‘ Darauf sagt Kreisky knapp: ‚Schau’n S’, Stimmen haben kein Mascherl!‘ Diese Aussage war für mich deshalb sehr deprimierend, weil ich ihn als Person ja grundsätzlich respektierte.“

Als Alois Mock 1978 zunächst ÖVP-Klubchef im Parlament und 1979 Bundesparteichef wurde, schien er gegen Bruno Kreisky als dessen politischer Herausforderer völlig chancenlos zu sein. „Der Alte“ hatte 1979 erneut die absolute Mehrheit bei den Nationalratswahlen errungen – die ÖVP schien auf ein weiteres Jahrzehnt weg zu sein vom Fenster der politischen Macht.

Die SPÖ verliert die absolute Mehrheit

Mock hatte Glück. Der AKH-Skandal, die Androsch-Affäre, das UNO-Konferenzzentrum samt Volksbegehren und schließlich vor den Wahlen 1983 das von Kreisky und dessen Finanzminister Herbert Salcher relativ ungeschickt verkündete „Mallorca“-Steuerbelastungspaket verhalfen der ÖVP unter Führung von Alois Mock 1983 zu einem respektablen Wahlerfolg. Wenn auch zu keinem Wahlsieg, „der sich gewaschen hat“ (wie dies Mocks neuer Generalsekretär Michael Graff bei seiner Bestellung angekündigt hatte) – aber immerhin reichte es, der SPÖ die Absolute abzujagen und so Bruno Kreisky zum Rücktritt zu bewegen. Wobei festzuhalten ist, daß Kreiskys Abschied aus der Politik im Jahr 1983 auch von dessen schlechtem Gesundheitszustand mitbedingt war. Kreisky war zu diesem Zeitpunkt schon Dialyse-Patient, im Frühjahr 1984 mußte er sich in Hannover einer Nierentransplantation unterziehen.

Bruno Kreisky war von der politischen Bühne abgetreten.

Zur nächsten politischen Berührung mit Alois Mock kam es erst wieder zum Jahreswechsel 1986/87, als SPÖ-Chef Fred Sinowatz und Bundeskanzler Franz Vranitzky zur Wiederauflage der 1966 erloschenen Großen Koalition schritten und im Zuge der Regierungsbildung das von Kreisky so sehr geliebte Außenministerium der ÖVP, d. h. dem Vizekanzler und Parteichef Alois Mock überließen.

Kreisky zürnte damals seiner Partei so sehr, daß er zunächst dem noch im Amt befindlichen Parteichef Fred Sinowatz, den er 1983 selbst zu seinem Nachfolger gemacht hatte, des politischen Betrugs bezichtigte und später sogar den Ehrenvorsitz der SPÖ hinwarf. Kreisky damals: „Parteipolitisch ist es doch ein Wahnsinn, der ÖVP das Außenministerium zu überlassen. Sinowatz hat mich betrogen. Wenn jetzt das Ministerium auch noch mit dem Alois Mock besetzt wird, so ist das politisch für uns gefährlich und unerträglich, immerhin geben wir damit einen Besitzstand auf."

Kreisky und die Eropa-Idee

Mock interpretiert heute den Zorn des großen alten Mannes der SPÖ damit, „daß mich der Kreisky zuletzt sicher politisch ernster genommen hat als zu Beginn meiner Parteiobmannschaft". Es sei vor allem seine damals schon sehr klar erkennbare Ausrichtung einer neuen Europa-Politik gewesen, die Kreisky vermutlich so in Rage gebracht hat. Mock: „Es hatte damals die Europa-Frage natürlich einen hohen ideologischen Stellenwert. Denn warum ist denn die Sozialistische Partei konsequenterweise so lange dagegen aufgetreten? Sozialisten, die vor allem ideologisch stark gefestigt waren, sind deswegen dagegen aufgetreten, weil diese ganze Philosophie der einheitlichen Lenkung, der Preis- und Investitionsabgeltungen, der Verstaatlichung und der staatlichen Interventionitis nur in einem abgeschirmten Land möglich war. Anders sind diese Prinzipien nicht durchsetzbar. In Vorwegnahme dieser Gefahr – siehe auch die Pittermannsche These vom Bürgerblock seinerzeit – hat man massiv dagegen Stimmung gemacht. Erst als die SPÖ ihre wesentlichen Grundsätze aufgegeben hat, war es ihr möglich, in die Europa-Idee einzusteigen. Das, meine ich, war der Grund, warum Bruno Kreisky damals so wütete."

> ❞ Erst als die SPÖ ihre wesentlichen Grundsätze aufgegeben hat, war es ihr möglich, in die Europa-Idee einzusteigen. ❝
>
> ALOIS MOCK

Unter ihm, sagt Mock, wäre damals der Weg Österreichs nach Europa „wahrscheinlich" denkunmöglich gewesen, „aber gut, ein Kreisky zehn Jahre später, also heute, wäre auch nicht mehr derselbe geblieben", billigt ihm Mock – quasi posthum – auch in dieser Frage politische Wendigkeit zu.

„Zusammenfassend ist zu Kreisky zu sagen: Ja, er war eine der wichtigsten politischen Persönlichkeiten Österreichs, durchaus."

Zeitzeuge Heinz Fischer,

Erster Nationalratspräsident

„Schwierig wurde es für Mock erst nach Kreisky“

Wenn ein runder Geburtstag in die Nähe eines Wahltermines fällt, könnten daraus für jemanden, der einer anderen Gesinnungsgemeinschaft angehört, Probleme entstehen.

Im vorliegenden Falle scheint mir das nicht der Fall zu sein: Das Faktum, daß ich mit Alois Mock im Laufe der letzten zwei Jahrzehnte viel zu tun hatte und ihm in vielen Funktionen und bei vielen Gelegenheiten begegnet bin, ist ohnehin bekannt. Außerdem ist unsere politische Kultur auf Konflikt und Konsens aufgebaut, und auch in Wahlzeiten kann weder auf das eine noch auf das andere verzichtet werden.

Ich habe Alois Mock in der zweiten Hälfte der sechziger Jahre kennengelernt, als ich Klubsekretär der SPÖ und damit auch Sekretär des damaligen Klubobmannes Bruno Pittermann war, während Mock zu den Mitarbeitern des damaligen Bundeskanzlers Dr. Josef Klaus zählte.

Sein Zwischenspiel als Unterrichtsminister vom Juni 1969 bis April 1970 war zu kurz, um bleibende Eindrücke zu hinterlassen.

Aber Anfang der siebziger Jahre zählte er zu jenen, auf die man in der ÖVP Hoffnungen für die Zukunft setzte.

Zur Zeit des unerwarteten Unfalltodes von ÖVP-Obmann Dr. Karl Schleinzer im Juli 1975 hatte sich Alois Mock bereits so weit vorgearbeitet, daß er zu jenen Personen zählte, die für die Funktion des ÖVP-Obmanns „in Frage kamen“.

»
Mocks Beharrlichkeit und sein Sinn für das Detail kontrastierten manchmal stark mit Kreiskys Vorliebe für große Lösungen.
«

Der ÖVP-Parteitag entschied sich dann bekanntlich am 31. Juli 1975 für das Duo Josef Taus/Erhard Busek, und damit war es Alois Mock wahrscheinlich erspart geblieben, eine schwierige bis undankbare Aufgabe zu früh zu übernehmen. Denn der Aufstieg von Bruno Kreisky war Mitte der siebziger Jahre noch nicht zu bremsen.

Im Februar 1978 wurde ÖVP-Klubobmann Dr. Stefan Koren zum Präsidenten der Nationalbank bestellt, und ein neuer Klubobmann war zu wählen. Von den beiden Kandidaten Robert Graf und Alois Mock wurde Mock mit hauchdünner Mehrheit gewählt, und wir hatten vom ersten Tag an als Klubobmänner der beiden größten Parlamentsfraktionen viel miteinander zu tun.

Damals liefen gerade die schwierigen Verhandlungen über die Fertigstellung und Inbetriebnahme von Zwentendorf.

Die ÖVP war mehrheitlich an der Inbetriebnahme von Zwentendorf interessiert (die Projektierung und Planung des Kraftwerkes reichte bekanntlich noch in die Zeit der ÖVP-Alleinregierung zurück), wollte aber, daß die „Garantie" für die Sicherheit des Kraftwerkes und auch eine solche für die Lösung der Entsorgungsfrage ausschließlich von der Regierung und damit von der SPÖ übernommen wird.

Bruno Kreisky hingegen wollte die ÖVP unbedingt in die Verantwortung für Zwentendorf mit einbinden.

Die Interessen und Meinungen zu dieser Frage waren in der ÖVP stark unterschiedlich, und die Verhandlungsführung bedeutete für den neuen ÖVP-Klubobmann Dr. Alois Mock einen schwierigen Balanceakt, dessen Ausgang absolut ungewiß war.

Schließlich nahm Kreisky der ÖVP die Entscheidung ab, indem er die Verhandlungen beendete und Kurs auf eine Volksabstimmung nahm – mit allen damit verbundenen Auswirkungen.

Als Josef Taus nach der für die ÖVP schlecht ausgegangenen Nationalratswahlen von 1979 zurücktrat, wurde der damals 45jährige Alois Mock zum fünften ÖVP-Obmann seit dem Beginn der siebziger Jahre gewählt.

Da er die Funktion des Klubobmanns beibehielt, um das Wiederaufkommen einer „Zweifirmen-Theorie“ zu verhindern, wie sie in der Ära Schleinzer/Koren existierte, hatte er in der SPÖ gewissermaßen zwei Vis-à-Vis: Bruno Kreisky als Parteivorsitzenden und Heinz Fischer als Klubobmann.

In meinem Buch „Die Kreisky-Jahre“ habe ich das Verhältnis zwischen Kreisky und Mock folgendermaßen beschrieben:

„Kreiskys Verhältnis zu Alois Mock war, soweit ich es beobachten konnte, ein sehr differenziertes. Einerseits fiel es ihm prinzipiell schwer, nach Klaus, Withalm, Schleinzer und Taus sein fünftes Vis-à-Vis zu akzeptieren (er fühlte sich wohler, wenn er Leute wie Sallinger, Wallnöfer oder Koren um sich hatte); außerdem kontrastierten die Beharrlichkeit und der Sinn für das Detail bei Alois Mock manchmal stark mit Kreiskys Vorliebe für ‚große Lösungen‘, für Ungewöhnliches und Unkonventionelles.

Auf der anderen Seite schätzte Kreisky an Mock das gemeinsame Interesse vor allem an der Außenpolitik, seine Berechenbarkeit und die Korrektheit, mit der der Obmann der größten Oppositionspartei den Regierungschef fast durchwegs – auch bei harten Auseinandersetzungen – behandelte.“

Dies ist mir übrigens mehrfach an Alois Mock aufgefallen: Wie sehr er auch bei sehr heftigen und emotionalen Formulierungen Kreiskys – und Kreisky konnte manchmal sehr emotionell sein – Ruhe bewahrte und dem Regierungschef als Oppositionspolitiker korrekt gegenübertrat.

> ❞ Mein persönliches Verhältnis zu Alois Mock war und ist über alle Jahre hinweg unbelastet und daher belastbar. ❝

Mein eigenes persönliches Verhältnis zu Alois Mock war (und ist) über alle Jahre hinweg unbelastet und daher belastbar.

Bei zahlreichen Gelegenheiten sind wir im Plenum des Nationalrats als Kontrahenten aufgetreten, und ich kann mich an keine einzige persönliche Verletzung erinnern.

Anderseits haben wir eine große Zahl von Initiativanträgen gemeinsam eingebracht, viele Probleme ausverhandelt, und die Zahl der einstimmig beschlossenen Gesetze lag im Nationalrat zwischen 1979 und 1983 bei weit über 50 Prozent.

Ein Ja war ein Ja.

Ein Nein war ein Nein.

Und ein Ausgemacht bedeutete ausgemacht.

Die schwierigsten Phasen im politischen Leben des Alois Mock kamen wahrscheinlich erst nach dem Ende der Ära Kreisky.

Das Wahlergebnis von 1983 konnte von ihm als persönlicher Erfolg empfunden werden: Die ÖVP hatte vier Mandate gewonnen, und die SPÖ hatte die absolute Mehrheit nach dreizehn Jahren Alleinregierung verloren, war aber stärkste Partei im Nationalrat geblieben.

„Ein Ja war ein Ja.
Ein Nein war ein Nein.
Und ein Ausgemacht
bedeutete ausgemacht.“

Die Koalitionsverhandlungen zwischen SPÖ und ÖVP, die am 26. April 1983 begannen, verliefen über weite Strecken als unterkühlter Dialog zwischen Kreisky und Mock:

Kreisky wollte die Große Koalition damals nicht, und Mock hatte nicht den Spielraum, um ein Angebot zu machen, „das man nicht ausschlagen konnte“.

Herausgekommen ist die Kleine Koalition zwischen SPÖ und FPÖ, die wiederum de facto ein Ende fand, als Jörg Haider auf dem Innsbrucker Parteitag im Herbst 1986 in der FPÖ das Kommando übernahm.

Die zweite und letzte Nationalratswahl, für die Alois Mock als Parteiobmann der ÖVP die Verantwortung zu tragen hatte, war jene vom November 1986.

Offenbar war damals die Enttäuschung, daß der erhoffte und erwartete Durchbruch zur stärksten Partei wieder nicht geglückt ist, größer als die Freude über die weitere Verringerung des Mandatsabstands zur SPÖ.

Alois Mock wurde Vizekanzler und Außenminister, aber seine Sorgen als Obmann der ÖVP wurden offenbar nicht kleiner, sondern größer.

Der nunmehrige Ehrenobmann der Volkspartei hat in den darauffolgenden Monaten zweiffellos die Erfahrung gemacht, daß die Freunde in der eigenen Partei manchmal härter zuschlagen und einem schmerzhaftere Verletzungen zufügen können als der politische Gegner.

Sollte sich das in den letzten Jahren geändert haben bzw. bereits der Vergangenheit angehören, dann freue ich mich darüber gemeinsam mit Alois Mock, den ich übrigens unter anderem als einen Menschen kennengelernt habe, der sich wirklich herzlich freuen kann.

Jedenfalls gibt es immer mehr als genug zu besprechen, wenn er gelegentlich nach einer Sitzung des Hauptausschusses oder vor einer Fragestunde im Parlament, seiner langjährigen Wirkungsstätte, auf einen Kaffee vorbeikommt.

1978–1983: Fünf Jahre lang führte Heinz Fischer (SPÖ) als Klubchef die Geschicke seiner Partei im Parlament. Der vermutlich beste Parlamentarier Österreichs fand in Alois Mock einen kongenialen Gegenspieler. Die Fairneß, mit der die beiden Männer einander begegneten, machten politische Diskussionen zu Höhepunkten des parlamentarischen Lebens.

Der letzte Gegner war zu übermächtig

Alois Mock im politischen Kampf gegen Fred Sinowatz und Franz Vranitzky

Die seit 1970 allein regierende SPÖ war mit Beginn der achtziger Jahre in eine Krise geraten – sowohl parteiintern wie regierungspolitisch –, von der sie sich bis zu den Nationalratswahlen 1983 nicht mehr erholen sollte.

Es waren dies auch die ersten aufsehenerregenden politischen „Skandal"-Jahre der Zweiten Republik, die 1984 und 1985 im Zusammenbruch der Verstaatlichten bzw. in der Lucona-Affäre ihre Fortsetzung fanden.

Die Zeichen stehen auf Sturm

Der „Fall Leodolter" brachte 1979 Gesundheitsministerin Ingrid Leodolter wegen dubioser Spitals-Kostenrechnungsaufträge in Höhe von nahezu 130 Millionen Schilling in politische Schwierigkeiten. Bruno Kreisky mußte handeln, der Tiroler Herbert Salcher wurde neuer Gesundheitsminister. Der „Fall Leodolter" jedoch führte direkt zum „Fall Androsch", dessen Steuerkanzlei Consultatio schon seit Sommer 1978 im Gerede war. Schließlich brach der AKH-Skandal auf. Die ÖVP-Opposition im Parlament entfachte ein wildes politisches Sperrfeuer, 1981 kam es zum Rücktritt des Vizekanzlers und Finanzministers Hannes Androsch. Zudem hatte Bruno Kreisky, von seiner Krankheit schon gezeichnet, mit wirtschaftspolitischen Problemen zu kämpfen: Ein Verstaatlichten-Krisengipfel jagte den anderen. Das Paradeunternehmen Eumig schlitterte in eine Milliardenpleite. Der damals engste Mitarbeiter von Alois Mock, ÖVP-Bundespressesprecher Herbert Vityska: „Nach mehr als zehn Jahren Alleinregierung haben sich Sattheit und Trägheit bei den Regierungsmitgliedern breit-

23. November 1986: Alois Mock erzielt mit seiner ÖVP nach 17 harten Oppositionsjahren das eindrucksvollste Wahlergebnis. Er führte seine Partei bis auf drei Mandate an die SPÖ Franz Vranitzkys heran. Dennoch: Vor den TV-Schirmen brach Mock seelisch zusammen, die Enttäuschung, das Ziel so knapp verfehlt zu haben, war zu groß. Mock, der ein Jahr zuvor auf dem ÖVP-Bundesparteitag seine Delegierten mit einem „Auf Wiedersehen auf dem Ballhausplatz“ verabschiedet hatte, wurde nur deshalb nicht Bundeskanzler, weil seine Partei sich kurz vor den Wahlen auch mit dem zweiten Rang zufriedengab, dies auch öffentlich einbekannte und so ihren Kanzlerkandidaten desavouierte.

gemacht. Kreisky selbst schwebt über den Wolken und interessiert sich mehr für Palästina als für die Stahlarbeiter im obersteirischen Industriegebiet.“

Innenpolitisch stehen die Zeichen auf Sturm, Bruno Kreisky ruft mehrere politische „Eiszeiten“ zwischen Regierung und Opposition aus.

Diese Stimmungslage und das 1,3-Millionen Unterschriften aufweisende ÖVP-Volksbegehren gegen Bruno Kreiskys Lieblingsprojekt eines UNO-Konferenzzentrums östlich der Wiener Donauinsel führten am 24. April 1983 zu einer schweren Niederlage der SPÖ bei den Nationalratswahlen:

Bruno Kreisky verliert die absolute Mehrheit, die SPÖ sackt von 51,0 auf 47,6 Prozent ab, verliert vier Mandate im Nationalrat an die ÖVP, eines an die FPÖ. Bruno Kreisky tritt zurück, der Burgenländer Fred Sinowatz, Unterrichtsminister und seit dem Rücktritt von Hannes Androsch auch Vizekanzler, wird von Kreisky als Kanzler-Nachfolger nominiert.

Sinowatz, der sich in über zehn Jahren Amtszeit als Unterrichtsminister durchaus der Sympathie der Österreicher erfreut, sind unglückliche Kanzlerjahre beschert. Sein Spruch „Ohne Partei bin ich nichts“ und seine Feststellung „Alles ist kompliziert“ werden zwar simplifiziert, bleiben aber

1986: Alois Mock sprach im Wahlkampf immer wieder von einer „neuen Politik“ und von „der Wende“, die er herbeiführen würde …

1986: … aber mit Franz Vranitzky erwuchs ihm ein Gegner, den er in der Zielgeraden der Nationalratswahl doch nicht bezwingen konnte. Dazu trug auch die TV-Konfrontation bei.

negativ an ihm hängen: der Kreisky-Nachfolger mit dem Loser-Image. Als er 1984 den noch von Bruno Kreisky installierten Finanzminister Herbert Salcher aus der Regierung entläßt (nachdem dieser eine Sachverhaltsdarstellung, basierend auf einer anonymen Zeugenaussage, über die „Causa Androsch“ der Staatsanwaltschaft übergeben hatte), holt er den Banker Franz Vranitzky und macht ihn zu seinem neuen Finanzminister.

Sinowatz aber bleibt glücklos. 1985 explodiert die Verstaatlichte, milliardenschwere Ölspekulationen der VÖEST-Intertrading ramponieren die wirtschaftspolitische Kompetenz der Kleinen Koalition. Zudem muß FPÖ-Verteidigungsminister Friedhelm Frischenschlager nach seinem Handschlag mit Major Reeder zurücktreten.

Schließlich der „Fall Waldheim“. Die Nominierung des Ex-UNO-Generalsekretärs Kurt Waldheim zum Bundespräsidentschaftskandidaten der ÖVP und die darauffolgende Schlammschlacht um Waldheims Kriegsvergangenheit werden zum Menetekel für die Sozialdemokraten und Kanzler Fred Sinowatz. Waldheim gewinnt die Präsidentschaftswahl, einen Tag später tritt Fred Sinowatz zurück. Franz Vranitzky wird neuer Regierungschef der 1986 zunächst noch fortgeführten Kleinen Koalition zwischen SPÖ und FPÖ.

Das politische Schicksal von Fred Sinowatz erfüllt sich endgültig, als in einer aufsehenerregenden Prozeß-Serie die burgenländische SPÖ-Abgeordnete Ottilie Matysek den schriftlichen Nachweis führt, daß der Präsidentschaftswahlkampf um Waldheims „braune Vergangenheit“ direkt mit Sinowatz zu tun hatte. Als dieser einen Journalisten, der über Matyseks Mitschriften berichtete, klagte, den Prozeß aber verlor und zu einer hohen Geldstrafe verurteilt wurde, brach nicht nur für Sinowatz eine Welt zusammen.

Diese für die SPÖ dramatische Zeit Mitte der Achtziger nützt ÖVP-Chef Alois Mock zu einem politischen Sturmlauf der Sonderklasse: Meinungsforscher sehen die seit 17 Jahren in die Opposition verbannte ÖVP bei den Nationalratswahlen 1986 schon auf der Siegerstraße.

Lediglich der Umstand, daß Fred Sinowatz in letzter Sekunde Franz Vranitzky als neuen SPÖ-Kanzlerkandidaten aus dem Hut zauberte und mit Jörg Haider dem ÖVP-Kanzlerkandidaten Alois Mock über Nacht ein zweiter, ebenso mächtiger Gegner erwuchs, sollte Mocks Wahlsieg um Haaresbreite vereiteln: Er war mit seiner ÖVP am Abend des 23. November 1986 bis auf drei (!) Mandate an die SPÖ herangekommen!

Heute, acht Jahre später, beurteilt Alois Mock den damals politisch so sehr unter die Räder gekommenen SPÖ-Vorsitzenden und Bundeskanzler Fred Sinowatz beinahe milde:

1987: Nach 17 Jahren führte Alois Mock seine Volkspartei im Jänner zurück auf die Regierungsbank. Bundespräsident Dr. Kurt Waldheim gelobte das Kabinett Vranitzky/Mock an, womit die Neuauflage der Großen Koalition gegeben war. Mock, der persönlich seinerzeit die Kleine Koalition mit der FPÖ angestrebt hatte, damals im vertrauten Kreis: „Wir laufen Gefahr, jetzt ans Krepierhalfter der SPÖ zu kommen.“

1988: Koalitionären Sprengstoff bedeutete das Historikergutachten über die Kriegsvergangenheit von Bundespräsident Dr. Kurt Waldheim. Mock verhinderte den Vertrauensentzug der Regierung gegenüber Waldheim durch die Drohung, die Koalition sofort platzen zu lassen.

„Mit einem vorschnellen Urteil, er wäre der unglücklichste Bundeskanzler gewesen, den die Zweite Republik bis dahin hatte, sollte man sehr vorsichtig sein. Ich meine, daß Fred Sinowatz riesiges Pech gehabt, aber auch Fehler gemacht hat. Denn gerichtlich Dinge einzuklagen, wo er doch hätte wissen müssen, daß Fehler aufgedeckt werden würden, die auch für einen Bundeskanzler nicht entschuldbar sind, ist nicht wirklich klug", bezieht sich Mock einmal mehr auf die Waldheim-Affäre.

Diese hatte ihn seinerzeit besonders empört, da er selbst es war, der Kurt Waldheim seiner Partei als Präsidentschaftskandidat vorgeschlagen hat. Und zwar schon im Februar 1985, wobei hinzuzufügen ist, daß es damals in der ÖVP auch die Überlegungen gab, Alois Mock selbst ins Rennen zu schicken – oder „als Zeichen und Signal" eine Frau. Letztere Variante stammte von jenen in der ÖVP, die nach der langen und bemerkenswerten Bundespräsidentschaft von Rudolf Kirchschläger (parteilos) nicht wirklich daran glauben wollten, daß dieser traditionell „rote" Staatsposten von einem „Schwarzen" erobert werden könne.

Kanzler Sinowatz im Urteil Mocks

Zurück zu Sinowatz. Daß er wegen der Waldheim-Affäre mit dem Strafgericht in Berührung kam, bedauert Mock außerordentlich: „Da tut mir Sinowatz menschlich sicherlich leid, obwohl es keinen Sinn hat, darüber lange zu philosophieren. Aber man darf ja keineswegs das ganze Leben und die Berufstätigkeit von Fred Sinowatz und vor allem seine politische Tätigkeit nur unter diesem Aspekt sehen. Ich bin mit Kanzler Sinowatz ganz gut ausgekommen, mit einer Ausnahme: der Atom-Frage. Es ging trotz der Volksabstimmung 1978 plötzlich wieder um die Nutzung der Atomkraft in Österreich. Er wollte Zwentendorf 1984 aufmachen. Dabei hat er, wie ich vermute, beachtliche Kanäle zur Wirtschaft gehabt und mich so von zwei Seiten unter Druck gesetzt – politisch und wirtschaftlich. Das war schon ein bißchen schwierig. Aber letztlich gehört sowas halt auch zur Politik ... wie ich überhaupt gerne ein zweites Leben haben wollte, um all das zu analysieren, was ich im ersten

1986: Dr. Kurt Waldheim war die politische Erfindung von Alois Mock. Er machte den Ex-UNO-General zum ÖVP-Präsidentschaftskandidaten. Waldheims Sieg beflügelte die ÖVP, stürzte Österreich aber in eine politische Krise. Vergangenheitsbewältigung war angesagt.

Leben erlebt habe, wo man oft keine Zeit hat, wirklich über die Dinge nachzudenken."

Die Atom-Episode 1984 beschäftigt Alois Mock heute, zehn Jahre danach, tatsächlich nachhaltig. Zwar meint er, unter Bruno Kreisky sei Österreich einem aktiven Zwentendorf-Reaktor „näher gewesen als in der Ära Sinowatz", aber „ich hätte das Mitte der Achtziger, wenn gewisse Konstellationen für Sinowatz ein bißchen günstiger gelaufen wären, auch nicht ausgeschlossen". Daß die SPÖ damals selbst eingefleischte ÖVP-Leute wie den Filser Bürgermeister Otto Keller aus dem Außerfern als Pro-Atom-Sprecher entdeckte und „diesen Bürgermeister, den ich sehr geschätzt habe, via Radio sagen ließ, daß Kernenergie eine natürliche Form der Energieproduktion sei, das war politisch relativ gefährlich für uns".

Zum Unterschied von Bruno Kreisky sei Fred Sinowatz „sicher nicht der großbürgerliche Typ gewesen", und im übrigen habe er, Mock, den

Eindruck gehabt, „daß Kreisky ganz bewußt einen Typ wie Fred Sinowatz zum Nachfolger gemacht hat. Denn wie konnte ein Dr. Kreisky, der ja ganz sicher über eine beachtliche politische Sensibilität verfügte, für jemanden wie Sinowatz sein. Der zwar auch eine wichtige politische Persönlichkeit Österreichs war – als Unterrichtsminister und Vizekanzler –, aber von sich selbst sagte, er wolle die Kanzlerfunktion überhaupt nicht, weil er sich in gewissen Bereichen der Politik zwar sehr wohl, in anderen aber extrem unwohl fühle".

Überhaupt nichts kann Alois Mock der These abgewinnen, daß es das einzige bleibende Verdienst von Fred Sinowatz gewesen sei, Franz Vranitzky für die Bewegung und deren Fortkommen politisch in Front zu bringen. Mock: „Nein, das war sicher nicht sein einziges Verdienst. Was stimmt, ist, daß dies sicherlich eine beachtliche Leistung der Partei darstellt, die ihre programmatische Substanz weitgehend verloren hat und nun angewiesen ist auf Persönlichkeiten."

Die Antithese zu Bruno Kreisky: Franz Vranitzky

Der Banker Franz Vranitzky, vom Finanzminister zum Bundeskanzler und dann zum SPÖ-Vorsitzenden geworden, sei sicherlich so etwas wie die Antithese zu Bruno Kreisky. Mock: „Vranitzky hat das Abschiednehmen der Sozialdemokraten von gewissen Dogmen, sozialistischen Grundsätzen, sicher weiter vollzogen. Ich denke, Vranitzky ist ein sehr pragmatischer Typ, der durchaus seine sozialistische Verankerung nicht verschweigt, wenn es noch was bringt – dann redet er in bestimmten Bereichen auch davon. Weil auch manche seiner Wurzeln dort verankert sind. Zudem ist er in seinem Pragmatismus im allgemeinen ein sehr akzeptabler Gesprächspartner, auch in seiner Art der Gesprächsführung. Das Problem, das bei ihm gelegentlich vorhanden ist, glaube ich, ist jenes, die anderen nicht nur als Adabeis zu sehen – die halt mittun dürfen, weil ihnen das Volk vorübergehend einmal eine Chance gegeben hat, irgendwo mitzureden –, sondern sie als Partner ernst zu nehmen!"

Worauf Mock anspielt, ist klar. Er vermißt die Bereitschaft Vranitzkys, sein Gegenüber als vollwertigen Partner zu akzeptieren.

1986: Wirtschaftsbund-Präsident Rudolf Sallinger war immer einer der mächtigsten Männer in der ÖVP. Sein Wort vor der Wahl 1986, die ÖVP würde auch mit einem zweiten Platz zufrieden sein, wenn sie nur mit der SPÖ in eine Koalition komme, zerstörte Mocks Hoffnungen auf die Kanzlerschaft.

Mock: „Wobei ich durchaus einkalkuliere, daß so wie der Erste in einer Koalition nicht gefeit ist vor einem gewissen Maß an Überheblichkeit, auch der Zweite aufpassen muß, daß er nicht im Selbstmitleid untergeht und diesem verfällt. Aber es gibt schon eine gewisse Gefühlsvariante, wo ich sagen muß, daß ich mir zum Beispiel mehr partnerschaftliche Haltung gegenüber dem jetzigen Parteiobmann der ÖVP und Vizekanzler vom großen Regierungspartner erwarten würde!"

Wobei der Außenminister offenbar weiß, wovon er spricht, denn in den frühen Koalitionsjahren (1987/88) ging die Regierungspartnerschaft mit Franz Vranitzky – so erinnert sich Mock jedenfalls – mehrmals haarscharf am Abbruch vorbei: „Ich mußte dem Kanzler viermal dezidiert sagen: ‚So geht es nicht. Und wenn Sie darauf beharren – gut, dann sind wir keine Regierung mehr!'"

Das begann schon bei der Regierungsbildung. Das Regierungsprogramm war inhaltlich fertig, es ging um die Aufteilung der Ministerien. Mock: „Da machte Vranitzky plötzlich personelle Zusagen wieder rückgängig. Wollte ein personelles Verantwortungsverhältnis im Kabinett von 60 : 40 zuungunsten der ÖVP. In dieser Sekunde wollte Robert Lichal die Regierungsverhandlungen abbrechen – und plötzlich zog Vranitzky zurück, und wir einig-

> 99
> Ich mußte dem Kanzler viermal dezidiert sagen: ‚So geht es nicht. Und wenn Sie darauf beharren – gut, dann sind wir keine Regierung mehr.'
> 66
> ALOIS MOCK

ten uns auf die Aufteilung der Ministersessel im Verhältnis von 50 : 50."

Die nächste ernsthafte Koalitionskrise gab es im Februar 1988. Waldheim-Affäre. Historiker-Kommission. Die SPÖ unter Franz Vranitzky wollte deren Bericht „zur Kenntnis nehmen", die ÖVP legte sich entschieden quer. Begründung: Nimmt auch nur einer aus der Regierung den Historikerbericht zur Kenntnis, bedeutet dies, dem Bundespräsidenten das Vertrauen der Regierung zu entziehen. Mock: „Wir pochten darauf, daß Kurt Waldheim das Vertrauen der Regierung hat. Ich drohte Vranitzky damit, rüber in die Hofburg zu gehen und zu demissionieren, für die ganze ÖVP-Regierungsmannschaft."

Zur dritten Koalitionskrise bis hin zur Abbruch-Drohung kam es im Zuge der Steuerreform. Mock: „Vranitzky wollte im März 1988 ohne eine solche einfach weiterregieren. Ich sagte ihm: ‚Nein, solange ich in diesem Kabinett bin, wird diese Regierung nicht ohne Steuerreform regieren!'"

Schließlich der vierte Koalitionskrach im Dezember 1988. Österreichs Ansuchen um Aufnahme in die Europäische Union, damals noch EG genannt. Es wurde wochenlang hektisch verhandelt. Mock mehrmals zu Vranitzky: „Nein, so bitte wirklich nicht." Was dazu führte, daß Vranitzky während einer dramatischen SPÖ-Vorstandssitzung, als mehr als 20 Parteigranden aufstanden, um gegen einen Weg Österreichs in die EU zu reden, sein ganzes politisches Gewicht in die Waagschale warf – und schließlich die Partei „umdrehte".

Trotz aller Koalitionskrisen, sagt Mock, habe er Vranitzkys Position immer verstanden: „Ich glaube, daß er als SPÖ-Chef doch sehr oft sehr stark Rücksicht nehmen mußte auf bestimmte Politikfelder in seiner Partei. Auch wenn er selbst gar nicht so überzeugt war, daß das, was die SPÖ verlangte, der Weisheit letzter Schluß war oder ist. Für mich war immer wichtig: Wie kommen wir doch noch zu einer gemeinsamen Politik! Aus welchen Gründen er in bestimmten Politikfeldern gebremst hat oder dagegen war, das war für mich immer sekundär. Nicht immer, das weiß ich, handelte es sich um sei-

ne eigene, persönliche Überzeugung. Denn er selber ist pragmatisch und flexibel, das hat die Zusammenarbeit, alles in allem, erleichtert. Ich hielt mich nur an die Fakten: Gehen die Dinge mit der SPÖ, oder gehen sie nicht."

ÖVP-Ehrenobmann Alois Mock erlebte als Oppositionsführer im Parlament und später als Vizekanzler und Außenminister insgesamt drei Regierungschefs. Interessant seine Analyse, wen von den dreien – Dr. Bruno Kreisky, Dr. Fred Sinowatz, Dr. Franz Vranitzky – er als „am dienlichsten" für die Republik Österreich einschätzt:

„Ich würde sagen, unter dem Gesichtspunkt, daß Österreichs Reputation weithin gesteigert wurde, vor allem in den Entwicklungsländern, in den islamischen Ländern, hat sicherlich Bruno Kreisky einen speziellen Stellenwert. Unter dem Gesichtspunkt, daß sozialistisches Gedankengut ohne Erschütterung aufgegeben wurde, wie es ja mehr oder weniger weltweit der Fall ist, kommt gewiß Franz Vranitzky große Bedeutung zu."

Bemerkenswert, daß Alois Mock zum dritten Kanzler, Fred Sinowatz, nichts einfällt. Und eben-

Jänner 1987: Das Kabinett Vranitzky/Mock. Die Große Koalition, 1966 schmachvoll zu Grabe getragen, lebte wieder auf. Mock wurde von ihr überzeugt, indem ihm Franz Vranitzky taktisch klug vermittelte, Österreich brauche eine „Sanierungspartnerschaft" auf dem Wiener Ballhausplatz.

Mock war 1986 enttäuscht, weil er seine Wähler enttäuschen mußte

falls bemerkenswert, daß er Bruno Kreisky trotz harscher Kritik an dessen außenpolitischen Aktionen trotzdem zubilligt, für die internationale Reputation Österreichs viel geleistet zu haben.

Daß er selber nie die Chance hatte, die Position des Bundeskanzlers der Republik Österreich zu erklimmen bzw. 1986 nur haarscharf an diesem Sessel auf dem Wiener Ballhausplatz vorbeischrammte, habe in ihm weder Zorn noch Verbitterung ausgelöst. Mock: „Natürlich war ich insofern getroffen damals, 1986, und das hat man mir auch angesehen, als ich mir die Enttäuschung so vieler Menschen vorgestellt habe, die auf eine von mir propagierte andere Politik gesetzt haben. Die mich auf dem Weg dorthin auch so massiv unterstützt haben. Für mich persönlich war die knappe Niederlage an diesem Wahlabend gar nicht so sehr eine große Enttäuschung. Was mich aber furchtbar hergenommen hat, war, daß ich gewußt habe, daß ich andere sehr enttäuscht habe, die darauf gewartet haben, daß etwas anders wird in Österreich. Die auf eine Chance und auf eine politische Wende in diesem Land gehofft haben."

Diese Enttäuschung, gibt Mock indes freimütig zu, habe sich in den folgenden Jahren aber immer mehr minimalisiert und deutlich in Grenzen gehalten, denn: „Auf Grund des Regierungsstils von Dr. Franz Vranitzky, der sehr flexibel war – Beispiel: Verstaatlichte –, konnte ja doch so manches, was ich mir vorgestellt hatte zu ändern, verwirklicht werden."

Zeitzeuge Michael Graff,

ÖVP-Justizsprecher

„Ich war sechs Jahre lang sein Erster Generalstabsoffizier"

Den Wiener Rechtsanwalt Dr. Michael Graff, heute ebenso kompetenter wie wortgewaltiger Justizsprecher der ÖVP im Nationalrat, holte sich ÖVP-Bundesparteiobmann Alois Mock als Generalsekretär, als Sixtus Lanner von dieser Funktion zurücktrat. Heute sagt Mock über Graff, daß dieser trotz aller Fehler ein Säulenheiliger der Partei sei. Beide verbindet eine respektvolle Männerfreundschaft, die auch in politisch härtesten Zeiten niemals ramponiert worden war. Graff hielt als Generalsekretär seinem Parteichef sehr oft den Rücken frei, verrichtete oft die politische „Drecksarbeit" und trug wesentlich dazu bei, daß die ÖVP sowohl 1983 wie auch 1986 politische Erfolge errang. In einem sehr freimütigen Gespräch erinnert sich der prominente Rechtsanwalt an die wichtigsten Stationen auf seinem gemeinsamen Weg mit Alois Mock.

Über Mocks klare Prinzipien

Herr Dr. Graff, Sie waren einer von drei Generalsekretären in der ÖVP-Obmannschaft des Dr. Alois Mock, er bezeichnet Sie als den erfolgreichsten. Vor Ihnen amtierte Sixtus Lanner, nach Ihnen Helmut Kukacka.

Zunächst einmal steht der Erfolg natürlich dem Obmann zu. Der Generalsekretär hat dabei eine unterstützende Rolle. Mit einem problematischen Obmann wäre das alles natürlich nicht gegangen.
Es war aber andererseits wirklich eine ganz besonders gute und auch befriedigende Zusam-

99
Dr. Alois Mock vermittelte das Bild einer modernen und wählbaren christdemokratischen Partei.
66

menarbeit, weil man beim Dr. Mock das Gefühl hatte, einerseits läßt er einem einen großen Handlungsspielraum und andererseits deckt er einen selbst dann hundertprozentig, wenn man sich irgendwie vertut oder einen Fehler macht.
Es war andererseits dadurch, daß der Dr. Mock sehr klare Prinzipien hat, auch für mich relativ einfach, die große Linie zu erahnen und mir immer wieder vorzustellen, was er sich denken und zu der einen oder anderen Sache sagen würde. Und auf diese Weise waren oft gar keine Kontakte mit ihm notwendig. Ich habe eigentlich oft relativ rasch auf neue Situationen so reagieren können, wie ich gewußt habe, daß der Dr. Mock es würde haben wollen.

Was waren bzw. sind denn die fundamentalen Prinzipien des Dr. Mock?

Der Dr. Mock war und ist ein Christdemokrat im klassischen Sinn. Das heißt, er kommt aus dem ÖAAB, ist der christlichen Soziallehre sehr verbunden, hat dazu in einer – glaube ich – sehr guten Mischung einerseits eine Portion durchaus massiven Konservativismus, andererseits war er in allem, wo es um die Demokratie und um die Menschenrechte gegangen ist, ausgesprochen liberal.
So daß er wirklich das Bild einer modernen und wählbaren christdemokratischen Partei vermittelt hat. Und alles, was wir rundherum an Werbung und Nebengeräuschen erzeugt haben, hat sehr gut dazugepaßt.

Sie haben doch seinerzeit den Dr. Mock schon in seinen jungen Jahren kennengelernt. In der Zeit des Josef Klaus. Was ist eigentlich für Sie der Unterschied gewesen zwischen dem Mock der sechziger Jahre und dem Alois Mock, der dann Parteichef war?

Ich habe mit dem Dr. Mock praktisch Platz getauscht. Er ist nach Wien gekommen, als Sekretär des Bundeskanzlers Klaus, ich bin zur OECD-Delegation nach Paris gegangen, auf die Stelle, an der er gewesen war.

Mock war zu der Zeit sicher noch nicht voll ausgeprägt. Er hat ja auch mit der Politik noch nicht sehr viel zu tun gehabt. Er hat nun aus der Sekretärsposition heraus, und das ist eine sehr gute Lernposition, sich das politische Knowhow angeeignet. Und der Dr. Klaus, der ja immer eine große Zahl von Talenten um sich geschart hat, hat ihn dann – zur gegebenen Zeit – zum Unterrichtsminister gemacht. Mock hat im ÖAAB eine ideologische Heimat gefunden, dann war er eigentlich in seinem Aufstieg nicht mehr aufzuhalten.
Ich freue mich ganz besonders, daß – obwohl er gegen Ende seiner Parteiobmannschaft vielfach auch aus den eigenen Reihen kritisiert worden ist, zu Unrecht, wie man heute sieht – es ihm dann in seiner Aufgabe als Außenminister und Europaminister gelungen ist, in einer kaum vorstellbaren Intensität Zuneigung und Vertrauen, ja Liebe, von einer ganz breiten Bevölkerungsschicht zu erringen.

Sie selbst wurden, bevor Sie als Generalsekretär in die Bundespolitik eingestiegen sind, vor allem als Rechtsanwalt bekannt, der politische brisante Fälle für die ÖVP behandelt hat. Etwa den Androsch-Skandal in seinen Anfängen. War Ihre Berufung, Anfang der Achtziger, zum ÖVP-Generalsekretär eine Art Belohnung für die rechtsfreundliche Bearbeitung solcher Fälle?

Nein, das glaube ich nicht.

Wie kam es dann zu Ihrer Bestellung zum ÖVP-Generalsekretär?

Das Ganze war – glaube ich – fast eher ein Zufallstreffer. Als sich der Dr. Lanner eher überraschend entschlossen hat zu gehen, ist die Wahl des Dr. Mock auf mich gefallen. Ich war damals sehr überrascht, habe aber auch nicht lange herumgezipfelt, sondern darin eine große Chance gesehen. Man hat mich eigentlich von heute auf morgen in das politische Wasser geworfen.

1981: Der Wiener Rechtsanwalt Dr. Michael Graff entpuppte sich als stärkster Generalsekretär der ÖVP, und daran hat sich bis heute nichts geändert.

Ich schlug für Mock die Tschinellen

1980/81: Alois Mock führte seine Partei sehr erfolgreich zu einer harten Oppositionspolitik im Parlament. Die Partnerschaft an der SPÖ-Regierungsspitze zwischen Bruno Kreisky und Hannes Androsch zerbrach, eine der wesentlichsten Voraussetzungen für die ÖVP, mit ihrer Oppositionstaktik zu punkten.

Warum, glauben Sie, ist Mock gerade auf Sie gekommen?

Es waren einige andere auch im Gespräch, aber warum er mich genommen hat, das weiß ich nicht. Ich glaube, es gab damals nur ein Telefonat zwischen ihm und mir. Dann wurde ich in das Döblinger Hotel Modul bestellt. Dort hat der Parteivorstand getagt. Ich wurde von einem dienstbaren Geist durch endlose Gänge geführt und war plötzlich in einem hell erleuchteten, mit Scheinwerfern ausgestrahlten Raum. Und dort ist der Parteivorstand gesessen und hat mich anapplaudiert. Dann ist mir sowieso nichts anderes mehr übriggeblieben. Damals ist der Spruch gefallen, daß man einen Wahlsieg feiern wolle, ‚der sich gewaschen hat'. Das hat mich dann auch lange verfolgt.

Ihr erster wirklich großer Erfolg als Generalsekretär war der Kampf gegen Bruno Kreiskys UN-Konferenzzentrum als Probelauf für die Nationalratswahl.

Der Probegalopp. Ja, auch dieser Ausdruck hat mich dann lange verfolgt. Das Volksbegehren gegen das Konferenzzentrum mit seinen 1,3 Millionen Stimmen hat unsere Vorstellungen wirklich weit überstiegen. Es war tatsächlich ein relativ gutes Omen für die Nationalratswahl. Wir haben Kreisky die absolute Mehrheit genommen.

Das war der Erfolg des Partei-Führungsduos Mock/Graff.

Es war in erster Linie der Erfolg von Alois Mock. Und ich habe halt dazu die Tschinellen geschlagen.

Sie gelten als ziemlich scharfzüngig. Es gibt eine endlose Zahl von Bonmots, die Ihnen lange nachgehangen sind. War der Dr. Mock eigentlich nachsichtig Ihnen gegenüber, wenn die scharfe Zunge mit Ihnen durchgegangen ist?

Extrem nachsichtig! Er hat einerseits sehr viel Verständnis gehabt, und andererseits könnte ich mir schon vorstellen, daß ihm das eine oder andere zu weit gegangen ist.
Ich kann mich aber an keinen einzigen Fall erinnern, wo auch nur ein Hauch von Tadel an mich gedrungen wäre. Ich habe das gelegentlich selbst auch eingesehen – oder auch nicht eingesehen.
Interessanterweise war unsere Zusammenarbeit eine auf Distanz. Der Dr. Mock war – wie immer – ein ganz intensiver Arbeiter, der wahnsinnig viele Verpflichtungen, auch außerhalb Wiens, übernommen hat. Es haben also diese an sich geplanten gemeinsamen Postsitzungen und dergleichen sehr oft in seiner Abwesenheit stattgefunden. Und wir haben dann einfach sozusagen aufs Geratewohl das getan, was wir in Kenntnis seiner Grundlinie als richtig und als in seinem Sinn gelegen empfunden haben. Insofern war das wirklich eine drahtlose Verständigung.
Man würde es kaum glauben, wie wenig wir eigentlich die Dinge miteinander groß abgesprochen oder ausdiskutiert haben. Mitunter war es notwendig, den Dr. Mock von den aktuellen Geplänkeln auch in Kenntnis zu setzen, weil er ein Politiker ist, der – man würde es auch nicht glauben – keine Zeitungen liest, und daher…

Außer französische Zeitungen, nämlich Le Monde.

Ja. Wenn, dann Le Monde oder die Zürcher Zeitung. Aber jedenfalls konnte man nicht um 11 Uhr vormittag damit rechnen, daß er die Morgenzeitungen desselben Tages schon gelesen hatte. Und insofern hat natürlich schon auch eine Kommunikation stattgefunden.
Aber es war nicht so, daß man groß geplant hätte, sondern es war so, daß man eben gewußt hat, auf welcher Wellenlänge die Firma sendet. Und damit war das ganze eigentlich relativ vorgegeben.
Es haben auch andere – ich nenne nur den Präsidenten der Bundeswirtschaftskammer Rudolf

1983: Die Nationalratswahl war geschlagen, die freundlich-optimistischen Mienen täuschen. Während Michael Graff und Alois Mock tatsächlich mit der FPÖ etwas unternehmen wollten, war deren Chef Norbert Steger zu diesem Zeitpunkt längst klar: „Ich werde Vizekanzler in einer Koalition mit der SPÖ.“

1982: Ein Meilenstein in der ÖVP-Oppositionspolitik – das Volksbegehren gegen das UNO-Konferenzzentrum. Mock & Graff mobilisierten 1,361 Millionen Unterschriften gegen das „Bruneum" in Wien-Kagran.

Sallinger – immer sehr loyal mitgewirkt, es hat eigentlich relativ wenig innerparteiliche Auseinandersetzungen gegeben.

Das gilt ja wohl nur für die frühe Obmannzeit von Alois Mock!

Ja, in der frühen Zeit. Ich glaube allerdings, rückblickend auch sagen zu müssen, daß der Grund dafür auch darin gelegen ist, daß wir sehr deutlich signalisiert haben, was die Linie der Partei ist, so daß abweichende Meinungen – wenn man jetzt von der verehrten Ex-Frauen-Chefin der ÖVP, Marga Hubinek, oder vom Ex-Jugendchef Othmar Karas absieht – eigentlich nicht zum Tragen gekommen sind.
Ich muß auch eines noch dazu sagen: Daß es sicher leichter war als heutzutage. Man konnte als Opposition natürlich bald eine Position einnehmen, und noch dazu eine, die sich von jener der Regierung abgehoben hat, weil man ja nicht unmittelbar in Gefahr war, das, was man verlangte, auch ausführen zu müssen.

1983, nach der Nationalratswahl, hat Dr. Kreisky sofort mit dem Basteln einer Kleinen Koalition begonnen. Hat es in dieser Phase niemals wirklich ernsthafte Bestrebungen gegeben, damals schon die Große Koalition zu errichten? Selbst gegen den Willen Kreiskys?

Über den großen Gegner Kreisky

Es hat innerhalb der ÖVP natürlich einen sehr großen Wunsch in diese Richtung gegeben. Aber es war völlig klar, daß Kreisky in Richtung Kleine Koalition mit der FPÖ marschiert und daß die Verhandlungen, die er schmähhalber auch mit der ÖVP geführt hat, reine Augenauswischerei waren. Die waren sich einfach einig.
Es war fast eine Pflichtübung, daß wir da noch im Bundeskanzleramt beisammengesessen sind und geistreiche Themen ausgetauscht haben. Es war völlig klar: Der Kreisky denkt nicht daran, mit der ÖVP zu koalieren. Und andererseits war auch völlig klar, daß Norbert Steger, der FPÖ-

Obmann vor Jörg Haider, alles tun wird, um da mit unter die Decke zu rutschen.

Wie haben Sie denn damals die Behandlung des Dr. Mock durch den Dr. Kreisky erlebt und empfunden? Als eher herablassend oder von Respekt getragen?

Also, Respekt ist vielleicht etwas übertrieben. Kreisky war zu Mock höflich und korrekt. Während er andere, geringere Geister, wie mich zum Beispiel, durchaus mit Eiszeiten und dergleichen bestraft hat, wenn man entsprechend aufmüpfig war.

War Dr. Mock – oder wart ihr an der Parteispitze – enttäuscht, daß die Große Koalition so partout nicht möglich war, oder habt ihr das einfach zur Kenntnis genommen?

Naja, enttäuscht waren wir nicht, weil wir ja damit rechnen mußten. Aber zufrieden waren wir auch nicht, weil so ein Vergnügen ist es ja nicht, die Opposition zu spielen.
Aber andererseits war es doch eine gewisse Genugtuung, daß wir die regierende SPÖ, sei es zunächst allein oder dann mit dem Steger als Steigbügelhalter, gerade im parlamentarischen Bereich wiederholt ziemlich in Verlegenheit gebracht haben. Es war ja auch tatsächlich eine einzige ansteigende Kurve, bis hin zur relativen Mehrheit der ÖVP – wenn man sie nämlich fortgesetzt hätte, nur wenige Wochen oder besser Tage vor der Wahl im Jahr 1986. Denn plötzlich ist das Ganze damals abgerissen.
Weil sich einige in der ÖVP schon als die Großkoalitionäre gefühlt und das auch sehr deutlich verraten haben. Während wir weitergetrommelt haben und es dem Jörg Haider nach seiner Machtübernahme in der FPÖ gelungen ist, den Eindruck zu erwecken, die FPÖ sei gar nicht in der Regierung, sondern eh auch schon in der Opposition.

1984: Das Verhältnis zwischen Alois Mock und Kreisky-Nachfolger Dr. Fred Sinowatz (rechts) war ein korrektes, wenngleich Mock heute über diesen Kurzzeit-Bundeskanzler der SPÖ sagt: „Sinowatz hat auch viel Pech gehabt."

1983–1986: Die Oppositionspolitik der ÖVP unter Alois Mock wird immer härter. Im Parlament kommt es zu Redeschlachten, bei denen SPÖ-Kanzler Fred Sinowatz trotz Assistenz von Sozialminister Alfred Dallinger (links) und dem späteren Finanzminister Herbert Salcher (rechts) immer mehr in Bedrängnis gerät.

Bevor wir zu 1986 kommen, bleiben wir noch ein bißchen bei 1983: Habt ihr damals, als die Koalitionsverhandlungen erfolglos abgebrochen wurden und die Kleine Koalition gebildet worden war, ausgemacht oder euch verständigt – Sie und der Dr. Mock vor allem –, daß die ÖVP nur mehr wirklich harte Opposition machen wird – schon im Wissen, die Erfolgslinie ist aufsteigend, so kann man 1986 gewinnen?

Das war beim Dr. Mock völlig klar. Und ich selbst habe mentalitätsmäßig ohnehin nicht unbedingt zu einer weichen Opposition geneigt. Also war der harte Kurs völlig klar. Das haben ja auch die Ergebnisse der Kleinen Koalition gezeigt.

Nämlich, daß ein Bemühen, sich als Opposition der Regierung an den Hals zu hängen, vom Wähler überhaupt nicht geschätzt wird. Vielmehr will der Wähler eine starke, sachliche und zielbewußte Opposition durchaus.

Wenn man jetzt den Zeitraum zwischen 1983, nach der Bildung der Kleinen Koalition bis zur nächsten Wahl, eben 1986, ansieht: Welche Ereignisse, glauben Sie, haben der ÖVP als Opposition substantiell geholfen?

Zweifellos war Norbert Steger keine gewinnende Persönlichkeit. Zudem hat der Kurs der FPÖ als zweite Regierungspartei nicht sympathisch gewirkt.

Während der Dr. Mock sich doch als Alternative präsentiert hat und man gerade auch im Verhältnis zu SPÖ-Kanzler Fred Sinowatz das Gefühl haben konnte, daß da eine junge Kraft ist, die das besser machen könnte als die Regierungspartei. Der Dr. Mock war ein überzeugender Oppositionsführer.

Bei dem man gemerkt hat, daß er auch Konzepte hat, und der auch nicht – nur um der Opposition willen – irgendwelche populistischen Eskapaden gemacht hat. Der aber trotzdem der Regierung nichts geschenkt hat. Und man hat, gerade wenn man Mock mit Sinowatz verglichen hat, doch den Eindruck gehabt, daß er eigentlich eine Alternative ist – viele haben gefunden, sogar eine vorzuziehende Alternative.

Über die Wirkung Kurt Waldheims

Nun ist es ja so gewesen, daß 1986, vor der Nationalratswahl, die Bundespräsidentenwahl stattgefunden hat. Und bei dieser Wahl hat die ÖVP den Dr. Kurt Waldheim gebracht. Warum gab es nach dem Sieg Waldheims, wo die ÖVP tatsächlich auf der Siegerstraße war, innerparteilich plötzlich Stimmen, die sagten: „Wir dürfen die SPÖ nicht verärgern?“

Es war sicher zunächst einmal vor allem der erste Waldheim-Wahlkampf wirklich eine Nervenbelastung sondergleichen.
Man wußte ja nicht, wie das weitergeht und ausgeht.
Wir sind ja auch vor der Möglichkeit gestanden, daß uns der Kandidat eventuell noch während des Wahlkampfes politisch wegstirbt.
Wir haben aber die Linie gehalten. Vor allem auch Dr. Mock ist in seiner Überzeugung und Überzeugtheit nicht ins Wanken geraten. Wäre die ÖVP ins Schlottern gekommen, wie einzelne auf der zweiten oder dritten Ebene ja tatsächlich geschlottert haben, dann gute Nacht für diesen Präsidentschaftswahlkampf.
Wir haben dabei natürlich auch unsere Schrammen abgekriegt. Und es ist ja das Thema noch in der Folge durch Jahre nicht zur Ruhe gekommen. Aber immerhin war der Wahlerfolg bei der Waldheim-Wahl doch dynamisierende Zutat in unserer parteipolitisch aufsteigenden Linie hin zur Nationalratswahl. Aber das war – meiner Meinung nach – politisch nicht entscheidend.
Aber: die Lust, um nicht zu sagen die Gier nach der Großen Koalition, die in Teilen des Wirtschaftsbundes – sagen wir es vornehm – einmal vorhanden war, das war einfach der Drang, der anscheinend Österreichs Wirtschaftstreibenden mitunter eigen ist: lieber weniger Konkurrenz und dafür mehr gesicherte, paktierte Mitbestimmung zu haben.

Das war das Problem! Es hat also – noch einmal: obwohl der Präsidentenwahlkampf ein Impuls war – dieses Ergebnis eigentlich keine direkte Auswirkung gehabt.

Dr. Mock sagt selber, er hätte möglicherweise 1986 die Wahl und die Kanzlerschaft geschafft, wenn er nur einen neuen Parteigegner gehabt hätte und nicht auf einen Schlag zwei. Haider und Vranitzky zugleich, so sagt Mock, waren ihm um einen zuviel. Wer, glauben Sie, war damals gefährlicher für Alois Mock: Haider oder Vranitzky?

Naja, es liegt natürlich jetzt nahe, zu sagen, daß jeder an seiner Stelle – der eine an der Spitze der SPÖ, der andere an der Spitze der FPÖ – eine extrem gefährliche Besetzung war für die ÖVP. Ich glaube, daß Vranitzky damals durchaus zu besiegen gewesen wäre. Ich glaube, das Problem lag nicht bei Vranitzky und Haider, sondern das Problem lag in der eigenen Partei, in der ÖVP.

Wie das, was meinen Sie?

Die Truppe war einfach drei Wochen vor der Wahl der Meinung: ‚Jetzt haben wir es geschafft. Jetzt brauchen wir uns nicht mehr anstrengen. Es ist eh alles in Ordnung. Es kommt eh die Große Koalition.' Und der Haider ist bis zum Schluß gerannt und hat uns letztlich den Oppositionsdrive irgendwie abgeknöpft. Das, glaube ich, war das eigentlich Entscheidende.

Was 1986 wirklich passierte

Dr. Mock hat 1986 persönlich die Kleine Koalition mit Haider angestrebt. Warum? Um einen echten politischen Kurswechsel in Österreich zu erzeugen und herbeizuführen? Zweitens: Wer hat es dann effektiv verhindert, daß es zu einer Kleinen Koalition kam?

Der Dr. Mock hat immer eine Neigung in diese Richtung gehabt. Ich war bereit, diesen Weg mit ihm mitzugehen, war allerdings nicht der Treibende in dieser Richtung, weil ich persönlich auch an einer Großen Koalition durchaus einiges finden kann.

1985: Alois Mock düpierte selbst seine eigene Partei, als er überfallsartig Kurt Waldheim als ÖVP-Präsidentschaftskandidaten vorschlug. Er und Michael Graff leisteten später Übermenschliches in der Verteidigung Waldheims.

Ich bin nur ganz nachdrücklich der Meinung, daß die ÖVP nicht in einer Richtung ihre Brükken abbrechen darf und sich nicht dem einen oder anderen an den Hals hängen darf. Es ist ja eine gewisse Zeit eine Art Poker gespielt worden. Ich hätte diesen Poker durchaus weiter durchgehalten.
Es waren aber wiederum die Großkoalitionäre in der ÖVP, die das einfach nicht wollten. Die Kleine Koalition wäre damals mit einem Gewaltakt des Dr. Mock durchaus gegangen. Nur, es war aus der Position des – wenn auch ganz knappen – Zweiten natürlich viel schwieriger, als wenn wir die stärkste Partei nach den Wahlen gewesen wären.

Was ist an dem Wahlabend 1986 wirklich passiert? Es hieß, ÖVP-Chef Mock sei zusammengebrochen, sei nicht mehr Herr seiner Sinne gewesen, Mock sei aufgespritzt worden, damit er überhaupt noch ins Fernsehen gehen konnte. Was ist wirklich passiert?

Ich weiß es bis heute selber nicht genau. Ich habe ihn auch selber nicht in die Hauptwahl-

> „Die Kleine Koalition wäre damals mit einem Gewaltakt des Dr. Mock durchaus gegangen."

1986: Knapp vor den Bundespräsidentschaftswahlen, als die Waldheim-Kampagne losgetreten wurde, kam es im Parlament zu harten Wortduellen. Kanzler Sinowatz blieb nichts anderes mehr, als sich an den Kopf zu greifen, Innenminister Karl Blecha ahnte die Götterdämmerung.

behörde im Innenministerium begleitet, sondern ich war in der Kärntnerstraße. Er ist von zu Hause in die Hauptwahlbehörde gefahren, begleitet allerdings von Mitarbeitern.
Ich war genauso schockiert wie alle anderen. Weil mir weder die Möglichkeit einer Krankheit noch irgendeine andere Erklärung zur Verfügung gestanden ist. Man hat tatsächlich den Eindruck gehabt, ihm ist irgend etwas passiert, was man nicht weiß. Ich kann es Ihnen bis heute nicht sagen.

Haben Sie ihn selbst in dieser Nacht nicht gefragt, etwa: „Alois, was ist los mit dir?"

Nein. Er ist dann in die Kärntnerstraße gekommen, und man hat wohl den Eindruck gehabt, daß er irgendwie groggy ist, aber dafür hat man auch Verständnis gehabt. Man hat nur Angst und Sorge gehabt, weil die Wirkung des Fernsehens wirklich katastrophal war.

Zurück zur Regierungsbildung 1986. Sie sagten vorhin, „die deklarierten Großkoalitionäre" hätten die Kleine Koalition verhindert. Wer war das?

Also ich glaube, ich tue ihm nicht unrecht, er würde sich selbst dazu bekennen: Der Robby Graf war sicher einer der Führenden in dieser Richtung. Ich möchte sonst keine Namen nennen.

Robert Graf vereitelte FPÖ-Pakt

Und wann war der Zeitpunkt gekommen bei Dr. Mock, von seiner Idee, von seinem Vorhaben, die Kleine Koalition zu bilden, endgültig abzugehen?

Nun, die Kleine Koalition, das war nicht so ein klares Vorhaben, sondern eine von zwei offenen Regierungsoptionen. Wenn sich die Chance geboten hätte, hätte Mock sie ergriffen. Wir haben aber, das war von vornherein so ausgemacht, auch mit den anderen Parteien Gespräche geführt. Es war die SPÖ natürlich sehr bemüht, in der Regierung zu bleiben und uns keinen Anlaß zu geben, so etwas zu sagen wie: ‚Mit denen geht es nicht, wir müssen jetzt die Kleine Koalition machen.' Somit mündete alles eher fließend in die Große Koalition.

Dr. Mock sagt, er habe die Kleine Koalition offensiv angesstrebt.

Ja, ich glaube schon, daß er sie wollte. Aber das war nicht deklariert. Die Stimmung ist jedenfalls so gelaufen, daß es eines besonderen Gewaltaktes bedurft hätte ...

... Und es gab dann einen Parteivorstand, dessen Mehrheit für die Große Koalition votiert hat. Mock hat sich dem gebeugt.

Ja, aber nicht in der Form, daß es eine Abstimmung gegeben hätte, sondern es ist nur sehr deutlich – wie das halt so ist – die Stimmung durch den Saal gegangen: ‚Gehen wir auf die Große Koalition!'

Kein Ministersessel für den Generalsekretär

Dr. Graff, bis dahin waren Sie der Erste Generalstabsoffizier der ÖVP, der Kämpfer schlechthin. Sie sollten in der Großen Koalition Justizminister werden. Dann hat man Ihnen quasi den Sessel unter dem Hintern weggezogen. Auf Druck der SPÖ?

Ja und nein. Heute glaube ich es selber schon fast, daß die SPÖ gegen mich als Person etwas hatte. Ich war damals so naiv und selbstbewußt, daß ich eigentlich der Meinung war, es geht sich halt mit den Ministerien nicht aus, und deshalb muß das Justizministerium neutral besetzt werden.
Ich habe das eigentlich nie kapiert und auch eigentlich nie zu hören bekommen, daß Sozialisten vielleicht mich als Person nicht gewollt hätten und einen anderen schon.
Es hat dann geheißen, es soll ein Unabhängiger oder Parteifreier gesucht werden, und ich habe selber den Dr. Foregger vorgeschlagen. Ich habe den Dr. Mock gebeten, das war mein erstes und

einziges personelles Anliegen: ‚Na gut, wenn ich nicht Justizminister werden kann, okay, ich nehme es zur Kenntnis. Aber ich möchte wenigstens den Justizausschuß im Parlament, dessen Vorsitz haben.' Und das hat er dann auch durchgesetzt. Es hat eine ziemliche Taucherei gegeben, weil der heilige Parlamentsproporz das eigentlich für die FPÖ vorgesehen hat. Die wollte das nicht hergeben. Die mußte dann – glaube ich – irgendwie anders befriedigt werden. Aber kurz und gut, das hat mir der Mock dann verschafft.
Ich muß sagen, aus heutiger Sicht bin ich sehr froh, daß das so gelaufen ist. Ich hätte meine Kanzlei aufgeben müssen. So aber kann ich genau auf die Art Politik betreiben, wie ich es gerne möchte: Nämlich in einem abgezirkelten Schrebergarten, wo mir keiner was dreinreden kann, und daneben auch die Kanzlei. Ich bin heute sehr glücklich. Zu dem damaligen Zeitpunkt war ich natürlich schon ein bißchen traurig, weil Minister werden ist ja auch nicht schlecht.

Erzählt wird, daß Sie damals sehr, sehr enttäuscht waren, aber in einer großartigen Reaktion Ihre Enttäuschung aus Rücksicht auf die ÖVP hinuntergeschluckt haben.

Ich glaube, ich war nicht so riesig enttäuscht und auch nicht so riesig großartig. Das war wiederum nur ein kurzes Telefonat zwischen Tür und Angel, wo mir der Dr. Mock gesagt hat: ‚Du, ich fürchte, es geht nicht.' Und ich habe ihm gesagt: ‚Du, bitte, ich entbinde dich jeder Verpflichtung. Glaube nicht, daß du da jetzt mir zuliebe irgendwelche Gewaltakte setzen mußt. Wenn es nicht geht, geht es nicht.' Ich habe nur eingeflochten: ‚Dann täte ich aber ganz gerne den Justizausschuß haben.'

Mock war gegen meinen Rücktritt

Sie sind dann weiter Generalsekretär geblieben, bis zu jenem Tag, da Sie im Zuge der Waldheim-Affäre diesen unseligen Ausspruch von den „eigenhändig erwürgten Juden" gemacht haben.

Ja, so ist es. Gar keine Frage, der Ausspruch war geschmacklos. Er war allerdings nicht antisemitisch, wie mir damals mitunter unterstellt wurde, sondern nur geschmacklos.

Hat Dr. Mock irgendwann in diesen Stunden und Tagen versucht, Sie als ÖVP-General dennoch zu halten?

Ja.

In welcher Form?

Ich hatte den Eindruck gewonnen, daß ich für die Partei nur noch eine Belastung war, weil ich meinen Ausspruch ununterbrochen zu hören bekommen würde. Ich habe daher dem Dr. Mock meinen Rücktritt angeboten.
Er hat gesagt: ‚Nein, das kommt ja gar nicht in Frage.' Ich aber habe am Rücktritt festgehalten. Ich habe gesagt: ‚Schau, man wird mir das dauernd anhängen.' Ich bin dann, glaube ich – daran kann ich mich jetzt nicht mehr genau erinnern –, mit meinen Rücktrittsgedanken sogar schon bewußt in die Öffentlichkeit gegangen, damit ich nicht noch einmal überredet werden konnte.

Sie sind dann zurückgetreten, Ihr Nachfolger wurde der Oberösterreicher Helmut Kukacka. Ohne ihm etwas unterstellen zu wollen: Fast zeitgleich hat Parteichef Alois Mock immense Schwierigkeiten innerhalb der ÖVP bekommen. Zufall – oder mehr?

Es gibt geographische Bereiche in Österreich, wo immer die Erneuerungsideen herkommen und mitunter auch die Parteiobmänner. Die von dort gemacht und von dort dann auch wieder abgesägt werden.

Sie sprechen von der Steiermark. Warum war die ÖVP in gewichtigen Teilen der Partei ab 1987 so hart gegenüber Mock? Was war der Grund?

Ich kann eigentlich keinen klaren Grund nennen. Es ist natürlich schon so, daß der Dr. Mock

1989: Es waren einmal mehr die Steirer in der Volkspartei, die eine innere Front gegen Alois Mock formierten. Einer seiner erbittertsten Gegenspieler war Landeshauptmann Josef Krainer. Heute mit dem Ehepaar Mock längst wieder versöhnt.

Die Erwartungen in der Partei waren zu hoch gespannt

auch gewisse Eigenheiten hat. Und ich könnte mir auch vorstellen, daß er dem einen oder anderen nach einer entsprechenden Zeitspanne vielleicht auf die Nerven gegangen ist. Aber eigentlich habe ich keinen sachlichen Grund gesehen.
Es war nur sicher auch das Gefühl da, daß wir in der Koalition als Juniorpartner nicht das bringen und durchsetzen konnten, was sich halt die Leute in ihrem Höhenfluge vorgestellt haben.

Meinen Sie, daß letzteres die Schuld des Alois Mock war? Oder war das nicht eher die Schuld einer nicht konsolidierten Partei?

Also, es war sicher nicht sehr schön von denen, die sich gegen ihn geäußert haben, obwohl sie Alois Mock sehr viel zu verdanken gehabt haben. Man hätte mit dieser Kritik auch hinterm Berg halten können. Aber im ganzen war diese Periode doch eine der enttäuschten Hoffnungen – wenn Sie so wollen.
Es ist der Sprung an die Spitze der Regierung nicht gelungen.
Es ist für die, die es wollten, die Kleine Koalition nicht gelungen.
Es ist das Ganze sozusagen in den Alltagsregierungstrott übergegangen. Und es ist halt in der ÖVP auch so, daß ein Spitzenmann ununterbrochen Erfolge nach Hause bringen muß. Wenn es da einmal ein bißchen ruhiger wird, dann ist die Gefahr, daß irgendwelche anderen Wölfe über den Leitwolf herfallen, immer gegeben.

Und welchen sachpolitischen, regierungstechnischen oder koalitionstechnischen Vorwurf hat man Mock damals wirklich gemacht? Und wann hat die Mock-Hinrichtung eigentlich begonnen?

Es war schon mit der Fernsehpräsentation am Wahlabend ein bißchen problematisch. Es war das Nachwirken des Wahlabends, wo man nichts Genaues gewußt hat. Es hat auch kein klares ärztliches Bulletin gegeben, weder so noch so.

Jänner 1987: Gruppenbild mit Dame – das ist die Regierungsmannschaft der ÖVP, wie sie sich in Maria Plain kurz vor der Angelobung präsentierte. Von links nach rechts: Hans Tuppy, Robert Lichal, Heinrich Neisser, Marilies Flemming, Alois Mock, Robert Graf, Josef Riegler, Hannes Ditz.

Und damit hat eben dieses Beobachten des Parteichefs bei jedem einzelnen TV-Auftritt begonnen. Und er hat von diesem Zeitpunkt an irgendwie als angeschlagener Leader gewirkt. Ich sage das wirklich nicht abfällig, sondern das Problem war da. Er hat es ja selber auch gemerkt.

Jetzt sind Sie jemand, der Dr. Mock persönlich relativ gut kennt und vor allem gut einzuschätzen weiß. Würden Sie glauben, daß diese vier Jahre der Salamitaktik des Abmontierens – also von 1986 bis 1990 – ihm so nahegegangen sind, daß dies auch seinen heutigen gesundheitlichen Zustand zumindest mit beeinflußt hat?

Die ÖVP tat Mock bitter unrecht

Das kann ich nicht sagen. Das kann ich wirklich nicht sagen, was da organisch ist und was da psychisch ist. Da bin ich überfragt.
Er war an sich immer großartig im Wegstecken, viel zu nobel. Also, was ihm mitunter die lieben guten Landeshauptleute aufgeführt haben, eben an der Grenze der Loyalität – sagen wir einmal

so –, das war allerhand. Aber er war – wie gesagt – unglaublich großzügig und unglaublich fair und anständig und hat sich das alles gefallen lassen. Ob es sich dann vielleicht doch in der geballten Wirkung oder in der stetigen Wirkung ausgewirkt hat, das kann ich nicht sagen.

1990, nachdem Mock noch zäh um den Obmannsessel gekämpft hat und zum Schluß sogar noch seine Kandidatur für den entscheidenden Parteitag angemeldet hatte, aber wieder zurückzog – was hat ihn eigentlich bewogen, endgültig zu verzichten?

Es war kein einzelnes Ereignis. Aber wenn einmal die Landesparteisekretäre und die Spitzenpolitiker aus den Ländern öffentlich Kritik üben, ohne daß ihnen irgend jemand Zuständiger über den Mund fährt, dann ist das für einen Obmann nicht mehr lustig.
Er hätte zwar immer noch eine Mehrheit am Parteitag erhalten, aber man hätte das wieder mit früheren glanzvollen Resultaten verglichen, und das Ganze wäre ein Krampf geworden. Er hat dann wiederum das Format bewiesen, zu sagen: ‚Ich mache das nicht mehr. Das soll ein anderer probieren', und ist dann in die zweite Reihe zurückgetreten.
Er hat sich dann auf diese Weise, obwohl die Problematik seines Gesundheitszustandes sogar stärker und eigentlich allgemein bemerkbar und sichtbar wurde, gerade dadurch erstaunlicherweise diese unglaubliche Sympathie erworben. Die nicht, wie einer vielleicht oberflächlich glauben könnte, Mitleid ist, sondern die wirklich Achtung und Respekt bedeutet.

Über das Verhältnis Busek/Mock

Hat die Partei Mock unrecht getan?

Natürlich hat sie ihm unrecht getan. Aber welche Partei tut einem schon immer recht?

Josef Riegler wurde neuer Parteiobmann. Würden Sie mir zustimmen in der Analyse, daß der Steirer nur der Platzhalter war für den eigentlichen neuen Parteiobmann, seinen Nachfolger Erhard Busek?

Nein, das kann man nicht so sagen. Riegler war – glaube ich – durchaus ernst gemeint, wirklich als eine Lösung für die Partei. Man kann im nachhinein sagen, daß es eine Übergangszeit war. Aber sie war nicht als solche angelegt.

Würden Sie meinen, daß sich Erhard Busek seinem Vor-Vorgänger Alois Mock gegenüber immer korrekt verhalten hat?

Ich weiß von keiner Unkorrektheit. Ich weiß natürlich von der Persönlichkeit und Individualität und Natur des Erhard Busek.
Also, er kann dem lieben Gott danken, daß er jetzt keinen ‚Busek' hat irgendwo als Landesparteiobmann, der ihm das aufzulösen gibt – sei es auch nur an süffisanten Bemerkungen –, was er selber seinerzeit dem Dr. Mock aufzulösen gegeben hat.
Aber noch einmal, ich werte das nicht als Spitze und nicht als Unanständigkeit, sondern einfach als Charakterelement.

Mock als Zugpferd im Wahlkampf?

Es gibt zuletzt Gerüchte und Mutmaßungen, daß Dr. Alois Mock heute, 1994, von der Partei als strahlender Held im Wahlkampf nur mehr als Zugpferd benutzt wird und daß er möglicherweise ab dem 10. Oktober von der Partei selbst als Außenminister zurückgezogen wird? Halten Sie so etwas überhaupt für denkbar?

Also erstens kann man solche Planungen gar nicht spielen. Zweitens: Der Dr. Mock ist da. Niemand denkt daran, ihn loszuwerden. Und wenn ihn jemand loswerden wollte, würde dieser sich lächerlich machen und blamieren.
Es wird nur letztlich selber die Entscheidung des Alois Mock sein, nach dieser Wahl, ob er sich eine Ministerschaft noch einmal antut.

Würden Sie sich das wünschen?

Ich bin gespalten. Ich würde ihm persönlich wünschen, daß er sich endlich einmal ausruht. Ich kenne ihn natürlich soweit, daß er in einem solchen Ruhestand nicht glücklich wäre. Deshalb kann ich da keinen Ratschlag geben. Nein, die Entscheidung muß er selber treffen.

Was ich an Alois Mock schätze

Herr Dr. Graff, Sie haben mit Alois Mock sechs Jahre zusammengearbeitet. Wie definieren Sie – abgesehen vom Politiker – den Menschen Mock? Ist er nur Chef gewesen? War er ein Kumpel? War er ein Freund? Was war und ist er für Sie?

Er war immer ein guter Freund. Und er hat immer ein ganz besonders hohes Maß an Loyalität aufgebracht. Ich habe mich bemüht, das nach Kräften zu erwidern.
Das Faszinierende an unserer Zusammenarbeit war, wie ich schon gesagt habe, daß es eigentlich eine drahtlose Übereinstimmung gegeben hat. Er hat mir, glaube ich, einen Handlungsspielraum eingeräumt wie kaum je ein Befehlshaber seinem Stabschef zuvor. Und ich habe meine Funktion, abgesehen von einzelnen Entgleisungen, glaube ich, im großen und ganzen in seinem Sinne ausgeübt. Weil ich gewußt habe, wie er denkt, und weil er eben auch sehr klare und eindeutige und grundsatztreue Einstellungen gehabt hat, nicht von Tag zu Tag einer Schlagzeile nachgerannt ist.
Er hat diese Schlagzeilen eigentlich gar nicht gelesen.

Mock wird von vielen als „manchmal ziemlich stur" beschrieben. Können Sie das bestätigen?

Also, ein Element von Sturheit ist in seinem Charakterbild sicher drinnen.

Und diese Sturheit, war die unangenehm oder war die verstehbar?

Sie war für mich kein Problem, weil ich sie einkalkuliert habe und ich dann immer auf der richtigen Seite war. Ich könnte mir schon vorstellen – aber der Fall ist zumindest nach meiner heutigen Erinnerung nicht eingetreten –, daß, wenn ich die andere Auffassung vertreten hätte, mir seine Sturheit schon zu schaffen gemacht hätte.

„Alois Mock ist keinen Schlagzeilen nachgerannt. Er hat sie eigentlich gar nicht gelesen."

Was würden Sie denn glauben, was haben diese zehn Jahre Obmannschaft des Dr. Alois Mock der ÖVP unterm Strich gebracht?

Was die ÖVP Mock verdankt

Sie haben folgendes gebracht – Selbstbewußtsein, die Überzeugung, daß man nicht nur als Kanzlerpartei politisch wirksam sein kann.
Sie haben gezeigt, daß die ÖVP in ihrer ganzen vielschichtigen und komplizierten Struktur, aus Ländern und Teilorganisationen zusammengesetzt, doch eine ganz gewaltige Stabilität und damit auch eine Belastbarkeit und Leidensfähigkeit aufgebracht hat.
Ich gebe zu, daß das jetzt etwas anders wird, weil doch die großen Blöcke viel stärker ins Schwimmen geraten, als das früher der Fall war. Es wird sich zeigen, ob sie das weiter aushalten wird. Ich glaube aber nach wie vor, daß sie, auch wenn die politische Fortune nicht oder nicht im gewünschten Maß da ist, doch eine starke Kraft ist, mit der man rechnen muß.
Und alle Prognosen – ‚das wird jetzt eine Mittelpartei' usw. – treffen meines Erachtens nicht zu. Von Vorstellungen, daß eine Partei 50 oder 60 Prozent haben muß, um eine große Partei zu sein, muß man wegkommen. Dr. Mock hat der ÖVP wirklich ein modernes, christlich-demokratisches Gesicht gegeben, das nicht mehr das alte Lueger-Image oder christlich-soziale Image ist, aber anderseits auch nicht das der rein liberalen Pfeffersäcke im Wirtschaftsbereich gebracht hat. Ja, es ist einiges zusammengekommen, auf dem seine Nachfolger hätten aufbauen können – und hoffentlich noch aufbauen werden.

» Alois Mock hat der ÖVP ein modernes christlich-demokratisches Gesicht gegeben. Sie ist heute vom Lueger-Image und von den rein liberalen Pfeffersäcken gleich weit entfernt. «

Wenn jetzt in der ÖVP Stimmen klagen: „Hätten wir doch nur den Alois Mock noch als Parteichef!" – Ist dies das Wehklagen um eine vergangene gute alte Zeit?

Ja, natürlich! Das ist Nostalgie. Und es wird vielleicht auch manches im Rückblick verklärt. Das mag schon sein. Nur, das ist völlig müßig. Das läßt sich nicht wieder herbeiführen. Man muß schauen, daß man aus der gegebenen Situation das Beste macht.

Ich habe bei Mock vieles gelernt

Haben Sie persönlich von Ihrer Zusammenarbeit mit Dr. Mock profitiert?

Ganz gewaltig! Ich habe praktisch mein politisches Leben an der Seite des Dr. Mock verbracht und habe dort auch vieles gelernt. Wie eben gesagt – vor allem in der menschlichen Seite, in der Loyalität, in der Notwendigkeit der Treue, der wechselseitigen Toleranz.
Auch wenn er es nicht zeigte, wird es ihm sicher nicht immer ein reines Vergnügen gewesen sein, mit meinen Eskapaden zu leben.
Trotzdem war das eigentlich meine bewegteste und interessanteste Zeit. Ich möchte keinen Tag davon missen.

Die Beziehungsgeschichte zur FPÖ

Jörg Haider kam 1986 – Vom Lehrling zum politischen Dämon

Innsbruck, September 1986. Kampfparteitag der Freiheitlichen. Der Oberösterreicher Jörg Haider, den Mitte der Siebziger der damalige Kärntner FPÖ-Chef Mario Ferrari-Brunnenfeld ins Karawankenland geholt und zum Landesparteisekretär gemacht hatte, ist auf dem Sprung zur Parteispitze der Freiheitlichen.

1983 war die FPÖ – dank Bruno Kreisky, der seinem Nachfolger Fred Sinowatz faktisch im Alleingang noch die Kleine Koalition verordnete – erstmals in ihrer Parteigeschichte zu Regierungsehren gekommen. Unter Parteichef und Vizekanzler Norbert Steger dünnten die Freiheitlichen als Partei in der Kleinen Koalition jedoch aus. Einerseits ließen Umfragen im Frühjahr 1986 für die Nationalratswahlen 1987 einen dramatischen Wählerverlust befürchten, anderseits gab es zudem besonders herbe innerparteiliche Kritik an Steger & Co: Jörg Haider muckte von Kärnten aus immer deutlicher Richtung Wien auf, sein Hauptvorwurf: Steger sei zum „peinlichen Steigbügelhalter" der Sozialisten mutiert, die wiederum als Dankabstattung die Partei mit Posten und Pöstchen versorgen.

Der innerparteiliche FPÖ-Krieg führte zum Kampfparteitag Innsbruck, wo Jörg Haider im Handstreich Parteiobmann Vizekanzler Norbert Steger stürzte. Binnen weniger Stunden kündigte in Wien Bundeskanzler Franz Vranitzky wegen Jörg Haider die Kleine Koalition auf – vorgezogene Neuwahlen am 23. November 1986.

Damals stand eine „politische Wende" für Österreich tatsächlich im Raum.

Ende 1986 stand Österreich vor einer Wende

Das Verstaatlichten-Desaster (Intertrading, Merx), diverse Skandale rund um höchste SPÖ-Politiker (die Minister Leopold Gratz und Karl Blecha traten zurück) sowie die Waldheim-Affäre plus Wahlsieg des Ex-UNO-Generalsekretärs und der daraus folgende Kanzlerwechsel von Fred Sinowatz zu Franz Vranitzky bescherte der SPÖ schlechteste Karten. Umgekehrt: Die ÖVP lag in allen Meinungsumfragen so gut wie schon lange nicht, die harte Oppositionspolitik seit 1983, für die speziell Alois Mock verantwortlich zeichnete, schien zu greifen. Mock schien mit dem Slogan von einer „anderen Politik" gut unterwegs zu sein. Auf dem ÖVP-Parteitag 1985 erhielt er Standing ovations, als er die 600 Delegierten in den Wiener Sofiensälen mit einem „Auf Wiedersehen auf dem Ballhausplatz" verabschiedete.

In dieser innenpolitisch dramatischen Zeit, insbesondere als sich die Übernahme der FPÖ durch Jörg Haider konkret abzeichnete, kam es zu substantiellen Annäherungen zwischen ÖVP und FPÖ, konkret zwischen den Parteichefs Alois Mock und Jörg Haider. Die Kleine Koalition schien faktisch beschlossene Sache. Ein Bundeskanzler Alois Mock war in greifbare Nähe gerückt.

Heute, acht Jahre später, gesteht Außenminister Alois Mock seinem damaligen Fast-Juniorpartner Jörg Haider nach wie vor zu, „daß er eine wichtige Persönlichkeit im politischen Leben Österreichs war und ist, überhaupt keine Frage". Denn, so Mock, „Haider hat es bis vor kurzem geschickt verstanden, durch seine Oppositionsrolle, wobei er natürlich in der Benützung der politischen Terminologie keine Grenzen kennt, das Gefühl zu wecken, er sei eigentlich die bessere Alternative zu einer sozialistisch dominierten Regierung. Er hat die Möglichkeit der Opposition restlos ausgenützt, alles mögliche zu versprechen, mit dem Wissen, zunächst nicht dem Zwang ausgesetzt zu sein, die Realisierung seiner Versprechen auch nachweisen zu müssen".

> „Ich war und bin der Auffassung, daß die FPÖ auch unter der Führung von Jörg Haider eine Partei ist, die man als politische Alternative im Wettbewerb der Parteien bekämpfen kann und bekämpfen muß."
>
> Alois Mock

Seit dem späten Frühjahr 1994 aber habe Jörg Haider dabei „seine Grenzen deutlich überzogen", sagt Mock und meint das klare und eindeutige Nein der FPÖ zum EU-Beitritt. „Das EU-Referendum hat gezeigt, daß man nicht alle Leute nur mit gewissen Schlagwörtern an der Nase herumführen kann.“

Politischen Kredit habe Haider aber auch schon zuvor verspielt, diagnostiziert Mock: „Ich glaube, es war ein Fehler von ihm, daß er die Zugehörigkeit der FPÖ zur Liberalen Internationale so weggewischt hat. Das hat doch, glaube ich, wenn auch verdeckt durch seine Persönlichkeit, dem Gewicht seiner Partei geschadet. In einer Zeit, die Internationalität und Zusammenarbeit verlangt, ist so etwas nicht zielführend.“

Politischen Kredit verspiele Haider auch durch den Umstand, „daß er es zuläßt, ins rechtsradikale Eck getrieben zu werden“.

Wobei Mock beinahe so etwas wie politisches Mitleid mit Jörg Haider durchschimmern läßt: „Ich war und bin der Auffassung, daß die FPÖ auch unter der Führung von Jörg Haider eine Partei ist, die man sehr wohl als politische Alternative im Wettbewerb der Parteien bekämpfen kann und bekämpfen muß. Es hat doch keinen Sinn, Demokraten zu Nazis oder zu Kommunisten zu machen, wenn sie es nicht sind.“

Zurück zu den Nationalratswahlen 1986 und den darauffolgenden Verhandlungen zur Regierungsbildung. Daß Alois Mock damals zunächst auf die Kleine Koalition mit Jörg Haiders FPÖ setzte, begründet er heute so: „Ich habe die Partnerschaft mit den Freiheitlichen deshalb als Möglichkeit gesehen, weil es zunächst überhaupt nicht klar war, daß eine Große Koalition zustande kommen könnte, zwischen uns und den Sozialisten, wo wir aktive Mitbestimmung gehabt hätten. Heute muß ich allerdings sagen, daß der Deal, der dann zustande kam mit der SPÖ, letztlich mit einer 50:50-Aufteilung der Regierungsverantwortung, jedenfalls damals die Bereitschaft Franz Vranitzkys signalisierte, gemeinsam eine neue Politik für Österreich zu realisieren, ohne sich darüber zu streiten, daß die eine Partei ja zwei Mandate mehr hätte als die andere oder sonstiges.“

Womit Alois Mock klarstellt, daß es damals Vranitzky war, der ihn letztlich „sachlich überzeugte“,

1993: Eine Generation liegt dazwischen. Alois Mock hält trotz der politischen Ausgrenzung der FPÖ durch Franz Vranitzky und Erhard Busek den Kontakt zu den Freiheitlichen aufrecht. In einer Demokratie müsse das so sein, sagt er immer wieder. Im Bild mit FPÖ-Generalsekretär Walter Meischberger.

Vranitzkys Angebot verscheucht kleinkoalitionäre Gedanken

daß eine zur Partnerschaft bereite SPÖ die Chance eröffne, „umfassende Strukturreformen, die das Land so dringend brauchte“, durchzuführen. „Das war für mich am wichtigsten. Denn schon damals war für mich der Gang in die Europäische Union eine der zitierten Strukturreformen. Dieser mein politischer Gedanke war in seiner geplanten Umsetzung sicherlich begünstigt worden durch die katastrophale Politik in der Verstaatlichten Industrie unter Dr. Kreisky – auch wenn mir zum damaligen Zeitpunkt durchaus klar war, daß es sehr schwer werden würde, beim Regierungspartner SPÖ die Bereitschaft für marktwirtschaftliche Verhältnisse in einem Ausmaß zu wecken, daß wir wieder unsere Wettbewerbsfähigkeit im gemeinsamen Markt herstellen können.“

Mit Vranitzkys offenbar sehr vernünftigem Angebot an Alois Mock, es doch gemeinsam, in einer Großen Koalition, zu versuchen, war die Option FPÖ auch für Mock gefallen – nicht zuletzt hatten sich die ÖVP-Wirtschaftskreise durchgesetzt.

Die FPÖ habe sich unter Jörg Haider seit 1986 tatsächlich verändert, konstatiert Alois Mock, „sie hat heute sicherlich massiv andere Ansätze. Die Tatsache der radikalen Ablehnung der europäischen Integration in der Form der glatten Nein-Empfehlung war sicherlich so eine entscheidende Änderung im Gesamtbild“.

Weswegen heute, nach allen diesen Ereignissen, jeder auch nur abstrakte Gedanke, mit einer FPÖ unter Jörg Haider eine Regierungspartnerschaft einzugehen, „derzeit überhaupt nicht aktuell ist. Allerdings: Wie sich die Partei und Dr. Haider selbst in den nächsten fünf, sechs Jahren entwikkeln, das ist wieder eine andere Sache ...“, betont der ÖVP-Ehrenobmann, um sich – abgesehen vom Faktum der Europa-Ablehnung der Freiheitlichen – doch zu einem bemerkenswerten Gesamtresümee zur Entwicklungsgeschichte der FPÖ zwischen 1986 und 1994 durchzuringen: „Von der Programmatik her gibt es heute sogar gelegentlich weniger Distanz als damals. Manches aber, vor allem der persönliche Stil von Dr. Jörg Haider, hat heute vieles sicherlich schwerer gemacht.“

Zeitzeuge Jörg Haider,

Bundesparteichef der FPÖ

„Die eigene Partei vermasselte Alois Mock die Kanzlerschaft!“

Meine erste Begegnung mit ihm war das Zusammentreffen mit dem Oppositionschef Alois Mock im Parlament, wo ich 1979 meine Abgeordnetentätigkeit begann.

Er kämpfte mit Härte und Konsequenz gegen die sozialistische Mehrheit der Kreisky-SPÖ. Verschwendung, Staatsverschuldung und Mißwirtschaft wurden von ihm angeprangert, wenngleich seine Partei heute in der Großen Koalition ähnlichen Entwicklungen die Mauer macht.

Schon damals war er einer der wenigen ÖVP-Politiker, der sich um gute Beziehungen auch zur FPÖ bemühte.

Dann traf ich ihn wieder im Jahre 1986. Ich hatte nach dem Parteitag in Innsbruck die Obmannschaft meiner Partei übernommen, die Koalition zwischen SPÖ und FPÖ ging in die Brüche. Alois Mock glaubte sich kurz vor seinem Lebensziel.

Er wollte Bundeskanzler werden.

Der Skandal in der Verstaatlichten Industrie erhöhte seine Chancen auf diesem Weg. Doch wie so oft in der ÖVP – Postengier und langer Machtentzug durch die sozialistische Vorherrschaft – machten Mock einen Strich durch die politische Rechnung. Voreilig erklärte ein Teil der ÖVP-Spitzenpolitiker die Bereitschaft, eine Große Koalition zu bilden. Diese Vorliebe für die Große Koalition wurde schon vor den bevorstehenden Nationalratswahlen 1986 erklärt.

Nahezu eine Parallele zur heutigen Situation, wo ÖVP-Obmann Busek bereits vor der Wahl die

Bereitschaft zur Großen Koalition „ohne Wenn und Aber“ erklärte.

Das Ergebnis der Nationalratswahl 1986 brachte für Mock nicht den erhofften Erfolg. Die persönliche Erschütterung am Wahlabend mag auch die Ursache für die späteren gesundheitlichen Probleme von Alois Mock sein. Jedenfalls konnte Mock innerparteilich die Option einer Zusammenarbeit mit der FPÖ nicht durchsetzen.

In einem Gespräch mit mir versicherte sich Mock dieser Möglichkeit.

Im Vorstand der ÖVP war aber nur Landeshauptmann Wilfried Haslauer aus Salzburg offen für diese Kooperation eingetreten.

Alois Mock sollte recht behalten. Seit diesem Zeitpunkt verlor die ÖVP auf allen politischen Ebenen nahezu jede Wahl und mußte empfindliche Einbußen in Kauf nehmen. Der Traum von einer ÖVP als Kanzlerpartei ist wohl noch für geraume Zeit ausgeträumt.

Mit der Demontage von Alois Mock durch seine eigene Partei verlor die ÖVP auch jede personelle Alternative zum sozialistischen Kanzler.

» Zu viele in der ÖVP haben sich an das Faulbett der Großen Koalition gewöhnt. «

Aber es wäre nicht Alois Mock, wenn er nicht weiter an einem nicht-sozialistischen Österreich arbeiten würde. Daraus erklärt sich auch seine nach wie vor faire und kooperative Haltung gegenüber der FPÖ. Daran hat auch die Europa-Kontroverse nichts geändert, auch wenn viele in der ÖVP an einem solchen Bruch arbeiten.

Der neue Höhenflug von Alois Mock in der Gunst der öffentlichen Meinung ist nämlich nur dann für die Großkoalitionäre in der ÖVP erträglich, wenn er seiner Offenheit gegenüber der FPÖ abschwört. Ansonsten könnte er tatsächlich noch Einfluß auf den Zukunftskurs der ÖVP nehmen.

Zu viele in dieser Partei haben sich an das Faulbett der Großen Koalition gewöhnt und finden längst auch an dem Umstand nichts Anstößiges, daß ÖVP-Chef Busek mit SPÖ-Funktionären in der EU-Nacht des 12. Juni 1994 das Kampflied der Sozialistischen Internationale vor laufender TV-Kamera anstimmte.

1994: Alois Mock und Jörg Haider. Sie respektieren einander, 1986 bot der damals frisch gekürte FPÖ-Chef dem ÖVP-Leader den Kanzlersessel in einer Kleinen Koalition an. Heute sagt Mock: „Haider auszugrenzen, ist nicht in Ordnung. Er hat die demokratische Ordnung nicht verletzt. Er hat das Anrecht, im politischen Spiel zu bleiben."

Alois Mock ist ein Phänomen.

Seine Selbstdisziplin, seine Konsequenz, gepaart mit aufrechter demokratischer Gesinnung, haben ihn zum Staatsmann reifen lassen, der der einzige in der Koalitionsregierung ist, der noch nicht der sozialistischen Taktik der schleichenden Demontage von Koalitionsministern zum Opfer gefallen ist.

Alois Mock, der „Unberührbare“

Der Außenminister wird zum beliebtesten Politiker Österreichs

Österreichs Koalitionsregierung feierte in der EU-Wahlnacht des 12. Juni enthusiastisch. Mit einer satten Zweidrittelmehrheit an Zustimmung für den Beitritt Österreichs zur Europäischen Union hatte niemand im Regierungsteam Vranitzky/Busek gerechnet.

Bundeskanzler Franz Vranitzky und Vizekanzler Erhard Busek traten am Abend dieses Volksabstimmungs-Sonntags im Bundeskanzleramt am Wiener Ballhausplatz stolz vor die internationale Presse. Besonders die Auslandsjournalisten aus ganz Europa waren erstaunt, daß ihnen neben der Regierungsspitze nicht auch Österreichs „Mister Europe“, Außenminister Dr. Alois Mock, zur Verfügung stand. Aber zu diesem Zeitpunkt hatten die ersten Kompetenzrangeleien hinter den Kulissen längst begonnen.

Mock ließ sich dafür an diesem Abend in der Wiener Innenstadt von Tausenden Menschen feiern, als er zu Fuß vom Ballhausplatz über den Michaelerplatz, den Kohlmarkt und den Graben zum Gottesdienst in den Stephansdom ging. Standing ovations der Menschen, die an diesem sommerlich warmen Abend in den Schanigärten der Kaffeehäuser saßen, wurden für ihn zu einem Triumphzug.

Spätestens zu diesem Zeitpunkt war es allen klar: Alois Mock war auf dem Höhepunkt seiner politischen Karriere angelangt, ab diesem Sonntag wurde aus dem Ehrenobmann der ÖVP ein Politiker, der über alle Parteigrenzen hinweg künftig mit außerordentlichem Respekt, mit echter Bewunderung, ja sogar mit einem gehörigen Schuß Zuneigung behandelt werden würde.

Andreas Weber formulierte es zutreffend, als er schon im Februar 1994 – bevor Österreich ins Finale der Verhandlungen mit der EU ging – Alois Mock den „Europa-Missionar“ nannte, für den das Anliegen, sein Land in die Union zu führen, zu „einer Droge“ geworden sei. Weber: „Mit normalen Polit-Maßstäben ist Mock nicht mehr zu messen. Die Hemmschwelle für politische Kritik an ihm ist durch seinen fragilen Gesundheitszustand hoch, sehr hoch geworden. Selbst erbitterte EU-Gegner vermeiden Untergriffe.

Was den tiefgläubigen Katholiken nach all den Jahren wirklich antreibt, vermag er selbst nicht mehr zu orten. Hauptsache, die Maschine läuft, auch wenn sie zuweilen aussetzt. In solchen Momenten“, zitiert der Journalist Weber Außenminister Alois Mock, „bedauert er es, daß es nicht zwei, drei oder fünf Leben gibt. Vielleicht sind die Arbeit, das ständige Auf-Draht-Sein und das Gefühl, gebraucht zu werden, eine Art Lebenskrücke geworden. Das hilft auch, die Krankheit zu verdrängen. Sein wahres Doping ist die letzte Vision, die nun der Verwirklichung harrt.“

Wenige Tage nach dem 12. Juni, als Mock diese seine Vision so eindrucksvoll verwirklicht sah, hatten es Österreichs Meinungsforscher schwarz auf weiß auch errechnet:

Österreichs Außenminister ist in der Beurteilung durch die Bevölkerung zum absoluten Superstar der heimischen Innenpolitik geworden.

• 63 Prozent der Österreicher sprachen sich dezidiert dafür aus, daß der Niederösterreicher auch nach den Nationalratswahlen im Oktober weiterhin Außenminister bleiben möge. Und das, obwohl ganz Österreich wußte, daß es mit dem gesundheitlichen Befinden dieses nach Leopold Figl, Julius Raab und Bruno Kreisky nun ebenfalls in den Polit-Olymp aufgestiegenen Alois Mock nicht zum besten steht.

• Schon in diesen ersten Tagen nach der Volksabstimmung zeichnete sich auch die überragende Funktion des Alois Mock als Zugpferd für seine

» Vielleicht sind die Arbeit, das ständige Auf-Draht-Sein und das Gefühl, gebraucht zu werden, eine Art Lebenskrücke geworden. «

Andreas Weber

eigene Partei, die ÖVP, im Hinblick auf die Nationalratswahlen ab: Erstaunliche 37 Prozent der Österreicher erklärten am 16./17. Juni 1994, sie würden im Oktober „dann die Volkspartei wählen, wäre Alois Mock deren Kanzlerkandidat" – zu diesem Zeitpunkt setzte sich die ÖVP mit Prognosen auseinander, die ihr für die Nationalratswahl im Oktober gerade noch 30 Prozent zugestanden, Tendenz fallend.

• Auf das Krankheitsbild des Außenministers angesprochen, zeigten sich die Österreicher in den Junitagen mit Alois Mock höchst mitfühlend: Faktisch jeder zweite meinte, „daß er gesundheitlich zwar etwas eingeschränkt, aber trotzdem voll arbeitsfähig ist" – letzteres sprachen ihm lediglich 29 Prozent der Bevölkerung total ab.

Aber auch schon in den Wochen vor der EU-Volksabstimmung hatten die Österreicher von Alois Mock, seiner Persönlichkeit und seinem Europa-Anliegen ein völlig deckungsgleiches Bild:

In seinem Lager ist Österreich

Bereits im Mai wurde Mock eine 70prozentige Verantwortung für das positive Verhandlungsergebnis Österreichs mit der EU in Brüssel zugeschrieben. Das heißt, die Bevölkerung identifizierte den Außenminister nahezu völlig mit dem staatspolitischen Projekt „Europa". Nach Ansicht der Österreicher war er es, der die Eintrittskarte nach Europa fast im Alleingang gelöst hatte.

Demgegenüber wurden etwa der SPÖ nur 29 Prozent an Verantwortung dafür zugeordnet, der ÖVP selbst gar nur 19 Prozent – ebensoviel wie Bundeskanzler Franz Vranitzky. Der amtierende ÖVP-Chef Erhard Busek kam gerade auf 15 Prozent Verdienstanteil an Österreichs EU-Bemühungen.

Vor diesem Hintergrund ist es nicht verwunderlich, daß am Abend des 12. Juni etliche Meinungsforscher, aber auch viele Politiker in allen Parteilagern felsenfest davon überzeugt waren, daß es allein die Person des Außenministers gewesen sei, die das so bejubelte Ergebnis im Ausmaß von 66 Prozent zustande gebracht hätte – indem, wie Niederösterreichs Landeshauptmann Erwin Pröll es formulierte, „die Person Mocks sicher für einen zweistelligen Prozentsatz der Zustimmung im

1994: Dr. Alois Mock erreichte am 12. Juni mit Österreichs 66-Prozent-Ja zur EU das wichtigste seiner politischen Lebensziele. Kurt Vorhofer, Chefredakteur der Kleinen Zeitung Graz: „Aus dem einst braven Buben der ÖVP ist eine Kultfigur in Rot Weiß-Rot geworden."

1994: Niederösterreichs Landeshauptmann Erwin Pröll ehrt seinen bedeutendsten Landesbürger, den Euratsfelder Alois Mock …

1994: … der zu seinem 60. Geburtstag in seiner Heimatgemeinde im Mostviertel einen Platz auf seinen Namen gewidmet bekam.

Alleingang verantwortlich ist“. Selbst Ernst Trost billigte in der Kronen-Zeitung Alois Mock zu: „Nur einer seiner TV-Auftritte ist sicher wirksamer als die meisten sündteuren Einfälle der von der Regierung engagierten Werbe-Profis.“

Die so starke positive Wirkung, die Alois Mock ausstrahlt, läßt sich zunächst mit der absoluten Ehrlichkeit begründen, die er in seinem politischen Engagement vor allem in Grundsatzfragen glaubhaft zu vermitteln imstande ist. Verwurzelt im Fundament der christlichen Soziallehre, sind ihm so oft strapazierte Formulierungen wie Freiheit und soziale Sicherheit für jeden einzelnen tatsächlich ein Anliegen. Obwohl Mock gerne mit der Etikette versehen wird, in ihm wichtigen Frage einfach „stur“ zu sein, ist er im selben Ausmaß durchaus auch ein liberaler Mensch, der seinerzeit – als er noch die ÖVP führte – in vielen Diskussionen mit seinen Parteikollegen eine ungeheure Bandbreite an Standpunkten zuließ. Auch dann, wenn die eine oder andere Angelegenheit per Beschluß eigentlich schon vom Tisch war. Daß er als Parteichef dennoch scheiterte, lag nicht zuletzt im Wesen dieser Führungsfunktion begründet: Diese Kampffunktion ist im letzten nur dann erfolgreich auszufüllen, wenn man auch den Erfolg hat – der schlicht und einfach in dem Anspruch besteht, die Gesinnungsgemeinschaft zur politischen Nr. 1 in Österreich zu machen. Parteiobmänner, die nicht imstande sind, dieses Ziel zu erreichen (auch wenn es von vornherein aussichtslos ist), haben nur eine geringe „Halbwertszeit“.

Politik ist unerbittlich. Das mußte auch Alois Mock zur Kenntnis nehmen. Das muß die ÖVP seit 1970 zur Kenntnis nehmen.

Immerhin verschliß sie in diesen vergangenen 24 Jahren nicht weniger als sechs Parteichefs. Von Josef Klaus zu Hermann Withalm. Von Karl Schleinzer zu Josef Taus. Von Alois Mock zu Josef Riegler. Zieht man davon die mehr als zehn Obmannjahre von Alois Mock ab – sie stellen ohnehin einen einsamen Rekord dar –, so reduziert sich die durchschnittliche Amtszeit eines ÖVP-Chefs auf 30 Monate pro Kopf!

Parteichef Nr. 7, Erhard Busek, ist drauf und dran, die „Halbwertszeit“ von ÖVP-Chefs leicht nach oben zu korrigieren, sollte es ihm gelingen, am 7. Oktober 1994 bei den Nationalratswahlen die ÖVP vielleicht doch zu einem Erfolg zu führen und damit in seinem im Juni 1991 gegen Bernhard Görg erfochtenen Amt zu verbleiben.

Wie sehr der Stellenwert von Alois Mock in den Jahren seit seinem erzwungenen Rücktritt als ÖVP-Chef im Jahre 1989 gestiegen ist, kam vor allem bei den Feierlichkeiten anläßlich seines 60. Geburtstags am 12. Juni in der Wiener Hofburg zum Ausdruck. 2000 Prominente jubelten ihm zu. Thomas Chorherr apostrophierte Alois Mock als einen „Redlichen der Politik“ und würdigte ihn in der „Presse“ als einen Politiker, dem Österreich stets vor Parteistrategien gegangen wäre. Den Menschen Mock zeichne Loyalität, Unermüdlichkeit, Fleiß und Ehrlichkeit aus, ein Politiker ohne Furcht und Tadel eben. Chorherr: „Alois Mock ist Christ, und er ist ein Konservativer, war es immer, auch als man ihn fälschlich als Linksüberholer bezeichnete, damals, als er dem ÖAAB vorstand. Christentum ist für ihn nicht nur Deklaration, der CV nicht nur Ausschilderung.“ Mock sei ein Mann, der „die Ernte seines Lebens“ einfahre. Für sein Ziel, Österreichs Zukunft durch den Beitritt zur EU zu sichern, habe er gekämpft und „vielleicht sogar seine Gesundheit geopfert“, man glaube ihm, daß er es ehrlich meint: „Redlichere als ihn wird man kaum finden.“

Mocks enger politischer Mitarbeiter, der Tiroler Universitätsprofessor und Abgeordnete zum Nationalrat Andreas Khol, stellte seinem Freund zum Geburtstagsjubiläum eine Festschrift zusammen: „Politik für das dritte Jahrtausend“, ein Buch, dessen Inhalt ganz im Sinn der Mockschen Grundsätze von vielen politischen Persönlichkeiten Österreichs und Europas formuliert wurde.

Der bislang letzte ÖVP-Bundeskanzler der Zweiten Republik, Josef Klaus, schrieb über Alois Mock: „Was ist das Geheimnis der erstaunlichen Effizienz, des hohen Ansehens und Beliebtheitsgrades von Alois Mock? Es ist in fünf Richtungen auf-

1994: Auf dem Höhepunkt seines politischen Lebens vergißt Alois Mock niemals, daß die vielzitierte „Basis“, die Bevölkerung, das eigentliche Fundament seines politischen Agierens ist.

» Alois Mock ist Christ, und er ist ein Konservativer. Redlichere als ihn wird man kaum finden. «

THOMAS CHORHERR

1994: Alois Mock ist zum Superstar der ÖVP geworden. Obwohl er schon 25 Jahre Spitzenpolitik hinter sich hat, kämpft er ...

zuspüren: Hohe (auch Herzens-)Bildung – immenser Arbeitsfleiß – tiefe Gläubigkeit – eine nie angestrebte, aber jedesmal glänzend bestandene Karriere – und eine großartige Frau."

Erhard Busek, Obmann der ÖVP, formulierte: „Österreich hatte in seiner langen Geschichte immer wieder auch Glück. Geschenktes Glück, aber auch verdientes Glück. Jetzt hat es das Glück, in den Jahren des großen europäischen Umbruchs von seinem Außenminister Alois Mock auf den Weg in ein neues Europa geführt zu werden. Es wäre Österreich zu wünschen, dieses Glück zu nützen."

Südtirols Alt-Landeshauptmann Silvius Magnago beschrieb Mock so: „Keiner ist in diesen Jahren stärker zum Sinnbild der österreichischen Südtirol-Politik geworden als Dr. Alois Mock. In ihm sehen wir Südtiroler nicht nur den pflichtbewußten, charaktervollen Politiker und Diplomaten, der seinem Land durch Integrität und Seriosität großes außenpolitisches Ansehen gesichert hat, sondern auch den Staatsmann, der neben der Vernunft – gegenüber Südtirol – immer auch das Herz hat sprechen lassen. Und dieser zweite Aspekt hat die österreichische Südtirol-Politik unter der Leitung von Alois Mock besonders ausgezeichnet. Er hat erkannt, daß die objektiv oft schwierige Frage Südtirol ihr eigentliches Gewicht für Österreich nur dann bewahren kann, wenn hinter der Diplomatie auch das zutiefst Menschliche steht."

Bernhard Vogel, CDU-Ministerpräsident von Thüringen: „Die Westöffnung Österreichs ebenso vorangetrieben zu haben wie die Ostöffnung Europas, dies gehört zum historischen Verdienst von Alois Mock. Er hat auch in Österreich eine Wende bewirkt, die Wende zur EG, die Wende zu Israel. Europa kann nicht Europa sein, kann nie Europa werden, wenn es Österreich nicht versteht – seine Außenpolitik war auch von diesem Wort Reinhold Schneiders geprägt."

Ludwig „Lucky" Steiner, Botschafter i. R., langjähriger außenpolitischer Sprecher der ÖVP im Nationalrat und politischer Kampfgefährte von Alois Mock: „Ohne auf andere außenpolitische Probleme Österreichs zu schielen, hatte und hat das Südtirol-

Problem über bald fünf Jahrzehnte hinweg immer Vorrang in der Außenpolitik des Ballhausplatzes. So blieb es auch, als Dr. Alois Mock die Führung des Ministeriums übernommen hat. Mit unglaublicher Zähigkeit und großem Enthusiasmus haben der Außenminster und seine Mitarbeiter alles getan, um den Abschluß des Autonomie-Pakets nach jahrzehntelangen Bemühungen endlich zu erreichen, und er hat mit großem Mut die politische Verantwortung dafür getragen – dies alles bei strikter Einhaltung der internationalen Verpflichtungen, die Österreich seit 1945 übernommen hat."

Schließlich Prof. Manfred Welan, Verfassungsexperte und Rektor der Universität Wien: „Alois Mock ist ein Mensch konservativer Weltanschauung und Lebensführung, aber er ist ein österreichischer Konservativer. Er ist privat und politisch aus seinem Gewissen sozial engagiert. Soziale Gerechtigkeit war und ist ein Ziel Alois Mocks. Sein Denken und Handeln stehen in der Tradition der katholischen Soziallehre. Reaganomics und Thatcherismus hat er deshalb nicht rezipiert. Er ist

1994: ... nach wie vor unermüdlich. In diesem Jahr für die Nationalratswahl im Oktober. Möglich, daß es allein an Alois Mock liegt, daß die ÖVP doch nicht zur Kleinpartei absinkt.

ein christlicher Demokrat und deshalb unterwegs auf der Suche nach dem Gemeinwohl und den Menschenrechten. Der personalistische Ansatz der christlichen Tradition hat ihn geprägt. Er versteht den Menschen und damit auch sich selber als ein Wesen, das seine Bestimmung in sich trägt. Wie sein Lehrer Alfred Grosser geht er von der Idee aus, daß ein gestaltetes Leben besser ist als ein zufälliges. Ein gestaltetes Leben ist ein Leben, das Richtung und Ziel hat. Auf dem Weg zu unseren Zielen sind wir auf unsere Mitmenschen in den Gemeinschaften, in denen wir leben, verwiesen und angewiesen und sie auf uns. Wer die christliche Botschaft als Auftrag versteht, die bestehenden Ordnungen dieser Gemeinschaft in ihrem Sinn vollkommener zu gestalten, wird sich politisch engagieren. Alois Mock ist seit seiner Jugend für die Gemeinschaft im Dienst. Im Dienste an und für Österreich kann ihn niemand übertreffen."

Österreichs Außenminister am absoluten Höhepunkt seines politischen Lebens. Das Nachrichtenmagazin profil widmete ihm zum wiederholten Mal die Titelseite – mit dem schlichten Titel „Mythos Mock", nachdem es schon Wochen zuvor respektvoll-spöttelnd von einem „Loisl-Kult" auch innerhalb der ÖVP berichtet hatte.

Letzteres sorgte denn auch für erhebliche Spannungsmomente in der Volkspartei, die „ihren" Alois Mock kaum fünf Jahre zuvor mit rücksichtsloser Härte von seinem Parteiobmannsessel gestoßen hatte. Oberösterreichs Landeshauptmann Josef Ratzenböck beispielsweise erkannte, daß mit Mock allemal Staat zu machen ist: „Die ÖVP wäre schlecht beraten, wenn sie einen Strahlemann wie Alois Mock nicht besonders herausstreicht", lautete seine unmißverständliche Botschaft an das wahlkämpfende ÖVP-Generalsekretariat in Wien. Salzburgs Hans Katschthaler und Wiens Bernhard Görg erklärten von sich aus, dem „Außenminister eine bevorzugte Behandlung" zuteil werden zu lassen, und Niederösterreichs Erwin Pröll spielte ohnehin den Heimvorteil des gebürtigen Euratsfelders aus. Mock wurde im Land unter der Enns als „der Held von Brüssel" etikettiert, der Außenminister ist – ne-

» Wie sein Lehrer Alfred Grosser geht er von der Idee aus, daß ein gestaltetes Leben besser ist als ein zufälliges. «

MANFRED WELAN

ben dem Landeshauptmann – einfach das Aushängeschild Niederösterreichs. Pröll: „Alois Mock hat derzeit die attraktiveren Themen. Vizekanzler Erhard Busek muß sich mit den vom Parteivorstand beschlossenen und zweifellos wichtigen Sachfragen wie Heimat, Wirtschaft und Sicherheit verkaufen. Wenn er Kanzler werden will, muß er das schaffen", so der Vize-Obmann der Volkspartei im Mai über die deutliche Favorisierung Mocks durch die Niederösterreicher.

Kein Wunder – Erwin Pröll, der Busek-Vize, verfügte damals über Umfragedaten, die den Außenminister in der Gunst und Sympathie der Österreicher weit vor dem amtierenden ÖVP-Chef Erhard Busek plazierten. Die Frage: „Welchem Politiker trauen Sie eher zu, die ÖVP zu einem guten Wahlergebnis zu führen?" beantworteten 59 Prozent mit Alois Mock, aber nur 25 Prozent mit Erhard Busek (Institut Integral, Erhebungszeitpunkt 15./16. April 1994). Pröll stellte damals auch öffentlich fest, daß

1994: Die beeindruckendsten Eigenschaften des Alois Mock sind seine Geradlinigkeit, seine Härte gegen sich selbst und seine beinahe unbegrenzte Leidensfähigkeit. Trotz sichtbarer gesundheitlicher Beeinträchtigung setzt er sich ungebrochen für die politischen Ziele seiner Gesinnungsgemeinschaft ein. Die Frage, wie er dies alles aushalte, beantwortete er kürzlich gegenüber Kurt Vorhofer, dem Chefredakteur der Kleinen Zeitung Graz, so: „Was ist das alles unter dem Aspekt der Ewigkeit?!"

1994: Alois Mock ist für die Österreicher zu einem Mythos geworden. Starke 60 Prozent der Bevölkerung wollen, daß er weiterhin „eine größere Rolle in der Politik spielt“.

die Person von Alois Mock speziell durch seine Verläßlichkeit und seinen Hang, politisch keine riskanten Experimente einzugehen, bei der Bevölkerung so beliebt sei. Pröll: „»Ich werde als Vize-Parteichef der ÖVP keine Eifersüchteleien gegen Alois Mock dulden. Jedes Fußballteam der Welt wäre dumm, wenn es seinen Schützenkönig nicht mit Steilpasses versorgt. Und unser Goleador ist nun einmal Alois Mock!"

Der Mythos Mock

Und auch die Tiroler ÖVP machte in diesen Mai-Wochen für Alois Mock mobil. Helmut Krieghofer, ÖVP-Landesgeschäftsführer, mit einer unmißverständlichen Warnung an die Bundesparteizentrale in Wien: „Alois Mock hat ein Standing wie kaum ein ÖVP-Politiker zuvor. Ihn zu verstecken, wäre der gröbste Fehler, den die ÖVP machen kann."

Wie sehr die Popularität von Alois Mock gestiegen war, bewies auch die Langzeit-Untersuchung des renommierten Gallup-Insituts: Im Vergleich zu April 1993 wollten im April 1994 satte 60 Prozent der Österreicher im Gegensatz zu nur 49 Prozent ein Jahr zuvor, daß „Alois Mock in Zukunft eine größere Rolle in der Politik spielen soll". Womit Mock in der Politiker-Hitparade Österreichs auf den zweiten Platz (hinter Bundeskanzler Franz Vranitzky mit einem 70-Prozent-Wert) vorgerückt war – noch vor Bundespräsident Thomas Klestil (58 Prozent) und Wiens Bürgermeister Helmut Zilk (54 Prozent). An fünfter Stelle mit 42 Prozent Zustimmung der Bevölkerung doch schon deutlich abgeschlagen ÖVP-Chef Erhard Busek, gleichauf mit Wirtschaftsminister Wolfgang Schüssel und FPÖ-Parteichef Jörg Haider.

Der absolute Tiefpunkt, den Alois Mock subjektiv als größte Enttäuschung erlebte, war der Zeitpunkt seiner Ablöse als Bundesparteichef der ÖVP 1989 durch den Steirer Josef Riegler. Damals, stellten die Meinunsforscher fest, war die Meinung der Bevölkerung über Mock „durchaus nicht so schlecht, daß die Ablöse zu einer Notwendigkeit geworden wäre. Da hätte beispielsweise Erhard Busek jetzt schon längst zurücktreten müssen", erinnert sich Prof. Fritz Karmasin in der vergleichenden Analyse mit aktuellen Zuständen der Volkspartei. Mock sei zwar aus der Sicht der Bevölkerung nach der Wahl 1986 sehr angeschlagen gewesen, verstärkt durch das TV, das den Menschen den Eindruck vermittelt habe, „der Mock ist sozusagen weg vom Fenster“ – aber sein Ansehen als Person habe bei der Bevölkerung nie gelitten: „Seine Seriosität, Aufrichtigkeit und Redlichkeit ist nie in Frage gestanden, 1986 und auch nachher nicht. Man sagte nur: ‚Oje, er ist gesundheitlich angeschlagen, der packt's nimmer, schade drum!‘“

> ❞ Mock war als Person eigentlich immer unbestritten, ebenso als Staatsmann und Außenpolitiker. Als Innenpolitiker litt er vor allem unter den vielen Rankünen. ❝
>
> Fritz Karmasin

Die Kanzlerschaft als solche habe ihm die Bevölkerung immer „zugetraut“, aber vielleicht nicht der Volkspartei selbst – so in einer Rückblende das überraschende Resümee des Meinungsforschers. „Mock war als Person eigentlich immer unbestritten, ebenso als Staatsmann und Außenpolitiker. Als Innenpolitiker litt er vor allem unter den vielen Rankünen, mit denen er einfach fertig werden mußte. Objektiv aber billigte ihm die Bevölkerung stets das Zeug zum Bundeskanzler zu. Außerdem: Er hatte es seinerzeit – als junger Parteichef – gegen Bruno Kreisky halt sehr schwer.“

Das Popularitätshoch von Alois Mock nach seinem Sturz als Parteichef begann ziemlich genau eingrenzbar 1991 – mit der Jugoslawien-Krise. Bei der Euphorie um Alois Mock spielt – und das ist denn doch überraschend – in der Meinung der Österreicher so etwas wie ein Mitleids- und Wiedergutmachungseffekt mit, dafür, daß ihn seine Partei fallengelassen hat. Karmasin: „Das ist zwar kein Umfrage-Ergebnis, sondern eine Erfahrung, die ich selbst machte bei einer Veranstaltung, bei der auch ÖVP-Generalsekretär Wilhelm Molterer dabei war. Da haben die Leute ganz massiv den Molterer ang'flogen: ‚Warum habts ihr den Mock abgesagelt, holt ihn doch wieder!‘ Die Zustimmung, die Zuneigung, das ganze Spiel, das jetzt den Leuten bewußt geworden ist, daß man einen guten Mann aus welchen Gründen auch immer hinweggefegt hat von der Parteispitze, vornehmlich aus machtpolitischen Gründen, beweist: Es gibt das Gefühl, hier hat man eine Person parteipolitisch umgebracht, weil diese mit solchen Dingen nicht umgehen kann. Und es kam nicht viel Besseres

nach. Ja, ich denke, das ist vielen Leuten klargeworden, und deswegen ist es schon so, daß die hohen Mock-Werte heute auch eine Art von Denkzettel sind."

Das Wahlergebnis von 1990, als die ÖVP gegenüber 1986 (41,3 Prozent) mehr als zehn Prozent verlor und auf katastrophale 32,1 Prozent abstürzte, sei durchaus als erste Reaktion auf den Mock-Sturz zu werten, der ja erst kurz zuvor stattgefunden hatte. „Insofern schon, als die Leute einen Garanten von kontinuierlicher Politik plötzlich nicht mehr hatten. Die Partei an sich war ja nicht so berühmt in ihren Handlungen, der Mock war die Person, die gewählt wurde. Sowie er weg war, blieb nur noch die Partei unter Josef Riegler – und das war halt zuwenig."

Als Außenminister Alois Mock in den Maitagen 1994 in die Innsbrucker Universitätsklinik eingeliefert wurde, hatte er die Herzen der Österreicher endgültig erobert. Als seine behandelnden Ärzte

1979–1989: In der zehnjährigen Parteiobmannschaft von Alois Mock kam es immer wieder zu kritischen Zwischenrufen durch Erhard Busek. Beide haben zueinander ein durchaus freundschaftliches, wenn auch ambivalentes Verhältnis. Zu verschieden sind Temperament und Charakter der beiden Männer.
„Partnertausch" auf höchster Ebene: Die Ehepaare Mock und Busek zelebrierten das heute so vielzitierte „Heimat"-Thema schon Mitte der achtziger Jahre.

zudem resigniert feststellen mußten, daß sich ihr prominenter Patient nur zu allernotwendigster Schonung bereit fand, selbst nach der Operation, und sofort wieder voll aktiv in die Tagespolitik eingriff, begann die Öffentlichkeit, das Bild, das sie sich von Alois Mock machte, zu verinnerlichen. Hannes Fischer schrieb Anfang Juni im Kurier: „Nur Bruno Kreisky hatte – für kurze Zeit – vor ihm diese Aura: ‚untouchable'. Nicht mehr angreifbar, abgehoben, eine Ikone seiner selbst."

Fischers Analyse ist nichts hinzuzufügen. Außer daß Alois Mock solche Beschreibungen seiner Person händeringend abwehrt, sie als „maßlos überhöht" bezeichnet und im übrigen immer wieder davon spricht, nur seiner Pflicht nachzukommen. So, wie er es seinerzeit bei den Benediktinern in Seitenstetten als Lebensrichtschnur eingeimpft bekommen hatte.

» Nur Bruno Kreisky hatte – für kurze Zeit – vor ihm diese Aura: ‚untouchable'. Nicht mehr angreifbar, abgehoben, eine Ikone seiner selbst. «

Hannes Fischer

Wesentliche Triebfeder für ihn ist es als Politiker, „die Menschen gern zu haben. Das muß man, mein Vorbild ist da der Leopold Figl". Diese Eigenschaft mache es ihm leichter, seine Arbeit „als Dienst an der Gemeinschaft" zu sehen: „In der Politik gelten eben andere Kriterien als in normalen Berufen. Politik machen heißt: Ich muß schauen, daß ich dem einzelnen größere Chancen erarbeiten kann, die gesellschaftlichen Voraussetzungen dafür, daß sich jeder nach seinen Möglichkeiten und Fähigkeiten entfalten kann in einer funktionierenden Gesellschaft."

Nicht zuletzt ist es diese persönliche Bescheidenheit, die Alois Mock zum bewunderten, geachteten und heute wohl auch geliebten Politiker und Staatsmann gemacht habt. Und dies nicht nur in Österreich.

Zeitzeuge Fritz Karmasin,

Doyen der österreichischen Meinungsforscher

„An Mock richtet sich die ÖVP auch heute auf!“

Außenminister Dr. Alois Mock hat mit dem eindrucksvollen Ergebnis des Referendums am 12. Juni 1994, der Zustimmung der Österreicher zum Beitritt zur Europäischen Union, und letztlich auch mit der Unterzeichnung dieses Vertrages auf der griechischen Insel Korfu den Höhepunkt einer glanzvollen Politikerkarriere erreicht.

Dr. Mock gilt als jener Mann, der am meisten für diesen Beitritt geleistet hat.

Das ist nicht nur die Meinung der Experten, sondern es bestätigt sich in nahezu allen Umfragen, daß auch die breite Öffentlichkeit, unabhängig davon, welcher Partei die Menschen nahestehen, die Verdienste von Dr. Mock hervorhebt und anerkennt.

Ein ähnliches Ergebnis bringen auch die Nachwahl-Analysen, bei denen immer wieder als Begründung für die positive Entscheidung Dr. Alois Mock als Person genannt wird, deren Glaubwürdigkeit und Zuverlässigkeit ausschlaggebend dafür waren, daß sich viele Wähler in seinem Sinne entschieden haben.

Als erster hatte er Mitte der achtziger Jahre die Notwendigkeit eines EG-Beitritts erkannt.

Mit der Anerkennung dieser Leistung, die mit Sicherheit in Österreichs Geschichtsbüchern ihren Platz finden wird und die mit den Leistungen von Julius Raab und Leopold Figl bei der Unterzeichnung des Staatsvertrages zu vergleichen ist, könnte man das Lebenswerk eines hervorragenden Politikers, der viel für sein Vaterland getan hat, als erfüllt ansehen.

Alois Mock – ein Politiker ohne Fehl und Tadel

Alois Mock hat aber mehr als das getan. Er ist seit 1969, also seit 25 Jahren, als er vom damaligen Bundeskanzler Josef Klaus zum Unterrichtsminister bestellt worden war, kontinuierlich in Spitzenfunktionen tätig und damit wohl der dienstälteste aktive Bundespolitiker; er hat alle Höhen und Tiefen dieses Berufs erlebt. Dazu kommt seine hohe Anerkennung in der Öffentlichkeit.

Aus meiner Erfahrung als Meinungsforscher, der ich den Weg des Politikers Alois Mock seit mehr als 20 Jahren verfolgt habe, kann ich ohne Einschränkung bestätigen: Es wurden ihm in der öffentlichen Beurteilung zu Recht stets die traditionellen Tugenden – Zuverlässigkeit, Vertrauenswürdigkeit, Wahrheitsliebe und Fleiß – in höchstem Maße attestiert.

Er stand immer dann zur Verfügung, wenn seine Partei einen selbstlosen, unermüdlichen und beharrlichen Spitzenkandidaten benötigte, um gegen die unter Bruno Kreisky schier übermächtige SPÖ bestehen zu können.

1979 übernahm er die Führung der Partei und begann dies mit einer Parteireform, die auch inhaltlich notwendig gewordene Veränderungen einschloß.

Aus meiner Sicht ist hier anzumerken, daß er in mühevoller Aufbauarbeit aus der Opposition heraus beachtliche Erfolge für die ÖVP verbuchen konnte – und das, obwohl die sozialistische Regierung mit ihrem Bildungs- und mit ihrem Sozialkonzept zwei sehr attraktive Programme der Öffentlichkeit vorgestellt hat, mit denen es gelungen ist, die wirtschaftliche Stabilität Österreichs – wenn auch auf Kosten der Staatsverschuldung – zu erhalten. Der kurzfristige Erfolg, den sie damit auch im Bereich der Vollbeschäftigung erzielen konnte, machte vorausahnende Mahnungen von seiten der Opposition wirkungslos.

Eine Reihe von Wirtschafts- und Finanzskandalen haben Österreich bewegt, und es liegt in der

1990–1994: Prof. Fritz Karmasin (rechts), Doyen der Meinungsforscher in Österreich, verfolgte mit seinem Gallup-Institut den enormen Popularitätsschub, den Alois Mock seit 1990 in der Gunst der Österreicher verzeichnet. Karmasin: „Ein untadeliger und ehrlicher Demokrat."

Natur unseres Systems, nämlich dem der Sozialpartnerschaft, daß diese öffentlichen Mißstände kaum oder selten ausschließlich nur von einer Person oder von einer politischen Fraktion zu verantworten waren. Fast immer waren in den Randbereichen wenn auch nicht Mittäter, so doch zumindest Mitwisser der jeweils anderen Fraktion beteiligt. Das hat sicher langfristig das Image des Politikers und der Politik in Österreich beeinträchtigt.

Vieles wurde vertuscht, kam nicht oder erst sehr viel später an die Öffentlichkeit. Das Vertrauen in die Politik ging zurück, was sich aus Meinungsumfragen immer wieder bestätigte. Dr. Alois Mock ist einer der wenigen, dem man in all diesen Jahren keine Vorwürfe in diesen Zusammenhängen machen konnte. Auch die politischen Gegner waren von seiner Integrität überzeugt.

Man wußte: Mock ist ein untadeliger, ehrlicher Demokrat und Parteiführer.

Es ist ihm gelungen, den weiteren Bedeutungsverlust der ÖVP zu stoppen und dazu beizutragen, daß die SPÖ zunächst die absolute Mehrheit verlor. Bei der Wahl 1986, also sieben Jahre nach seinem Amtsantritt als ÖVP-Chef, waren die beiden Parteien etwa gleich stark – wobei die ÖVP im Vergleich zu den vorangegangenen Jahren an Stimmen gewonnen hatte und die SPÖ deutliche Stimmenverluste hinnehmen mußte. Zweifellos auch eine Folge des Führungswechsels in der FPÖ und des unerwarteten Erfolges von Jörg Haider.

Aber es ist das Verdienst von Alois Mock, daß stärkere Einbrüche in seiner Volkspartei verhindert wurden.

Führte 1986 mangelnde Information zu Mocks schwerer Enttäuschung?

Die Wahl 1986 war ein eindeutiger Erfolg von Dr. Alois Mock. Die Distanz zwischen den beiden staatstragenden politischen Parteien SPÖ und ÖVP hatte sich auf ein Minimum von rund 1,8 Prozent verringert.

Das ist natürlich entscheidend für die Regierungsbildung und für politische Prioritäten. Vom tatsächlichen Kräfteverhältnis her gesehen waren es damals etwa zwei gleich starke Parteien, von der die eine unter Führung von Alois Mock im Aufwind war und die andere an Terrain verloren hatte.

Dennoch wurde – und das war vermutlich auch eine Frage der Information und des gesamten Meinungsklimas damals – Alois Mock als Verlierer dieser Wahl bezeichnet.

Er hat ein wichtiges Ziel – die relative Mehrheit zu erringen – zwar nicht erreicht, aber er konnte doch wesentliche Teilerfolge, Stimmenzuwachs bei seiner Partei und Verluste für die SPÖ, vorweisen.

Sicherlich war seine Reaktion am Abend des Wahltags und seine Enttäuschung, die er in aller Öffentlichkeit erkennen ließ, mit ein Grund dieser Schuldzuweisung. Es könnte durchaus sein, daß Dr. Alois Mock damals von seinen Beratern nicht ausführlich genug informiert wurde und daß er daher mit der Möglichkeit eines solchen Wahlausgangs einfach nicht gerechnet hatte.

Wie auch immer es zu diesem Auftritt seinerzeit gekommen sein mag, Alois Mock hat diesen schweren Schlag mit unerhörter Souveränität und Selbstdisziplin überwunden und sich unverzüglich mit der ihm eigenen Konsequenz den neuen Aufgaben als Vizekanzler und Außenminister gewidmet.

Ähnliche Disziplin zeigte er bei seiner unerwarteten Ablöse als Bundesparteiobmann 1989.

Er hat sich als überzeugter Demokrat diesem Mehrheitsbeschluß seiner Partei gefügt und füllt seitdem sein Amt als Außenminister der Republik mit seinen Prinzipien aus.

Es ist aus allen Umfrage-Ergebnissen abzulesen, daß dies nicht nur seiner Person zu hoher Popularität und höchstem Ansehen verholfen hat, sondern daß die ÖVP ingesamt gesehen an Ansehen und Zustimmung durch ihn gewonnen hat.

Alois Mock hat durch seinen Erfolg bei der EU-Abstimmung mit hoher Wahrscheinlichkeit seine Partei vor einem weiteren Absinken bis unter die 30-Prozent-Marke bewahrt.

„Alois Mock hat durch seinen Erfolg bei der EU-Abstimmung mit hoher Wahrscheinlichkeit seine Partei vor einem weiteren Absinken bis unter die 30-Prozent-Marke bewahrt.“

Als Privatperson – soweit eine Persönlichkeit seines Zuschnitts überhaupt als eine solche auftritt – ist Alois Mock ein warmherziger, offener und gebildeter Mensch, der sich sowohl für Literatur wie auch für Musik begeistern kann. Er ist ein geistreicher, humorvoll-pointierender Gesprächspartner. Die seltenen Gelegenheiten, in denen ich mit Alois Mock in persönlichem und privatem Kreis zusammen sein konnte, zeigten eine neue Seite dieses international anerkannten Spitzenpolitikers und zählen zu meinen wichtigen Begegnungen.

Erste internationale Gehversuche von Alois Mock liegen lange zurück:

Die „Schwarze Internationale" war sein erstes Meisterstück

Einmal mehr war es der letzte ÖVP-Bundeskanzler, Dr. Josef Klaus, der dafür verantwortlich ist, daß Alois Mock heute als Außenminister der Republik in eine Reihe mit den großen Staatsmännern Österreichs: Leopold Figl, Julius Raab und Bruno Kreisky, gestellt wird. Klaus ist insofern dafür verantwortlich, als er seinen damals jungen Sekretär und späteren Kabinettschef, den Euratsfelder Juristen Dr. Alois Mock, Ende 1966 damit beauftragte, in Salzburg, im Schloß Kleßheim, ein Treffen von christlich-demokratischen Parteiführern aus Europa vorzubereiten.

Die ersten Schritte auf dem außenpolitischen Parkett waren für den damals 32jährigen Alois Mock alles andere als locker und souverän. Im Gegenteil: Er mußte miterleben – was ihm später noch oft ein Greuel sein sollte –, wie steif, gelangweilt und eigentlich überhaupt nicht freundschaftlich die damaligen europäischen Größen der Christdemokraten bei dieser Salzburger Tagung miteinander umgingen.

Das politische Europa kannte schon damals den Begriff der Sozialistischen Internationale, sie sollte ein paar Jahre später, Mitte der Siebziger, unter der Führung des Österreichers Bruno Kreisky, des Deutschen Willi Brandt und des Schweden Olof Palme faktisch das außenpolitische Aushängeschild von Bruno Kreisky werden.

Daß es aber in den sechziger Jahren daneben auch schon eine „Schwarze Internationale" gegeben hat, blieb damals vielen verborgen. Und zwar deshalb, weil die Christdemokraten mit Öffentlichkeitsarbeit wenig anzufangen wußten und sie zudem in diverse Lager gespalten waren – obwohl, wie Mocks späterer Bundespressesprecher Herbert Vityska schon 1983 schrieb, „diese Zentrumsparteien eigentlich auf eine großartige europäische Geschichte hätten verweisen können". Diese Tradition war in den Persönlichkeiten wie Robert Schuman, Alcide de Gasperi und Konrad Adenauer begründet, die gleich nach dem Ende des Zweiten Weltkriegs entscheidende Impulse für den Wiederaufbau des Kontinents setzten und von einem neuen, gemeinsamen Europa träumten.

Was der junge Kanzler-Sekretär Alois Mock zur Jahreswende 1966/67 in Salzburg noch aus der Distanz erlebte, münzte er vier Jahre später, ab 1971, in konkrete Daten um.

Kaum zum neuen Bundesobmann des ÖAAB gewählt, nimmt Alois Mock Kontakt mit sogenannten „Schwestergruppen", speziell in Deutschland, auf – mit den Sozialausschüssen in der CDU, mit der Arbeitnehmervereinigung in der CSU, mit dem christlichen Gewerkschaftsflügel der Bundesrepublik, mit den Arbeitnehmervertretern der Christlichsozialen in der Schweiz und auch schon in Südtirol.

Diese Aktivitäten münden 1973 in ein erstes Treffen christdemokratischer Arbeitnehmer des deutschsprachigen Raumes in Wien.

Damals schon mit von der Partie waren: Norbert Blüm von der CDU, der spätere Arbeitsminister unter Helmut Kohl. Dr. Pirkl, Arbeitsminister, von der bayrischen CSU. Und der nachmalige Südtiroler Landtagspräsident Ackmüller.

Mock träumt 1973 bereits von der Gründung einer Europäischen Volkspartei – nicht zuletzt deshalb, weil die inhaltliche Effizienz der vorhandenen christdemokratischen Vereinigungen (die UECD Europas, die Interparty als Zusammenschluß aller konservativen Parteien ohne den Zusatz „christlich" und die christdemokratische Weltunion) alles andere als tauglich ist.

Binnen fünf Jahren schafft es Alois Mock. Mitte der siebziger Jahre wird in Brüssel die EUCDA (Europäische Union christlich-demokratischer Ar-

1981: Sehr locker, für manche zu locker, auf internationaler Ebene unterwegs. Mock führte die Christdemokraten Europas zusammen, später auch jene der USA und des pazifischen Raumes bis hinunter nach Australien.

1991: Wenn Alois Mock auch deren Thesen für absolut falsch hält, mit Menschen marxistischer Gesinnung verstand er sich nach eigener Aussage dennoch immer gut.
Nichts abgewinnen …

beitnehmer) aus bereits elf europäischen Ländern gegründet. Der Deutsche Hans Katzer (Ex-Arbeitsminister der Bundesrepublik) wird Präsident, Alois Mock erstmals Vizepräsident auf internationaler Ebene (ihn löste dann 1979, als er in Österreich Bundesparteiobmann wird, sein enger Mitarbeiter Hans Gassner in dieser Funktion ab).

Was zunächst nicht wirklich transparent wird: Mock verwendet auch dieses internationale Parkett sehr effizient, um die Autonomiebestrebungen Südtirols europaweit zum Thema zu machen – einer der ersten wirksamen Schritte des Österreichers hin zum Außenpolitiker.

Im Juli 1979 wird Alois Mock in London als Nachfolger von Josef Taus zum Obmann der EDU gewählt, der 20 europäische christdemokratische, konservative und Zentrumsparteien angehören. Mit dem Innsbrucker Universitätsprofessor Andreas Khol hat Alois Mock einen Mann in seiner engsten Umgebung, der als Exekutiv-Sekretär in den folgenden Jahren zu einem ebenso unentbehrlichen wie effizienten Mitarbeiter wurde. Mock: „Ohne ihn gäbe es keine EDU."

Die außenpolitischen Aktivitäten von Dr. Alois Mock, der zudem daheim in Österreich als Oppositionschef den Sozialisten gewaltig auf die Zehen stieg, machten Bruno Kreisky zunehmend nervös. Zu harten Auseinandersetzungen zwischen den beiden kam es etwa Anfang der achtziger Jahre, als man sich in der Bewertung und in der Behandlung der Ereignisse in Polen – Gründung der Gewerkschaftsbewegung Solidarność – häufig in die Haare geriet. Doch Mock ließ sich von Kreiskys Zorn nicht irritieren.

Auch inhaltlich gewann die EDU immer mehr an Gestalt, wurde von den Medien immer deutlicher neben der Sozialistischen Internationale wahrgenommen. Mock drängte mit Erfolg auf die Erarbeitung gemeinsamer politischer Grundlagendokumente – zur sozialen Marktwirtschaft, zur Bildungs- und Familienpolitik, zu den Ost-West-Beziehungen, zu Medienfragen. Und das alles stets unter gesamteuropäischen Gesichtspunkten.

Selbst über die Erfahrungen in Wahlkampftechniken zerbrach sich die EDU den Kopf – um das damals mehrheitlich „links" dominierte Europa politisch irgendwie zurückerobern zu können.

Ein besonderes Anliegen war Mock die Einbindung Frankreichs. Sein persönlicher Freund Jacques Chirac, Bürgermeister von Paris und Gaullistenführer, richtete ihm 1982 in der Seine-Metropole eine besonders erfolgreiche EDU-Parteiführerkonferenz aus. Mocks damalige intensive Kontakte mit Finnland und mit Spanien ebenso wie mit Großbritannien sollten sich gut zehn Jahre später, als es um die Verhandlungen zum EU-Beitritt Österreichs ging, mehr als vorteilhaft auswirken.

Anfang der siebziger Jahre fährt Alois Mock auch auf der Kontaktschiene in den anglo-amerikanischen Raum. Christliche Politiker, vor allem protestantischer Herkunft, aus den USA, Großbritannien sowie Belgien und Frankreich schließen sich zu einer in Österreich wenig beachteten Gruppierung Christians in Responsibility zusammen. Mocks außenpolitische Aktivitäten werden daheim in der Öf-

1991: ... kann er hingegen dem kommunistischen Herrschaftssystem. Dagegen kämpft er zeit seines Lebens an – mit Erfolg.

1982: Zwei Konservative im Gespräch. Es ist Mocks Verdienst, daß sich die „Schwarze Internationale“ auch jenseits des Atlantiks etablieren konnte. US-Präsident Ronald Reagan empfing den Christdemokraten aus Österreich mit aller Herzlichkeit.

fentlichkeit zum ersten Mal wirklich registriert, als er 1977 eine Einladung ins Weiße Haus nach Washington erhält, vom eben neu gewählten US-Präsidenten Jimmy Carter. Wieder kurbelt Mock – von der Öffentlichkeit fast unbemerkt – mit Erfolg: Seine Gespräche in den USA haben den Effekt, daß sich 1983 Kontakte zwischen der Europäischen Demokratischen Union (EDU) und den Konservativen Amerikas nun auf offizieller Ebene anbahnen.

Womit Mock seinem Ziel, die „Schwarze Internationale“ als Gegenstück zur Sozialistischen Internationale weltweit zu etablieren, ein gewaltiges Stück näher gekommen ist.

Obwohl zu dieser Zeit Österreichs Bundeskanzler Bruno Kreisky außenpolitisch eine besonders intensive Nahost-Politik betrieb, vernächlässigte EDU-Chef Alois Mock auch diesen Aspekt nicht. Eine offizielle Reise nach Saudi-Arabien brachte den Kontakt mit dem späteren König der Saudis, Fahd, und mit Scheich Harakan, dem Generalsekretär der Islamischen Weltliga.

Es war dies nach sehr langer Zeit die erste Kontaktaufnahme zwischen christdemokratischer und islamischer Welt, „was speziell von der katholischen Kirche mit höchstem Interesse“ registriert wurde (so Mocks damaliger enger Mitarbeiter Herbert Vityska).

1983 kam es in London zur Gründung der IDU, dessen erster Vorsitzender Mock unter dem Applaus der britischen Premierministerin Margaret Thatcher und des späteren US-Präsidenten George Bush wurde. 1987 löste ihn Kare Willoch (Norwegen) in dieser Funktion ab.

Wie sehr Alois Mock schon in den späten Siebzigern trotz seiner Rolle als Oppositionschef im österreichischen Parlament seine außenpolitische Komponente forcierte, kam 1979 zum Ausdruck, als er, kaum zum ÖVP-Chef gewählt, eine „außenpolitische Doktrin“ im Nationalrat einbrachte.

Es ist erstaunlich, wie deckungsgleich zu heutigen Verhältnissen Alois Mock damals seine Vorstellungen skizzierte, wobei er sich bewußt in einen außenpolitischen Gegensatz zu Bruno Kreisky stellte.

Die wesentlichen Ziele der österreichischen Außenpolitik sollten sein:

1. Die Sicherung und Unabhängigkeit eines freien und demokratischen Österreich.

2. Der Ausbau und die freundschaftliche Gestaltung des Verhältnisses zu den für Österreich und seinen Raum maßgebenden Großmächten.

3. Die Zusammenarbeit mit allen Nachbarländern und den Österreich traditionell eng verbundenen Ländern des Donau- und Alpenraumes.

4. Der Ausbau der Mitarbeit an der Europäischen Integration im Einklang mit den von Österreich übernommenen Verpflichtungen.

5. Die Förderung der Entspannung zwischen West und Ost.

6. Der Ausbau der Beziehungen zu den Ländern der Dritten Welt auf der Basis der Partnerschaft.

7. Die Mitwirkung an der Errichtung einer weltweiten, dauerhaften, gerechten Friedensordnung.

Die Punkte 1 bis 4, von Mock 1979 geschrieben, haben heute, 15 Jahre später, so gut wie nichts von ihrer Gültigkeit eingebüßt. Im Gegenteil: Die Sicherheitsfrage Österreichs war und ist das wesentliche Motiv zum Beitritts Österreichs zur EU! Die Betonung der Zusammenarbeit mit unseren Nachbarländern – Mock formulierte dies zu einer Zeit, als am Eisernen Vorhang zu rütteln als völlig aussichtslos galt – ist heute erste Priorität österreichischer Außenpolitik! Und nicht zuletzt das Eintreten für eine Mitarbeit an der europäischen Integration – ganz im Gegensatz zum Standpunkt der SPÖ damals, der bis in die späten Achtziger ja auch durchgehalten wurde – beweist die Kontinuität in der außenpolitischen Gedankenwelt Mocks. Er hat seine Standpunkte von damals bis heute nicht wirklich revidieren müssen.

1981 und 1982 agiert Alois Mock außenpolitisch in einem Tempo – und das trotz der Belastung in der Innenpolitik; immerhin hielten damals der AKH-Skandal und die Androsch-Affäre Österreich in Atem –, das unglaublich war:

• 1981 treten die Panzerkommunisten aus Moskau an Alois Mock heran und sprechen eine

Jänner 1983: Alois Mock im Vatikan. Papst Johannes Paul II. empfing den österreichischen Oppositionschef in Privataudienz. Dabei ging es um die bereits sichtbar gewordenen Auflösungstendenzen der kommunistischen Regime im Osten Europas – die in des Papstes Heimatland Polen ihren Ausgang nahmen.

1982: Eine Reise nach Saudi-Arabien führte EDU-Chef Alois Mock nicht nur zur Königsfamlie Fahd, sondern auch zu Scheich Harakan zur Islamischen Weltliga. Dies war nach langer Zeit der erste Kontakt zwischen Christen und Moslems, was im Vatikan mit besonderer Aufmerksamkeit verfolgt wurde.

sensationelle Einladung aus: Er möge an der Botschaft der UdSSR in Wien einen außenpolitischen Vortrag halten. Ein außergewöhnliches Ereignis in einer Zeit, als sich Moskau noch in der heißesten Phase des Kalten Krieges befand und an die sechs Jahre später einsetzenden Reformen unter Michail Gorbatschow nicht einmal im Ansatz gedacht werden konnte.

• In diesem Jahr 1981 macht sich Alois Mock auch zu einer Ostasien-Reise auf, die ihn zunächst nach Peking führt: Auch das Regime Rotchinas hatte Mock um einen Vortrag gebeten – der EDU-Chef hatte weltpolitische Hochkonjunktur.

• Die Reise führt Alois Mock weiter nach Japan, nach Australien und Neuseeland. Als Ergebnis ist ein Jahr später, 1982, die Gründung der Pazifisch-Demokratischen Union (PDU) zu verzeichnen, ein Ableger der EDU. Zur Überraschung aller treten dieser PDU sogar die Republikaner der USA bei. Die übrigens ein paar Monate später, gemeinsam mit den Demokraten, als Beobachter bei der IDU-Gründungskonferenz in London erscheinen. Zudem gründete Mock 1985 mit Parteiführern aus Mittelamerika die CDU, die Caribian Democrat Union.

• 1983 holt US-Präsident Ronald Reagan den EDU-Präsidenten Alois Mock über den großen Teich nach Washington. Was insofern eine politische Pikanterie darstellte, als Washington auf Österreich damals nicht wirklich gut zu sprechen war – Bundeskanzler Bruno Kreisky hatte wiederholt die Nahost-Politik der Amerikaner heftigst kritisiert, was in den Staaten genau beobachtet wurde, weil Kreisky als Nahost-Politiker weltweites Ansehen genoß.

Jedenfalls hatten die Amerikaner in EDU-Führer Alois Mock offenbar einen ernstzunehmenden Partner und vor allem eine Alternative zu der ihnen lästigen Sozialistischen Internationale entdeckt. Dementsprechend hofierten sie ihren christdemokratischen Gast aus Österreich: Gespräche mit Präsident Reagan, mit Vizepräsident George Bush, eine Aussprache mit US-Verteidigungsminister Caspar Weinberger, mit US-Außenminister George Shultz sowie Gespräche mit allen anderen wich-

tigen Parteiführern der Staaten wurden dem Gast aus Österreich in einem dreitägigen Monsterprogramm auf dem roten Teppich serviert.

• Dieser Amerika-Trip führte im Juni 1983 in London zur Gründung der Internationalen Demokratischen Union (IDU), wo auch die progressivkonservative Partei Kanadas dazustieß.

Womit Mock in der ersten Etappe seiner außerpolitischen Karriere jenen Traum verwirklichte, den seit Jahrzehnten Christdemokraten, Konservative und Zentrumsparteien geträumt hatten: eine weltweite Alternative zur Sozialistischen Internationale zu schaffen.

In Österreich selbst war Alois Mock zur selben Zeit mit besten Aussichten unterwegs, bei den bevorstehenden Nationalratswahlen 1986 die nach Bruno Kreisky ins Wanken geratene SPÖ nach mehr als einem Jahrzehnt von der politischen Führung des Landes zu verdrängen.

Als ihm dies nicht gelang – mit Franz Vranitzky und Jörg Haider hatte er im letzten Augenblick zwei übermächtige Gegner bekommen – entschloß sich Alois Mock offenbar schon kurz nach dem für ihn enttäuschenden Wahlausgang von 1986, seine politische Karriere künftig mit dem Schwerpunkt Außenpolitik fortzusetzen.

1983: In London wurde die Internationale Demokratische Union (IDU) gegründet. Mock hatte sein Ziel erreicht – eine weltweite Organisation der konservativen Christdemokraten und anderer programmatisch übereinstimmender Parteien zu gründen. Mit von der Partie US-Vizepräsident George Bush (Mitte) und Englands Premier, die „Eiserne Lady“ Margaret Thatcher. Politisch interessant: Mock, dem als Arbeitnehmerpolitiker immer die sozialen Anliegen wichtig waren und sind, identifizierte sich später weder mit den Reaganomics noch mit dem Thatcherismus.

Zeitzeuge Bernhard Görg,

Landesobmann der ÖVP-Wien

„Was Mock jetzt, 1994, erlebt, das ist irdische Gerechtigkeit!"

Dr. Bernhard Görg, ehemals IBM-Manager und später prominenter Headhunter einer europaweit anerkannten Agentur zur Rekrutierung von Topmanagern, trat 1991 als „Quereinsteiger" um die Position des Bundesparteichefs der ÖVP gegen Erhard Busek an. Im Wiener Konzerthaus kam es in einer Kampfabstimmung, an der rund 500 Delegierte teilnahmen, zur knappen Niederlage Görgs, der als politischer Newcomer immerhin 44 Prozent der Stimmen auf sich vereinen konnte.

Görg gilt zumindest als Sympathisant des konservativen Flügels in der ÖVP, wenngleich er selbst nicht wirklich als „Stahlhelm" zu bezeichnen ist.

Wenige Monate nach seiner Niederlage gegen den neuen ÖVP-Bundesparteiobmann Erhard Busek trat Bernhard Görg neuerlich in den politischen Ring und eroberte – für viele Beobachter ziemlich überraschend – sehr souverän die Obmannschaft der ÖVP-Wien. Diese Landesparteigruppe war seit dem Abgang Buseks als Landesparteiobmann nicht mehr zur Ruhe gekommen und politisch in der Bundeshauptstadt abgestürzt – sie verlor ihren zweiten Rang an die Freiheitlichen. Bernhard Görgs sich selbst gestellte Aufgabe ist es, die Wiener ÖVP bei den Landtagswahlen 1996 aus ihrem historischen Tief (derzeit nur mehr knapp über 16 Prozent der Stimmen) herauszuführen und wieder zur zweiten politischen Kraft in der Bundeshauptstadt zu machen.

Bei einem Erfolg 1996 in Wien ist es nicht auszuschließen, daß Bernhard Görg sich erneut um eine Bundesfunktion innerhalb der ÖVP bemüht.

Mit Alois Mock verbindet den „Quereinsteiger" eine langjährige Freundschaft.

Herr Dr. Görg, Dr. Alois Mock war zehn Jahre lang Bundesparteiobmann der ÖVP. Aus Ihrer Sicht: Was hat Mock der Volkspartei gebracht, bzw. was hat die Partei dem Alois Mock zu verdanken?

Mock hat für die Zukunft gearbeitet

Die ÖVP hat dem Alois zwei Dinge zu verdanken. Erstens, daß der Alois in einer Zeit, wo es den quasi übermächtigen Sonnenkönig Bruno Kreisky gegeben hat, trotz allem gezeigt hat, daß man durch kontinuierliche, beharrliche Arbeit die ÖVP weiterbringen kann.
Unter seiner Ägide hat ja die ÖVP sehr schön dazugewonnen.
Das zweite, was aber viel wichtiger ist: Daß der Alois Mock auch für zukünftige Generationen in der ÖVP gezeigt hat, daß die Substanz, die er zwar immer schon hatte, aber die für die große Masse der Österreicher jetzt erst sichtbar geworden ist, die entscheidende politische Qualifikation ist. Und das werden die zukünftigen Generationen in der ÖVP noch brauchen.

Was stellt für Sie persönlich die Person Alois Mock dar? Was ist er für Sie? Ist er – so wie viele sagen – ein Phänomen? Oder ist er ein ganz normaler Politiker, der halt über sich hinausgewachsen ist?

Derzeit ist er ganz sicher ein Phänomen. Ich habe den Alois Mock in Diskussionen erlebt, wo ich das Gefühl gehabt hatte, wenn der Alois Mock nur ‚Muh' gesagt hätte, hielten ihn die Leute schon für großartig: ‚So ein Muh haben wir noch nie gehört.'

Also Sie meinen, allein die physische Präsenz genügt schon, um die Leute zu begeistern?

Ja, wirklich. Jetzt ist es tatsächlich so, daß die Begeisterung für Mock – und da gibt es gute Gründe dafür – so groß ist, daß, was immer er tut, er nur Zustimmung erntet. Also das Phänomenale.

1989: Als die ÖVP in einem dreijährigen Prozeß meinte, Mock müsse als Parteichef weg, kam es im Stift Melk zur alles entscheidenden Geheimkonferenz. Alois Mock und sein Nachfolger Josef Riegler erschienen im Barockstift an der Donau jeweils mit „Sekundanten" – Mock mit Niederösterreichs Landeshauptmann Siegfried Ludwig, Riegler mit Oberösterreichs Landeshauptmann Josef Ratzenböck. Unter der klugen und freundschaftlichen Regie von Abt Burkhardt Ellegast kam es schließlich zur wohlgeordneten Hofübergabe, deren Details im Stift Melk ausgehandelt wurden. Mock lobt heute noch Josef Riegler: „Er verhielt sich außerordentlich fair."

Was aber den Alois eigentlich ausmacht, ist doch die ganz klare Erkenntnis, daß Substanz das Entscheidende ist.
Ich habe die Theorie, daß bestimmte Zeiten für bestimmte Politikertypen förderlich sind und wiederum andere Zeiten für andere Politikertypen.

Sie meinen, der Politiker ist in seiner Wirkungsweise auch vom Zeitgeist abhängig?

Ja. In normalen Zeiten ist eigentlich Größe im politischen Sinn kein Thema. Da geht es lediglich darum: Wie ist man frisiert, wie kommt man mit seiner Familie in den Medien rüber? Ich habe diese Theorie anhand von Bildern entwikkelt, daß nämlich Politiker in Krisenregionen ganz anders ausschauen als Politiker in Nicht-Krisenregionen.
Schauen Sie sich einen israelischen Ministerpräsidenten an. Es hat nie einen gegeben, der gestylt war. Ob das der Schamir war, die Golda Meir etc. Schauen Sie sich den Bosnier Izetbegović an, der trägt jahraus, jahrein den gleichen braunen Anzug. Das ist dort kein Kriterium. Dort kommt es nur auf die Substanz an.
Nun zu uns: Wir in Österreich indes haben ja keine Krise in dem Sinn – allerdings, ich sage, die ganze EU-Geschichte war eine positive Krise. Das war etwas Besonderes. Eine positive Krise. Die Leute haben das Gefühl gehabt, daß es um etwas geht.
Da ist es plötzlich völlig egal geworden, ob der Alois Mock einmal einen Satz beendet oder nicht, oder ob er irgendwie nach links oben oder rechts unten schaut, ob die Krawatte zum Sakko paßt oder nicht.
Das war alles völlig egal.
Ich habe ihn schon immer für einen gutaussehenden Mann gehalten, auch vom Typus her. Dabei ist er ein Strahlemann. Das muß man ganz klar sehen.
Alois Mock hat sich letztlich als der österreichische Politiker der letzten dreißig Jahre erwiesen,

der die größte Substanz hat. Plus das größte Durchhaltevermögen.

Würden Sie sagen, daß Mock auf seine Art jetzt so etwas Ähnliches erreicht hat wie seinerzeit Bruno Kreisky, nämlich ein „darüberstehender" Politiker zu sein, unantastbar?

Bitte, das ist eine ganz andere Ebene! Das kann man überhaupt nicht vergleichen. Den Kreisky hat man bewundert für seinen Schmäh, und auch dafür, daß er es mit der Wahrhaftigkeit nicht wirklich genau genommen hat.
Alois Mock ist immer ein Anti-Typ zu Bruno Kreisky gewesen.
Es wertet den Alois aus meiner Sicht ab, wenn man versucht, ihn mit Kreisky zu vergleichen.
Mock ist ein völlig anderer Mensch, mit wesentlich mehr Substanz als Kreisky. Wobei ich den Kreisky jetzt nicht kleiner machen möchte, als er wirklich war. Aber es dreht sich mir der Magen um, wenn jemand hinterfragt, ob denn Mock nicht die gleiche Substanz wie der Kreisky hätte.

Die Partei hat Alois Mock, speziell seit 1986, nicht wirklich gut mitgespielt. Der Rücktrittsprozeß des Alois Mock, durch die Partei in der Salamitaktik ausgeführt, dauerte knapp vier Jahre. Jetzt sagen Beobachter: Daß der Alois Mock heute gesundheitlich angeschlagen ist, hätte zwei Ursachen. Erstens, daß ihm eigene Parteifreunde 1986 die Kleine Koalition verboten und damit für ihn persönlich das Kanzleramt vermasselt hätten. Und zum zweiten, daß 1989 seine Ablöse so brutal vor sich gegangen wäre. Stimmen Sie dem zu?

Daß man Mock übel mitgespielt hat, ist ein Faktum

Also, zunächst einmal kann ich den Grad der gesundheitlichen Angeschlagenheit des Alois nicht wirklich bewerten. Ich wünsche ihm jedenfalls genau die Gesundheit, von der er behauptet, daß er sie eh hat. Die wünsche ich mir wirklich für die nächsten zehn Jahre für ihn.
Wieweit – und es ist ja überhaupt ein Faktum, daß man dem Alois übel mitgespielt hat – die

parteipolitische Sache ab dem Jahr 1986 eine Rolle gespielt hat, oder wieweit einfach sein seit 30 Jahren mörderisches Tempo und sein mörderischer Einsatz, der zum Teil nicht notwendig gewesen wäre, eine Rolle gespielt haben, das kann ich nicht beurteilen.
Ich habe immer zu ihm gesagt: ‚Alois, unterschreibe die Briefe! Versuche nicht, noch diesen Satz zu verändern ...' Das war ihm nicht auszureden. Es war und ist eine Schwäche des Alois, daß er in seiner Arbeit bis ins kleinste Detail eingestiegen ist, sich mit dem kleinsten Detail befaßt hat. Es kommt vor, daß er um zwölf Uhr in der Nacht aus dem Parlament anruft – wenn er seine Post aufarbeitet – und sagt: ‚Du, überleg dir das' – und ähnliche Aktionen.

»Parteiobmänner bürgerlicher Parteien haben eine kürzere Halbwertszeit: Ihre Funktion dient vor allem der Macht- und Mehrheitsbeschaffung.«

Welche Fehler – Ihrer Beobachtung nach – hat Alois Mock gemacht, daß ihm die Partei so übel mitspielen konnte? War er zu gutmütig? Hat er nicht auf den Tisch gehaut? Interessant ist es, daß etliche seiner damaligen innerparteilichen Gegner heute erklären: „Wäre Mock 1986 Chef einer Kleinen Koalition geworden, er könnte heute noch Kanzler sein."

Ich bin auch felsenfest davon überzeugt, daß, wenn es damals die Kleine Koalition gegeben hätte, es den Franz Vranitzky heute nicht mehr geben würde. Weil der Vranitzky nie als Chef der SPÖ in die Opposition gegangen wäre.
Also so gesehen, von diesem Kalkül her, ist das, was heute viele über Mock sagen, durchaus richtig.
Ich glaube, was beim Alois dazu geführt hat, daß man ihm doch übel mitgespielt hat, ist zunächst einmal eine Eigenschaft aller bürgerlichen Parteien – die nicht nur bei der ÖVP, sondern auch in der CDU, bei den Konservativen in England und so fort zu finden ist: Nämlich, daß Parteiobmänner eine kürzere Halbwertszeit haben, weil man den Parteiobmann immer in erster Linie unter dem Gesichtspunkt der Macht- und Mehrheitsbeschaffung sieht. Das ist seine Funktion.

Es ist nicht so sehr seine Funktion, eine Gesinnungsgemeinschaft anzuführen, sondern es ist seine Funktion, Macht herbeizuschaffen.

Also eine Kampffunktion.

Ja, eine reine Kampf- und Machtbeschaffungsfunktion. Und es wird auch in allen bürgerlichen Parteien Parteiobmännern übel mitgespielt, wenn sie das ‚ultimate goal' nicht erreichen, auch mit anderen, wesentlich weniger edlen Charaktereigenschaften, als der Alois Mock sie hat.
Gerade durch diese wirklich sehr positiven Charaktereigenschaften wurde es erleichtert, daß man dem Alois übel mitspielen konnte. Aber das steht ohnehin auf einem anderen Blatt. Es war sicher ein wesentliches Element, daß er in Personalfragen immer zu sehr darauf geachtet hat, daß alle eingebunden sind.

Das heißt, er hat eher auf das Schicksal der anderen geachtet und sein eigenes vergessen?

Ja.

Wie haben Sie selbst Alois Mock kennengelernt?

Ich habe zum ersten Mal von Alois Mock gehört, da war er bei der OECD in Paris. Das war 1962. Meine Schwester und mein Schwager, die waren frisch verheiratet, haben sich einen Aufenthalt in Paris gegönnt. Da habe ich den Namen Mock zum ersten Mal gehört. Gesehen habe ich ihn zum ersten Mal – ich glaube im Jahr 1965 – in der Bundespartei in der Kärntnerstraße, wo ich über die Stiegen hinuntergegangen bin, und er ist die Stiegen neben dem Bundeskanzler Dr. Josef Klaus hinaufgegangen.
Da war mein erster Eindruck, als ich ihn gesehen habe: ‚Aha, sehr fleißig, strebsam und beflissen.' Das waren die drei Kriterien, die ich mit ihm sofort assoziiert habe.
Dann habe ich relativ früh, als er Unterrichtsminister geworden ist, eine etwas nähere Bezie-

„Mein erster Eindruck, als ich ihn gesehen habe: ‚Aha, sehr fleißig, strebsam und beflissen.'"

hung zu ihm bekommen. Ich glaube, das war ausgelöst durch ein Interview, das ich mit ihm gemacht habe für die Zeitschrift Academia. Ich bin damals so etwas wie ein Studentenredakteur gewesen. Ich habe sehr schnell eine echte Zuneigung zu ihm bekommen, obwohl ich ihn im stillen sachlich immer kritisiert habe.

Was waren die positivsten, was waren die negativsten Dinge, die Sie mit Alois Mock erlebten?

Meine Erfahrungen mit Alois Mock

Ich fange bei den negativsten an, die sich letztlich als eher positiv herausstellen, nämlich, daß ich manchmal das Gefühl gehabt habe, er läßt sich überhaupt nichts sagen.

Da gibt es Beispiele: Als es damals um die Frage der Regierung 1986 ging, da saßen wir bei mir zu Hause, und da hat er mir erzählt, daß er eigentlich gerne Außenminister werden möchte. Und ich habe ihm gesagt: ‚Alois, tu das nicht!' Aus zwei Gründen, wie ich damals ernsthaft meinte: Erstens, ein österreichischer Außenminister, das ist keine wichtige Funktion, da dachte ich an die Kreisky-Zeit. Und zum zweiten, Parteiobmann und Außenminister, diese Doppelfunktion ist schwierig: ‚Weil du zwei oder drei Wochen auf Reisen bist, dabei wärest du als Parteichef öfter hier zu Hause gefordert.'

Er aber hat das eigentlich weggewischt. Ich dachte mir: Der läßt sich nicht raten. Und wie sich im nachhinein gezeigt hat, lag der Alois goldrichtig mit seiner Beharrlichkeit, auf meinen damaligen Ratschlag überhaupt nicht zu hören.

Überhaupt: Er hat immer Leute gefragt, hat aber dann nicht auf sie gehört. Das war eine Eigenart von ihm. Das war aber letztlich eine echte Führungsqualifikation. Es ist die Aufgabe eines Spitzenmannes, Rat zu holen, aber ihn im Zweifelsfall nicht zu befolgen.

Sie empfanden also seine oft zitierte Sturheit als negativ.

Ja, die Sturheit. Und zweitens ganz sicher sein Mangel an Bereitschaft, Sachen zu delegieren und sich von vielen, vielen Dingen freizuspielen. Ich bin da ein völlig anderer Typ.

Kommen wir zu Ihren positiven Erlebnissen mit Alois Mock.

Das Positive ist, daß der Alois eigentlich – als ich die Bundesparteiobmannwahl gegen Erhard Busek 1991 verloren habe – der war, der unmittelbar danach meine Frau angerufen hat und sie getröstet hat. Der Alois war der, der mir auch immer das Gefühl gegeben hat, nicht allein dazustehen – der mich dann ganz bewußt zu sich eingeladen hat. Also seine Fähigkeit, Leuten genau dann, wenn sie Niederlagen erlitten haben, wenn es ihnen schlechtging, ganz bewußt zu zeigen, daß seine persönliche Wertschätzung völlig ungebrochen ist.
Er hat mir selber immer wieder gesagt: ‚Bernhard, das gehört auch zum Reifeprozeß eines Menschen.' Er war immer sehr positiv. Deswegen ist er ja auch so beliebt, der Alois. Wir waren damals gemeinsam in Gmunden beim ÖAAB. Diese Liebe zu seiner Organisation, das ist eine dritte Qualifikation des Alois: Er ist einer, der echt geliebt wird und nicht nur respektiert.

Das aber ist in der Volkspartei erst jetzt, in den letzten Jahren, sichtbar geworden?

1945–1994: Tirol und besonders Südtirol waren immer eines der ganz großen politischen Anliegen von Alois Mock. Er, und früher auch Bruno Kreisky, waren wesentlich am Abschluß des Südtirol-Autonomieabkommens beteiligt. Der langjährige Chef der Südtiroler Volkspartei, Silvius Magnago fand in Mock einen außerordentlichen Mitstreiter in Rom. Zudem war und ist Magnago ein Vorbild für Alois Mock – insbesondere, was die Zähigkeit und Lebenskraft des Südtirolers betrifft.
Heute, 1994, nach der Regierungsübernahme von Silvio Berlusconi in Rom, zittern die Südtiroler um ihre politischen Errungenschaften, die ihnen Tirols Ex-Landeshauptmänner Eduard Wallnöfer und Alois Partl (im Bild links), Silvius Magnago (Mitte) und Alois Mock (rechts) erstritten haben.

»
Man sollte Führungskräfte ganz bewußt nach ihrem Glück, der Fähigkeit, Glück zu haben, aussuchen.
«

Ja. Damals war er von Teilen der Partei geliebt worden, von anderen Teilen wurde er massiv abgelehnt. Jetzt wird er von fast allen geliebt.

Was sind aus Ihrer Sicht die Kriterien dafür, daß der Dr. Alois Mock in dem Moment, da er zurücktreten mußte und nur mehr Außenminister war, in der Sympathie der Österreicher bis heute so gestiegen ist? War das wirklich so, daß die Parteiobmannschaft, die Vizekanzlerschaft plus das Außenministeramt so belastend waren, daß ihn diese Dreifachfunktion überfordern mußte?

Seine Sympathiewerte schnellen deswegen so hoch, weil er in seinem Außenministerjob in der jetzigen – sagen wir so – politischen und historischen Konstellation die Chance hat, seine Substanz zu zeigen. Als Obmann hat er das nicht so gekonnt.

Weil das durch die Kampffunktion des Obmannes verhindert wurde?

Ja. Da hätte er nicht so die Europa-Idee forcieren können. Und er hätte auch nicht dieses moralische Gewicht in Sachen Jugoslawien kriegen können, weil das nicht im Focus seines Amtes gewesen wäre. Heute ist die ideale Kombination der Substanz auf der einen Seite und vieler Umstände, die genau diese Substanz ansprechen, gegeben.

Jetzt gibt es den Umstand, daß die ÖVP sich in Wahrheit an der Person des Alois Mock aufrichtet. Wenn Mock für die ÖVP marschiert, bekommt die Partei zwischen sechs und sieben Prozent allein aus seinem Persönlichkeitsbonus – das ist aus allen Umfragen klar erkennbar. Ist es nicht eine ungeheure Chuzpe, daß jener Mann, der heute Parteiobmann ist und der damals einer der schärfsten Kritiker von Mock war, jetzt bei den Nationalratswahlen am 9. Oktober vermutlich durch den Wahleinsatz von Alois Mock parteipolitisch gerettet wird?

Also erstens ist das nicht Chuzpe, sondern – wenn Sie so wollen – das ist das Glück, das man

als Führungskraft braucht. Der Napoleon hat einmal gesagt: ‚Ich brauche keine Generäle, die was können. Ich brauche Generäle, die Glück haben.‘
Man sollte Führungskräfte ganz bewußt nach ihrem Glück, der Fähigkeit, Glück zu haben, aussuchen. Und es ist sicher, daß der Alois Mock wesentlich dazu beiträgt, daß die ÖVP am 9. Oktober ein sehr respektables Ergebnis erreichen wird.
Aber das ist für mich keine Chuzpe. Das sind die Gegebenheiten. Und ich fordere den Erhard Busek sogar auf, alles zu tun, um diesen Bonus möglichst zu gebrauchen.

Man hat den Eindruck, daß die ÖVP als Bundespartei mit dem Phänomen Alois Mock nicht wirklich umzugehen weiß. Was ist der Grund – das war ja bei Kreisky in der SPÖ nicht anders –, daß eine politische Partei mit wirklich großen Männern nicht zu Rande kommt?

Ich glaube, jede demokratische Organisation, die glauben muß, daß ihre Stärke aus sich selbst heraus kommt, hat natürlich immer ein etwas ambivalentes Verhältnis zu wirklicher Größe. Das ist überall so. Ich glaube, der Churchill hat einmal gesagt: ‚Undankbarkeit ist eine Eigenschaft großer Völker.‘ Ich glaube, weshalb es – jetzt gibt es ja überhaupt keine Zweifel über den Einsatz des Alois Mock – zeitweise Diskussionen gegeben hat, hat eher damit zu tun, daß die Werbeagenturen gesagt haben, es mag kontraproduktiv sein, wenn Alois Mock den eigentlichen Spitzenkandidaten, Erhard Busek, konterkariert. Das hat nichts mit der Einstellung der Leute zu tun, sondern das hat eher mit Meinungen von Werbeleuten zu tun, die aber letztlich jetzt alle auf die Seite geschoben worden sind.

Es gibt vereinzelt Stimmen in der ÖVP, die für Mock als Vizekanzler-Kandidat eintreten.

Ich glaube, daß es für den Alois Mock und für seine Bedeutung, die er für dieses Land hat, völlig

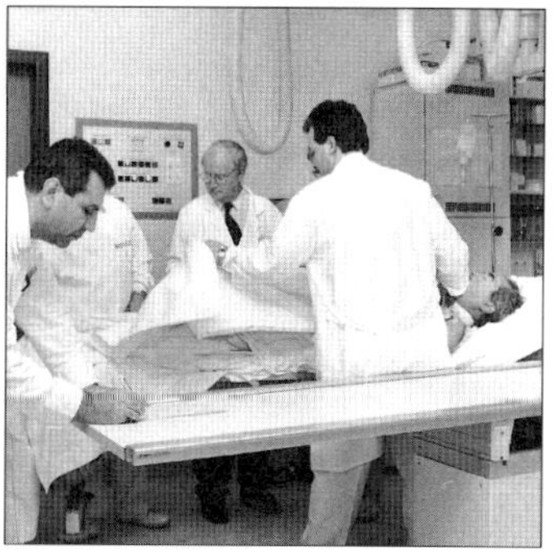

1992: Österreich bangte schon einmal um seinen Außenminister. Als Alois Mock beim Skilaufen in der Axamer Lizum so unglücklich zu Sturz kam, daß er sich die Schulter ausrenkte, gab es eine enorme Gerüchtewelle um seine Gesundheit. Damals tauchte erstmals das Gerücht auf, er leide überdies an der Parkinsonschen Krankheit. Er, seine Gattin und auch die Ärzte dementieren dies dezidiert. Vielmehr handle es sich um eine bislang unbekannte Virusinfektion im Bereich des Rückgrats, aber auch dabei berufen sich die Ärzte auf ihre Schweigepflicht. Mock konsultierte im Laufe der Jahre Spezialisten in Wien und in Innsbruck.

irrelevant ist, ob er jetzt zum Außenminister noch das Vizekanzleramt dazu übernimmt. Ich nehme das eher als Ausdruck der wirklich enormen Zuneigung zu diesem Mann. Das gehört zur Liebe. Ich würde einen solchen Plan aber nicht unterstützen.

Weil man's ihm gesundheitlich nicht mehr zumuten kann. Was würden Sie sich denn persönlich für Mock wünschen: Soll er nochmals vier Jahre Außenminister sein oder nur mehr zwei Jahre? Oder soll er mit Rücksicht auf seine Gesundheit überhaupt am 9. Oktober, quasi den letzten Dienst an der Partei vollbracht habend, den verdienten Ruhestand antreten? Er selber will nicht aufhören.

Ich habe schon einmal gesagt: Ich wünsche mir für den Alois Mock, daß er genau die Gesundheit kriegt oder hat, von der er ohnehin sagt, daß er sie hat. Ich bin bescheiden in meinen Wünschen. Ich glaube nicht, daß es sinnvoll ist, einen Horizont zu ziehen. Der Alois Mock ist auch in Zukunft unverzichtbar, und solange er es wirklich mit seiner Frau und mit seiner Physis vereinbaren kann, sollte der Alois Mock im Dienste dieses Landes weiterarbeiten.

Was hat Ihnen persönlich die Zusammenarbeit und die bisherige Bekanntschaft mit Alois Mock gebracht?

Zwei Dinge – er hat mir als einer der ersten in der Partei signalisiert, daß man auch mit Herzensbildung erfolgreich sein kann. Er hat mir persönlich sehr viel gegeben.
Zweitens hat er mich in dem Gefühl bestärkt, an das ich ja als naiver Mensch immer glauben wollte: Daß es letztlich eine Gerechtigkeit gibt. Das, was der Alois Mock jetzt erlebt, ist ja wirklich die Bestätigung, daß es letztlich auch eine irdische Gerechtigkeit gibt.

»Das, was der Alois Mock jetzt erlebt, ist ja wirklich die Bestätigung, daß es letztlich auch eine irdische Gerechtigkeit gibt.«

1986 ENTSCHLOSS SICH ALOIS MOCK ZU EINER NEUEN POLITISCHEN AUFGABE

„Und jetzt führe ich Österreich nach Europa!"

Die ersten Tage nach dem 23. November 1986, als die ÖVP ihre äußerst knappe Niederlage bei den Nationalratswahlen noch nicht verdaut hatte und damit beschäftigt war, ihre Wunden zu lecken und den am Wahlabend schwer gezeichneten Parteichef, wenn auch noch hinter vorgehaltener Hand, in Frage zu stellen, hatte Alois Mock ganz privat und für sich längst seine Entscheidung getroffen:

Wenn er schon nicht Bundeskanzler geworden sei, so wolle er jetzt alles daransetzen, Österreich in das damals noch Europäische Gemeinschaft genannte „neue Europa" zu führen.

Das war es, was sich Alois Mock zu seinem persönlichen politischen Ziel gesetzt hatte. Wobei natürlich für den partei- und innenpolitisch damals schwer enttäuschten und mit sich selbst ringenden künftigen Vizekanzler der faktisch fixierten großkoalitionären Regierung nicht nur das „persönliche Ziel der politischen Aufgabe Europa" ausschlaggebend war:

• Der Kontinent befand sich im politischen Umbruch. Dieser hatte 1980 begonnen, als sich Polen, einer der ersten Satellitenstaaten der Sowjetunion, aus der politischen und wirtschaftlichen Umklammerung des Panzerkommunismus zu befreien suchte. Die Gründung der Gewerkschaft Solidarność war ein europaweites Signal, daß sich das polnische Volk nicht mehr länger im kommunistischen Völkerkerker knechten lassen wollte.

• In Moskau selbst war Michail Gorbatschow ans Ruder gekommen. Der neue Chef der Sowjetunion hatte zunächst die rasche Folge von drei

Führungswechseln nach dem Tod von Leonid Breschnew unbeschadet überstanden, um schließlich selbst an die Spitze der Weltmacht zu gelangen. Er trat mit einem Reformpaket an, das die Welt in Erstaunen versetzte – vor allem, weil am Ende der von Gorbatschow in Angriff genommenen Strukturreformen die Entlassung der Satellitenstaaten aus der Herrschaft der Sowjetunion stand.

Ein Kontinent im Umbruch

• Die DDR war jener moskautreue Staat, in dem Mitte der achtziger Jahre der Aufstand des Volkes gegen seine Diktatoren am deutlichsten zu bemerken war. Es war 1986 nur mehr eine Frage der Zeit, bis das Honecker-Regime hinweggefegt sein würde. Gorbatschows berühmter Satz: „Wer zu spät kommt, den bestraft die Geschichte" – gerichtet an Erich Honecker, fegte diesen wenig später trotz brüderlichem Männerkuß des Russen tatsächlich auf den Kehrichthaufen der Geschichte. Es war der Außenminister Österreichs, Alois Mock, der den Eisernen Vorhang in Ungarn durchschnitt und damit den weltweit bejubelten Fall der Berliner Mauer einleitete.

• Schließlich wußte Österreichs Regierung damals, zur Jahreswende 1986/87, aus Geheimdienstquellen genau, daß auch in allen östlichen Nachbarländern der Republik die Unruhe wächst. Aber niemand erwartete den Zusammenbruch der Sowjetunion und ihrer Satelliten.

Ein Szenario, das zunächst außenpolitischen Handlungsbedarf signalisierte.

Österreich steckt sich ein neues Ziel

Für Österreich ging es Mitte der achtziger Jahre darum, dem Land ein neues politisches Ziel, eine Vision zu geben.

Allerorts wurde beklagt, daß der Republik die große politische Identifikation abhanden gekommen sei – nicht zuletzt auch durch die seit 1980 anhaltende politische Skandalserie, die beinahe ein ganzes Kabinett sozialistischer Spitzenpolitiker – von Hannes Androsch bis Karl Blecha und Leopold Gratz – zum Rücktritt gezwungen hatte. Das löste Politikverdrossenheit aus, wozu noch die unglücklichen Jahre der rot-blauen Koalition unter dem nicht von Fortune gesegneten Regierungsduo Fred Sinowatz/Norbert Steger kamen.

1987: Alois Mock ist nicht Bundeskanzler geworden, dafür Außenminister. Weil er sich ein ganz neues politisches Ziel gesetzt hat: „Ich führe Österreich nach Europa!" Ein schier unmögliches Vorhaben, da die SPÖ zunächst aus Neutralitätsgründen einer EU-Mitgliedschaft Österreichs nicht zuzustimmen schien. Erst ein Kraftakt von SPÖ-Vorsiztendem Bundeskanzler Franz Vranitzky machte den Weg nach Brüssel schließlich frei.

Die Zweite Republik hatte sich bis zu diesem Zeitpunkt sehr schön in Epochen einteilen lassen: 1945 bis 1955 ging es um Freiheit und um Unabhängigkeit. 1955 bis 1970 ging es um den Wiederaufbau. 1970 bis 1980 ging es um den sozialen Fortschritt, die Liberalisierung der Gesellschaft.

Worum sollte es jetzt, Mitte der achtziger Jahre, gehen? Um welches große Ziel, das alles umfaßte – die Politik, die Wirtschaft, die Gesellschaft?

Im Wahlkampf zu den Nationalratswahlen 1986 war plötzlich von „Europa" die Rede. Nicht zuletzt deshalb, weil mit den großräumigen politischen Änderungen auf dem Kontinent das neutrale Österreich sich nicht mehr in der bequemen Puffer-Situation zwischen West und Ost befand. Der Osten begann sich militärisch (und auch wirtschaftlich) aufzulösen – verbunden mit allen Gefahren, die tiefgreifende Strukturänderungen immer schon mit sich gebracht haben.

Ein neues Ziel für Österreich

Die Überlegung, Österreich müsse sich selbst in diesem sich dramatisch verändernden Europa neu positionieren, führte relativ früh, eben Mitte der achtziger Jahre, zum Schlagwort von „einer neuen Europapolitik“, die betrieben werden müßte. Prompt fand sich in der Regierungserklärung der wiedererstandenen Großen Koalition am 28. Jänner 1987 diese Erklärung:

„Die Bundesregierung wird durch konsequente Integrationsbemühungen sicherstellen, daß österreichische Unternehmen an der Dynamik des großen europäischen Marktes und der Technologieprogramme der EG teilnehmen können.“ Zuvor schon hatte es in den Gesprächen zwischen SPÖ und ÖVP zur Erstellung eines koalitionären Arbeitsprogrammes geheißen, daß „konkrete Schritte unternommen werden sollten, damit Österreich nicht vom europäischen Integrations- und Binnenmarkt ausgeschlossen und diskriminiert wird“.

Die Stunde des Alois Mock war gekommen. Der Parteiführer der ÖVP setzte zu seiner dritten großen Karriere an.

Wie bei Alois Mock die Europa-Idee entstand

Außenminister Alois Mock erinnert sich, daß er schon als Mittelschüler mit dem Europa-Gedanken konfrontiert worden sei und ihn mit Interesse verfolgt habe; seitdem habe ihn dieser nie mehr losgelassen:

„Am Beginn meiner Studienzeit und nach meiner Mittelschulzeit, zwischen 1952 und 1954, gab es die großen Diskussionen um die Errichtung der Montan-Union, dem Vorläufer der EG, quasi die Europäische Gemeinschaft für Kohle und Stahl, die damals faktisch aus dem Friedensmotiv heraus gegründet werden sollte. Mit dem Gedanken, man überträgt Energie, Eisen und Stahl in eine gemeinschaftliche Verwaltung, um es so den nationalen Regierungen unmöglich zu machen, einer Kriegslust nachzukommen. Damals schon gab es daneben einen Entwurf für eine politische Union, nicht nur den einer Verteidigungsgemeinschaft, den zunächst sechs Staaten unterschrieben, aber nur fünf ratifizierten. Mit der Weigerung Frankreichs, dem

Vertrag beizutreten, wurde der Versuch, eine politische Union zu gründen, vereitelt. Die heutigen Maastricht-Verträge waren somit der zweite Versuch, eine politische Union ins Leben zu rufen.

Den zweiten Europa-Schub erhielt ich später in Bologna, wo speziell meine Professoren Jean-Baptiste Duroselle – heute ein 80jähriger Mann – und Professor Alfred Grosser – heute auch schon 78 – uns Studenten die Europa-Idee aufbereitet haben. Nicht im Sinne fanatischer Supranationalisten, aber durchaus grenzüberschreitend – vor allem Grosser, ein Deutscher jüdischer Herkunft, der gerade noch dem Wahnsinn Adolf Hitlers entkommen ist."

Nachdenklich erinnert sich Alois Mock plötzlich an Leopold Figl, der, wie Mock erzählt, „bei einem ÖVP-Parteitag Anfang der fünfziger Jahre in Salzburg sogar wörtlich formulierte: ‚Wir wollen die Vereinigten Staaten von Europa!' Ich hab' geglaubt, das darf nicht wahr sein, als einer meiner Mitarbeiter erst jetzt, vor ein paar Monaten, dieses Zitat gefunden hat."

Operativ, rein regierungstechnisch, begann für Alois Mock das „Unternehmen Europa" Anfang 1987 zu laufen. In einer der ersten Regierungssitzungen nach den November-Wahlen „bin ich mit dieser Idee in die Regierung hineingegangen und mußte feststellen, daß die Sozialisten – mit Ausnahme des Gewerkschaftsflügels – ihr doch sehr, sehr reserviert gegenüberstanden".

Damals hatte Alois Mock mit seinem Mitarbeiter Manfred Scheich, dem späteren beamteten Chefverhandler Österreichs mit der EU und heutigen Botschafter Österreichs bei der Europäischen Union in Brüssel, ein Grundsatzpapier ausgearbeitet, das, so der Außenminister heute, zunächst rein auf wirtschaftliche Belange abgestellt gewesen sei.

Das „Unternehmen Europa" beginnt

Mock: „Beide überlegten wir intensiv, wie wir die Sozialisten für diesen unseren Weg nach Europa denn doch gewinnen könnten."

Das Außenministerium unter Mocks Führung hatte die Regierungserklärung der Großen Koalition und vor allem deren noch recht verschlüsselte Europa-Passage im Jänner 1987 sofort als „grünes

1985–1992: Seit der Wahl Kurt Waldheims zum Bundespräsidenten waren die Beziehungen zwischen den USA und Österreich irritiert. Erst die Wahl Thomas Klestils eröffnete die Chance, die Verkrampfung zu lösen. Gemeinsam mit US-Außenminister George Baker bemühte sich Mock um eine Entspannung auf dem Balkan. Die war dann mit dessen Nachfolger Warren Christopher (Bild) nicht so leicht, weil der Amerikaner glaubte, trotz einer hohen Auszeichnung Kurt Waldheims durch den Papst die unbewiesenen Anschuldigungen gegen den Alt-Bundespräsidenten aufrechterhalten zu müssen.

1991–1994: Hunderte Vorgespräche waren nötig, Kurzreisen im Jet quer durch Europa, um Österreichs Eintrittskarte in die EU zu lösen. Flugzeuge wurden zuletzt zu Pressekonferenz- und Arbeitsräume für Österreichs Außenminister.

Licht" aufgefaßt, mit einer Arbeitsgruppe für dieses neue außenpolitische Ziel anzutreten. Binnen kurzem hatte Mock 300 Experten an einen Tisch geholt, eine Studie lag bald vor. Aus dieser Studie wurde deutlich, daß es kein echtes Hindernis für Österreichs Mitgliedschaft bei der EU gibt.

In der SPÖ hingegen klammerte sich ein Großteil an die Befürchtung, damit ginge die Neutralität Österreichs verloren, und überhaupt käme dies der Selbstaufgabe Österreichs als Staat gleich. Mock und die ÖVP orteten damals eine prominente Ausnahme in der sozialistischen Ablehnungsfront: Kurzzeit-Außenminister Peter Jankowitsch sah die Europa-Dinge für Österreich weniger dramatisch. Mock: „Uns ging es zunächst darum – wir waren ja nur eine Freihandelszone –, den Binnenmarkt zwischen der EG und Österreich zu verwirklichen, die politischen Elemente ließen wir heraußen. Nur so könnten wir mit den Sozialisten zusammenkommen, wußte ich. Denn die machen nicht mit, so sagten wir uns damals, wenn es heißt: gemeinsame europäische Außenpolitik, Sicherheitspolitik usw. Also bestand unsere Arbeit speziell von Februar und März 1987 vor allem darin, mit möglichst vielen Leuten zu reden, Überzeugungsarbeit zu leisten. Aus Brüssel wurde mir hingegen signalisiert: ‚Bitte, mit eurer Rosinentheorie eines Beitritts geht gar nichts. Ihr wollt keine gemeinsamen Verpflichtungen eingehen, aber dafür alle wirtschaftlichen Vorteile haben.'"

Mock war in der Zwickmühle. Einerseits erklärten ihm seine vielen Freunde in Brüssel, Österreich könne sich seine „Rosinentheorie" abschminken – anderseits wollte der Regierungspartner zu Hause nichts von österreichischen Pflichten gegenüber Brüssel wissen, wie sie ein Vollbeitritt eben nach sich zieht.

Mock: „Da habe ich begonnen, den Vollbeitritt neuerlich in direkten Gesprächen mit Kanzler Franz Vranitzky zu erörtern. Ob wirklich nichts mehr ginge. Es gab mehrere Termine mit ihm, und bei einem solchen entstand plötzlich die Situation, daß ich sagen konnte: ‚Okay, Herr Bundeskanzler, dann probieren wir es noch einmal. Gut, ich betrachte das als vereinbart, wir probieren den Beitritt!' Sagt er plötzlich zu mir: ‚Ist in Ordnung!' Damit war für mich klar, daß ich jetzt das gesamte Paket, wie es Brüssel ja für jeden Beitrittswerber vorsieht, auf den Tisch legen konnte. Das war im März 1988."

In diesem wohl entscheidenden Gespräch zwischen Kanzler Vranitzky und seinem Außenminister sei von ihm, Mock, durchaus auch die außenpolitische Komponente Moskaus angesprochen worden. Nämlich, daß der Staatsvertragspartner gegen einen EU-Weg Österreichs protestieren werde.

Mock: „Ich sagte zum Kanzler: ‚Wir dürfen eines nicht unterschätzen und nicht vergessen, es könnte der eine oder andere Husterer oder andere unangenehme Töne aus Moskau kommen. Aber ich glaube, das Risiko ist verantwortbar.' Drauf der Kanzler: ‚Ja, das ist klar.' Ich war ja noch immer der Meinung, daß die Sozialisten längst noch nicht soweit sind, einem Beitritt Österreichs zuzustimmen. Man darf ja nicht vergessen, wie seinerzeit, 1965, Bruno Pittermann dem Josef Klaus vorgeworfen hat, daß die EWG, wie sie damals hieß, ja nichts als eine rein profitorientierte Gemeinschaft wäre und dergleichen mehr. Aber jetzt, da ich sah, daß Kanzler Vranitzky gar nicht so stur war in der Frage, da sagte ich mir: ‚Ja, gehen wir aufs Ganze!'"

Aber erst ein Jahr später, am 5. April 1989, kam von der SPÖ tatsächlich ernsthaft grünes Licht für Österreichs Weg nach Brüssel. Mocks außenpolitischer Vertrauter, Prof. Andreas Khol: „Es ist schon richtig: Franz Vranitzky hat ein historisches Verdienst, vermutlich das größte von allen, die dem EU-Beitritt positiv gegenüberstanden, weil die von ihm bewirkte Kursänderung in der SPÖ es später möglich machte, den Beitrittsantrag zu stellen. Denn er hat damals, 1989, im April, in absolut staatsmännischer Größe seine Partei wie ein Pferd zwischen die Schenkel genommen und als überzeugter Pro-Europäer, der Vranitzky ja immer schon war, über die parteipolitischen Hürden getragen. Er drehte damals eine Kontra-EU-Stimmung im SPÖ-Bundesparteivorstand, der 60köpfig ist, faktisch im Allein-

1991–1994: Als Vorstufe zu Österreichs EU-Beitritt absolvierte Außenminister Alois Mock in Europas wichtigsten Hauptstädten – Bonn, Paris, Madrid, London, Rom – Pulic-Realations-Touren für Österreich. Besonders die Engländer (im Bild: Außenminister Douglas Hurd) mußten diplomatisch „massiert" werden.

Franz Vranitzky setzt sich im Bundesparteivorstand durch

1991–1994: Brüssel wurde zum zweiten Hauptarbeitsplatz für Alois Mock. Oft bis zum Umfallen kämpfte er um die Interessen Österreichs.

gang um und erzwang zuletzt eine 54 : 5-Abstimmung für Österreichs EU-Antrag. Wäre ihm das nicht gelungen, wäre Österreichs Antrag zur Aufnahme in die Union niemals möglich gewesen – da hätten wir von der ÖVP kopfstehen können. Es wäre nichts gegangen ohne die SPÖ. Die Sozialisten sprangen über alle ihre Schatten: Daß eine Partei sich durch einen völkerrechtlichen Vertrag – und das ist die EU – ein für allemal die Wunschträume ihrer bisherigen Ideologie abschminkt, also keine Verstaatlichung mehr, keine zentrale Einkommenspolitik mehr, also echte Dogmen aufgibt, das war damals und ist auch heute eine beachtliche Sache!"

Bevor es aber soweit war, daß Österreichs Sozialdemokratie durch Franz Vranitzkys Machtwort endgültig in den Europa-Zug einstieg, kam es in den Jahren 1987 und 1988 zu etlichen sehr heftigen Scharmützeln zwischen den beiden Koalitionsparteien.

• Zunächst über die EU-Studie, die vom Außenministerium ab Frühjahr 1987 zwar flugs erarbeitet und noch vor den Sommerferien dem Ministerrat vorgelegt, aber dann doch nicht beschlossen wurde. Die SPÖ verlangte ergänzende Beratungen vor einer Entscheidung. Ein Nervenkrieg begann: ÖVP und FPÖ für den EU-Beitritt Österreichs, SPÖ skeptisch, Bauern und Gewerkschaften auch skeptisch. Kommunisten und Grüne entschieden sich gegen eine EU-Annäherung Österreichs.

Österreichs Sozialdemokraten werfen Alois Mock in dieser Zeit offen vor, er hätte die Linie der Außenpolitik der Republik nachhaltig verändert. Mock erinnert sich: „Jahre und Jahrzehnte sagte man, man wolle an der europäischen Integration teilnehmen, aber man beschränkte sich in Wahrheit immer nur auf ein Mitnaschen, auf ein Mitmachen nur im wirtschaftlichen Bereich. Jetzt bin ich eben der Auffassung, daß dies zwar nützlich ist und war – siehe das Freihandelsabkommen 1972 –, aber letztlich geht es doch für Österreich darum, daß ein gesundes europäisches Land gleichberechtigt in diesem neuen Europa mitbestimmen können muß. Das aber kann man nur als Vollmitglied in der Europäischen Union. Daher meine absolute Überzeu-

» Die Sozialisten sprangen über alle ihre Schatten. «
ANDREAS KHOL

1. März 1994: Im Finale der EU-Verhandlungen Österreichs mit Brüssel kämpfte Mock einen 72-Stunden-Marathon, der ihm physisch das Äußerste abverlangte. Österreichs Delegation wuchs zu einer schlagkräftigen Truppe heran. Besonders Finanzminister Ferdinand Lacina und Vorarlbergs Landeshauptmann Martin Purtscher (im Bild links) sowie Wirtschaftsminister Wolfgang Schüssel waren besondere Stützen in der harten Schlacht.

gung, wir müßten alles tun, um die Vollmitgliedschaft zu erwerben. Dieses mein Wollen führte zu gewissen Spannungen in der Regierung, vom Sommer 1988 an."

Mock bestätigt auch, daß die Europa-Frage beinahe die Große Koalition gesprengt hätte: „Es gab Spannungen, und es ist auch richtig, daß er in der zweiten Märzhälfte 1989 sagte: „Wenn wir in den nächsten Wochen die Beitrittsfrage nicht lösen, dann ist das für mich und die ÖVP die Koalitionsfrage!' Aus welchen Gründen immer, wenige Tage später, nach dieser meiner Drohung, hat das SPÖ-Präsidium grundsätzlich die Position eingenommen, Österreich solle der EG beitreten."

• Nächste Hürde ist die Übergabe des Beitrittsansuchens in Brüssel. Abgesehen von Kompetenzstreitigkeiten gab es im Dezember 1988 bei einer um die Landeshauptleute erweiterten Sitzung ein klares Nein des Bundeskanzlers Vranitzky zur Absendung des Beitrittsbriefes. Es wären noch eine Reihe von Studien anzustellen – was nach Mocks Auffassung einen großen Zeitverlust bedeutet und die Gefahr mit sich gebracht hätte, die nächste EU-Erweiterungsrunde zu versäumen.

• Erst in den ersten Monaten 1989 erhält die Beitrittsstudie des Außenministeriums die Zustimmung der gesamten Koalitionsregierung. Es sind die Parlamentsklubchefs Fritz König und Heinz Fischer, die das Eis brechen, einen Europa-Gipfel zwischen Vranitzky und Mock arrangieren und so

> „Wenn wir in den nächsten Wochen die Beitrittsfrage nicht lösen, dann ist das für mich und die ÖVP die Koalitionsfrage!"
>
> ALOIS MOCK

1. März 1994: EU-Staatssekretärin Brigitte Ederer (SPÖ) erwies sich im Finale von Österreichs EU-Verhandlungen in Brüssel auch als ein menschlich wertvoller Partner: Rührend war sie um Alois Mock bemüht, als dieser deutlich erschöpft und gezeichnet war. Ein Team über alle Parteigrenzen hinweg. Umso schmerzlicher, daß die junge Staatssekretärin später daheim parteipolitischem Gezänk zum Opfer fiel und den EU-Vertrag in Korfu nicht mitunterzeichnen durfte.

ein Ende der zermürbenden Diskussion herbeiführen. Die „umfassende, volle Teilnahme Österreichs am Binnenmarkt" ist formuliert, mit der Einschränkung, Österreich müsse am Status eines immerwährend neutralen Landes festhalten.

1989 – ein Jahr, das die Welt veränderte

Dennoch wird das späte Frühjahr 1989 zu einer Zeit großer politischer Inszenierungen für Österreichs Außenminister Alois Mock:

- Alois Mock setzt mit dem Durchschneiden des Eisernen Vorhangs am 27. Juni 1989 einen weltweit beachteten politischen Akt. Gemeinsam mit seinem ungarischen Amtskollegen Gyula Horn, heute Ministerpräsident in Budapest, räumt Alois Mock bei Sopron den Stacheldraht der Grenze zwischen Ost und West beiseite. Nur wenige Wochen später fällt in Berlin die Mauer. 1989 war ein Jahr, das die Welt veränderte.

Brüssel und die Europäische Union reagierten auf das Beitrittsansuchen Österreichs unüblich rasch – binnen zweier Jahre begannen die eigentlichen Verhandlungen, die Ende Februar 1994 ihren spektakulären Höhepunkt und Abschluß fanden, um den Beitritt Österreichs termingerecht mit 1. Jänner 1995 zu ermöglichen.

Ein Traum wird Wirklichkeit

Am Dienstag, 1. März 1994, um 23 Uhr, ist der Lebenstraum von Alois Mock in Erfüllung gegangen. In der österreichischen EU-Mission in der Brüsseler Avenue Cortenbergh meldet er der rot-weiß-roten Delegation den Vollzug, in zuletzt 45 Stunden ununterbrochenen Verhandelns war der

1991–1994: Das Bild, das sich in die Herzen der Österreicher eingeprägt hat – Alois Mock, oft schwer gezeichnet vom politischen Streß seiner Arbeit quer durch Europa.

Vertrag Österreichs als 13. Mitglied der Europäischen Union unter Dach und Fach gebracht worden.

Claus Reitan, Ex-Pressechef von Ex-ÖVP-Bundesobmann Josef Riegler (der 1989 Alois Mock an der Spitze der Volkspartei abgelöst hatte) und heute einer der bestinformierten Europa-Experten unter Österreichs Journalisten, schrieb in diesen entscheidenden Tagen über den „Europa-Kampf des Alois Mock“:

„Diese Woche des Alois Mock war sogar für den selbstmörderischen Job eines Politikers Rekord. 130 Arbeitsstunden in sieben Tagen, 235 Arbeitsstunden in den letzten zwölf Tagen. Noch nie, so die einhellige Meinung aller Delegationsmitglieder Österreichs in Brüssel, hat jemand sein Leben und seine gesamte Gesundheit so für eine Aufgabe geopfert wie Mock. Als dieser Dienstag um 22.15 Uhr den Großen Ratssaal zur Abschlußerklärung betrat, bekam Mock Standing ovations. Zu diesem Zeitpunkt hatte auch bei den ausländischen Journalisten, die Mock anfangs mit Zitaten wie ‚Schaut der schlimm aus‘ bedacht hatten, das Mitleid in bewundernde Hochachtung umgeschlagen.“

Alois Mock hat seinen wichtigsten Kampf gewonnen. „Für mich persönlich ist das ein bewegender Augenblick“, sagte er nach der Einigung Dienstag nacht. „Wie sich das in einer Demokratie gehört, ist man nur auf Zeit bestellt. Und ich habe nie gewußt, ob mir mein politisches Leben noch die Chance gibt, den wichtigsten politischen Schritt Österreichs zu erleben. Ich bin überglücklich.“

Wie ein Löwe hatte Mock in den Fragen zu Transit und Landwirtschaft im Interesse Österreichs gekämpft, wobei in diesen Sachbereichen die Minister Klima und Fischler die schwierigsten Detailverhandlungen zu führen hatten.

Mocks Resümee: „Die Einheit Europas ist der Garant für den Frieden künftiger Generationen. Nach Jahrhunderten des Krieges haben wir mit dieser Einheit die Basis für ein Jahrhundert des Friedens gelegt.“

Und Reitan schreibt weiter: „Unübersehbar in dieser Woche des Triumphs: Alois Mock ist schwer gezeichnet. Er kann seine Hand- und Fußbewe-

» Für mich persönlich ist das ein bewegender Augenblick. Wie sich das in einer Demokratie gehört, ist man nur auf Zeit bestellt. Und ich habe nie gewußt, ob mir mein politisches Leben noch die Chance gibt, den wichtigsten politischen Schritt Österreichs zu erleben.
Ich bin überglücklich. «

Alois Mock

> »
> Die Einheit Europas ist der Garant für den Frieden künftiger Generationen.
> «
> ALOIS MOCK

gungen praktisch nicht mehr kontrollieren. Bei fast jedem Satz macht sein Kopf ruckartige Reflexe. Schon Sonntag war Mocks Leiden bei einer Pressekonferenz so deutlich, daß Journalisten aus Betroffenheit keine Fragen mehr stellten. Wiens bekanntester Parkinson-Spezialist Prof. Walther Birkmayer sagt erstmals offen: ‚Die gesamte Motorik bei Dr. Mock ist so, daß jeder Neurologe gleich erkennen muß, daß hier die Parkinsonsche Krankheit vorliegt.' Parkinson ist eine Nervenkrankheit, ausgelöst durch den Mangel an Dopamin im Gehirn. Birkmayer: ‚Es gibt bei Parkinson ausgezeichnete Behandlungen. Patienten leben damit noch 30 Jahre. Geistig bleibt der Patient bis zum letzten Tag intakt. Ein Politiker kann somit durchaus weiter aktiv sein.' Alois Mocks Gattin Edith dementiert diese Diagnose: ‚Ich garantiere – mein Mann ist nicht krank, nur müde. Er nimmt weder Medikamente, noch ist er in Behandlung. Das Fernsehen läßt einfach vieles gröber erscheinen. Nach 42 Stunden nonstop ist jeder erschöpft.' Mocks engste Mitarbeiter sehen das ähnlich: ‚Lassen Sie ihn zweimal acht Stunden schlafen, und er ist wieder fit. Mock selbst hat schon entschieden: Er wird bei den Nationalratswahlen noch einmal kandidieren, will weiter Außenminister bleiben. So oder so: Alois Mock ist ein politisches Denkmal geworden. Ein Land spendet ihm Standing ovations."

Diesem dramatischen Situationsbericht von den entscheidenden Stunden in Brüssel aus der Feder des Europa-Spezialisten Claus Reitan in den Apriltagen 1994 ist nichts hinzuzufügen.

Zeitzeuge Josef Cap,

Bundesgeschäftsführer der SPÖ

„Respekt vor Mock, dem Berechenbaren"

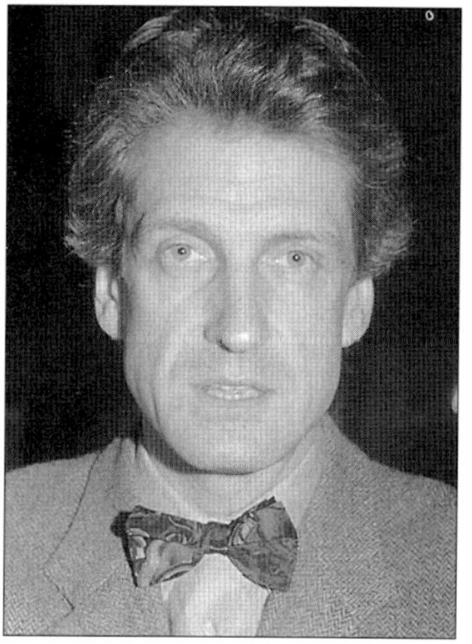

Die Bilanz der österreichischen Außenpolitik unter Minister Alois Mock ergibt ein ambivalentes Bild. Beachtliche Erfolge auf Grund einer konstruktiven Zusammenarbeit mit der SPÖ in wesentlichen Bereichen kontrastieren stark mit außenpolitischen Aktivitäten, die sich nur aus dem christlich-konservativen Weltbild des amtierenden Außenministers erklären lassen. Manche Aktivitäten erweckten gar den Eindruck, als sollte die österreichische Außenpolitik dem Niveau der konservativen Internationale angepaßt werden.

Positiv ist anzumerken, daß der in der Nachkriegsgeschichte Österreichs bewährte internationale Grundkonsens über die Basisziele der österreichischen Außenpolitik sich auch in der gerade zu Ende gehenden Legislaturperiode eindrucksvoll bestätigt hat.

Bereits 13 Monate nach Beginn der Verhandlungen über den Beitritt Österreichs zur Europäischen Union im Februar 1993 konnten diese erfolgreich abgeschlossen werden.

In Fragen nationalen Interesses waren beide staatstragenden Parteien schon in der Vergangenheit zu großen gemeinsamen Leistungen fähig.

Der ambitionierte Einsatz des von Minister Mock geführten außenpolitischen Apparates sowie die konstruktive Zusammenarbeit zwischen den Koalitionsparteien haben in erstaunlich kurzer Zeit eine der – laut Koalitionsabkommen 1990 – vorrangigen Aufgaben der österreichischen Außenpolitik gemeistert und ein den wesentlichen Interessen Österreichs entsprechendes Verhandlungsergebnis gebracht.

In manchen Bereichen, wie etwa in der Umweltpolitik, hat sich schon im Zuge der Verhandlungen gezeigt, daß Österreich in der europäischen Integration neue Impulse setzen wird.

Mit der überwältigenden Zustimmung der österreichischen Bevölkerung zu den Ergebnissen der Verhandlungen ist nicht nur die letzte entscheidende „Beitrittshürde“ zur Europäischen Union übersprungen, sondern auch die ausgezeichnete Zusammenarbeit der Koalition eindrucksvoll gewürdigt worden.

„Die unter Außenminister Mock erfolgte Abschwächung des politischen Engagements außerhalb Europas hinterließ Lücken die gefüllt werden mußten.“

Damit hat sich die seit Ende der achtziger Jahre abzeichnende signifikante Umorientierung der österreichischen Außenpolitik in Richtung Europa und EU-Politik weiter verstärkt.

Als Reaktion auf deutlich veränderte externe Rahmenbedingungen (Ende des Ost-West-Konflikts, Ende der UdSSR, weitere Vertiefung der europäischen Integration) bewegt sie sich in diesem Punkt durchaus im Rahmen des außenpolitischen Grundkonsenses.

Dennoch ist aus sozialdemokratischer Sicht kritisch anzumerken, daß die unter der Österreichischen Volkspartei vollzogene Akzentverschiebung von einer aktiven globalen Außenpolitik zu einer ausgeprägten „Europa-Zentrierung“ zu markant ausgefallen ist und dem Postulat einer „global ausgerichteten Außenpolitik“ (Koalitionsübereinkommen 1990) nicht gerecht wird. Die Schwerpunktverlagerung in Richtung Europa- und Nachbarschaftspolitik geht weit über die Vorgaben des Koalitionsübereinkommens hinaus.

Die unter Außenminister Mock erfolgte Abschwächung des politischen Engagements außerhalb Europas hinterließ Lücken, die gefüllt werden mußten.

Die einseitige Auslandsreise-Bilanz des amtierenden Außenministers unterstreicht diese Akzentverschiebung in der Außenpolitik zusätzlich. Obwohl sich gerade in Asien herausragende gesellschafts- und wirtschaftspolitische Entwicklungen abspielen, verzeichnet die Statistik in dieser Legislaturperiode nur einen Asienbesuch des Außenministers, Lateinamerika scheint in der Statistik überhaupt nicht auf.

1985, 1992: Dr. Thomas Klestil, seinerzeit Österreichs Botschafter in den USA, hatte ab 1985 die Waldheim-Affäre in den USA zu bewältigen. Im Bild bei der Berichterstattung an ÖVP-Chef Alois Mock, zu der Klestil nach Wien einberufen wurde. Sechs Jahre später wird der Botschafter selbst Waldheims Nachfolger als Bundespräsident.

Die auch von der SPÖ mitgetragene Hinwendung zu Europa darf nicht zu weltpolitischer Abstinenz führen. Zahlreiche Aufgaben – Eindämmung der Militarisierung in der Dritten Welt, Umweltschutz, Maßnahmen gegen die katastrophalen Lebensbedingungen in zahlreichen Regionen der südlichen Hemisphäre – lassen sich heute nur mehr in einem weltweiten Rahmen wirksam bewältigen.

Wachsende internationale Interdependenz ist kein Schlagwort, sondern ein Charakteristikum unserer Zeit und spiegelt sich auch zunehmend im außenpolitischen Bewußtsein der ÖsterreicherInnen wider.

Dies bestätigt eine 1990/91 vom Österreichischen Institut für Internationale Politik durchgeführte Umfrage:

Als weltweit vordringlich zu lösende Probleme sehen die Österreicher die Umweltproblematik sowie Armut und Hunger in der Dritten Welt an. Dabei sprechen sich fast neun Zehntel für ein stärkeres Engagement Österreichs in der internationalen Umweltpolitik aus.

Große Bedeutung wird auch den österreichischen Aktivitäten im grenzüberschreitenden Umweltschutz – vor allem den Maßnahmen gegen Atomkraft – zugemessen. Beide Bereiche wurden in dieser Legislaturperiode primär von der SPÖ abgedeckt, insbesondere durch das international beachtete Engagement des österreichischen Bundeskanzlers im Rahmen der UN-Konferenz über Umwelt und Entwicklung (UNCED) in Brasilien 1992.

Und es war auch Bundeskanzler Franz Vranitzky, der als erster Regierungschef überhaupt ein kernkraftwerkfreies Mitteleuropa propagiert und konkrete Maßnahmen dafür gesetzt hat.

» Wachsende internationale Interdependenz ist kein Schlagwort, sondern ein Charakteristikum unserer Zeit. «

1986: Der Europa-Idee von vornherein aufgeschlossen war der damalige SPÖ-Außenminister Peter Jankowitsch. Mock hatte in ihm einen wertvollen Mitkämpfer, noch ehe Franz Vranitzky die SPÖ auf Europa-Kurs trimmte.

Es liegt auch im vitalen Interesse Österreichs, daß es in den für die Zukunft der Menschheit entscheidenden Problembereichen internationaler Politik – Ökologie, Entwicklung und Sicherheit – effektive Regelungen und Lösungen gibt. Österreich muß sich auf internationaler Ebene verstärkt dafür einsetzen, daß die Vereinten Nationen samt ihren Sub- und Sonderorganisationen aufgewertet und mit den entsprechenden Lösungskompetenzen ausgestattet werden.

In diesen Problembereichen wird auch die Europäische Union im Rahmen der Gemeinsamen Außen- und Sicherheitspolitik (GASP) eine zunehmend wichtigere Rolle spielen.

Dies allein erfordert bereits eine neue „Re-Globalisierung" der österreichischen Außenpolitik, falls Österreich seinem Anspruch, die Politik der Union mitgestalten zu wollen, gerecht werden will.

Als betrübliche Konsequenz der ÖVP-dominierten, fast nur mehr europazentrierten Außenpolitik ist in diesem Kontext die Abziehung von UN-Einheiten aus Wien und der Verlust des Sitzes der neugegründeten Chemiewaffen-Kontrollagentur zu werten, obwohl gerade die Stärkung der Stellung Wiens als Ort internationaler Begegnungen im Koalitionsübereinkommen des Jahres 1990 festgeschrieben wurde.

In der Entwicklungszusammenarbeit konnte hingegen das erklärte Ziel der Bundesregierung, noch in dieser Legislaturperiode den DAC-Durchschnitt bei der öffentlichen Entwicklungshilfe zu erreichen und die Qualität der Entwicklungszusamenarbeit zu verbessern, ingesamt erfüllt werden. Damit bestätigten sich die Erwartungen, die an die Rückübertragung der Agenden der Entwicklungshilfe Ende 1990 vom Außenministerium ins Bundeskanzleramt und damit in den SPÖ-Verantwortungsbereich geknüpft wurden.

Die Unterstützung des Systemwandels in Osteuropa und der ehemaligen Sowjetunion rechtfertigt zweifellos eine weitere Schwerpunktsetzung in der österreichischen Außenpolitik, sollte allerdings nicht mit einer „Mitteleuropa-Nostalgie" verbrämt werden.

Manche Aktivitäten des amtierenden Außenministers im mitteleuropäischen Raum verdienen das Prädikat „altösterreichisch".

Als diplomatisch unangemessen müssen auch die kritischen Bemerkungen nach dem Wahlsieg einer linken Parteienkoaliton in Polen im Herbst 1993 bewertet werden, wobei sich Minister Mock sogar dazu verstieg, der neuen Regierung eine Beobachtungsphase für Wohlverhalten öffentlich anzukündigen.

Diese „Wende der Wende" – die Rückkehr der ehemaligen „Reformkommunisten" an die Macht – paßt verständlicherweise nicht ins ideologische Konzept der ÖVP, manifestiert sie doch einige Jahre nach der Wende 1989 einen markanten Aufschwung linker Parteien im Osten – die sich heute eindeutig zu Demokratie, sozialer Marktwirtschaft, Fortsetzung der Reformen und EU-Integration bekennen.

1989: Alois Mock hat die erste wichtige Hürde seiner Europa-Politik genommen. Er überreichte in Brüssel dem damaligen EG-Ministerratsvorsitzenden, dem französischen Außenminister Roland Dumas, das Beitrittsansuchen Österreichs. Über dieses Dokument hatte es zuvor in Wien heftigste innenpolitische Auseinandersetzungen gegeben.

Anmerkungen zur Jugoslawien-Politik

Die seit der Übernahme des Außenministeriums durch die ÖVP stark reduzierte österreichische Vermittlertätigkeit in regionalen Konflikten steht in einem auffallenden Kontrast zum intensiven Engagement im Falle Ex-Jugoslawiens. Eine kritische Analyse der österreichischen Jugoslawien-Politik unter Außenminister Mock ergibt folgendes Bild:

1. Die von maßgeblichen Kräften in der ÖVP massiv betriebene Anerkennung der jugoslawischen Teilrepubliken, die auch international von der ÖVP permanent eingefordert wurde, hat sich als Fehlkalkulation erwiesen. Weder die Aufnahme in die UNO noch die KSZE-Mitgliedschaft konnten dem Morden in Bosnien bisher ein Ende setzen, da die Aktionsmöglichkeiten beider Organisationen maßlos überschätzt wurden. Heute wird selbst von Andreas Khol – zumindest in bezug auf Bosnien-Herzegowina – zugegeben, daß man bei der Anerkennung Bosniens „einen Fehler" gemacht habe.

2. Durch Außenminister Mocks wiederholtes offenes Eintreten für eine internationale Militär-

intervention, im vollen Bewußtsein, daß sich Österreich daran nicht beteiligen wird könnten, ist die traditionelle Vermittlerrolle Österreichs faktisch aufgegeben worden.

3. Dies galt auch für die undifferenzierte Parteinahme für die Führung in Zagreb, von der sich inzwischen auch die ÖVP distanziert hat.

In den Wind geschrieben?

Vielleicht sollte Außenminister Alois Mock daran erinnert werden, was er 1987 in bezug auf Bruno Kreisky sagte: „Es kam sicherlich dann das spektakuläre Engagement Dr. Kreiskys im Nahen Osten hinzu. Da haben wir auch schon in der Opposition mit ihm beachtliche Konflikte gehabt, zu denen ich noch heute voll stehe. Weil mir vor allem der Stil eindeutig überzogen war, weil ich der Auffassung war, was politische Konflikte anbelangt, ist es im Interesse eines immerwährend Neutralen, eine gewisse Zurückhaltung zu üben. Ich kann nicht neutral sein und ständig Position in einer politischen Konfliktsituation für den einen oder anderen beziehen." (International Nr. 2/1987.)

Kritisierbar sind auch verschiedene Aussagen Mocks zu Fragen der österreichischen Sicherheitspolitik. Denn Österreich wäre schlecht beraten, wenn es seine sicherheitspolitische Zukunft von Entwicklungen abhängig machen würde, die noch völlig ungewiß sind. Die Einschätzung Mocks, daß eine WEU- und Nato-Mitgliedschaft „mit der Neutralität voll vereinbar" wäre (APA 29. 10. 1993), findet nicht die Zustimmung der Sozialdemokraten.

Es gibt keine Veranlassung, vom bewährten Sicherheitskonzept der Neutralität abzugehen.

„Österreich wäre schlecht beraten, wenn es seine sicherheitspolitische Zukunft von Entwicklungen abhängig machen würde, die noch völlig ungewiß sind."

Eine Bilanz der österreichischen Außenpolitik kann nicht über die Probleme im Ressort hinweggehen.

Zwei Studien aus dem Jahr 1992 dokumentieren eindrucksvoll den Reformbedarf innerhalb des Ressorts, der sich unter Mock angesammelt hat. Während die Studie von Prof. Neuhold hauptsächlich die äußeren Herausforderungen und die damit

1989: Österreichs Außenminister Alois Mock schreibt Weltgeschichte. Gemeinsam mit seinem ungarischen Amtskollegen Gyula Horn, heute Ministerpräsident eines freien Ungarn, durchschnitt Mock bei Sopron in einem symbolträchtigen Akt eigenhändig den Eisernen Vorhang. Wochen später fiel die Berliner Mauer.

verbundenen Anforderungen an die österreichische Außenpolitik thematisieren, untersucht Prof. Titscher die subjektiven Einstellungen der MitarbeiterInnen. Vor allem Titschers Studie liefert in der Tat ernüchternde Erkenntnisse über das „Innenleben" des Ressorts, das von einem hohen Maß an Unzufriedenheit der Bediensteten mit der „Organisation und Leitung des Hauses" geprägt ist (83 Prozent finden diese „umständlich", 59 Prozent „schwach").

Bilanz der österreichischen Außenpolitik

Zusammenfassend läßt sich die Bilanz der österreichischen Außenpolitik folgendermaßen umschreiben: Dort, wo sie sich im Rahmen des innenpolitischen Konsenses der staatstragenden Parteien bewegte, wie etwa im Bereich der Europapolitik, war sie durchaus erfolgreich. Außerhalb dieses Bereichs war es vor allem der SPÖ zu verdanken, daß dem Postulat einer global ausgerichteten Außenpolitik auch entsprechende Taten folgen und eine Reduzierung auf das Niveau der konservativen Internationale verhindert werden konnte.

Alois Mock als einer der letzten großen österreichischen Konservativen ist immer ideologisch klar erkennbar und politisch kalkulierbar. Trotz aller Gegensätze sucht er immer das Gespräch und den Konsens – sowohl mit ehrlichen Gegnern als auch mit falschen Freunden. Mock ist im Gegensatz zu so manchen konservativen Windfahnen mit ihrer Wendigkeit und ihrer „freundschaftlichen Illoyalität" ohne Zweifel Respekt zu zollen.

Aussenminister Dr. Alois Mock im Gespräch

„Was ich Österreich für seine Zukunft noch zu sagen habe“

Herr Außenminister, wie sehen Sie denn die Zukunft Österreichs im Rahmen der EU?

Ich glaube, daß Österreich und seine Bevölkerung von der natürlichen Veranlagung her durch den europäischen Entwicklungsprozeß die große Chance haben, eine Rolle zu spielen, die über das Gewicht eines Acht-Millionen-Volkes hinausgeht.

Die EU ist meiner Auffassung nach noch nicht irreversibel!

Es gibt zwar Menschen, die behaupten, die Entwicklung der Europäischen Union sei längst schon unumkehrbar – ich würde es mir wünschen! –, aber wenn ich mir die Renaissance eines gewissen aggressiven Nationalismus, nicht nur im Osten, so ansehe, dann bin ich dessen wirklich noch nicht sicher.

Österreichs Exportartikel – Politik durch Dialog

Trotzdem gilt für uns Österreicher: Es ist ein besonderes Aufgabengebiet eines Landes und eines Volkes, dessen Mentalität geprägt ist von der Gesprächsfähigkeit mit Menschen anderer Kulturen, mit Menschen anderer Sprache und auch oft anderer Interessen, einigend zu wirken. Das heißt, Österreich hat auch die Funktion des Kitts für den europäischen Einigungsprozeß. Und zwar durch die Art, wie bei uns grundsätzlich Politik gemacht wird: Politik durch Dialog, Lösung der Probleme im Dialog. Das ist sozusagen einer unserer Exportartikel in andere Länder.

Zweitens muß diese Fähigkeit auch durch Österreicher, die in der EU selbst tätig sein werden,

ausgespielt werden. Ich hoffe daher, daß sich möglichst viele Österreicher bewerben, als Beamte, in der Verwaltung der Europäischen Kommission, des Europäischen Ministerrates, des Europäischen Gerichtshofes, des Rechnungshofes, aber auch im politischen Bereich, im Europäischen Parlament.
Wobei man natürlich wissen muß, daß in den Europa-Gremien nicht immer nur Siegesfeiern stattfinden werden. Es wird sicherlich Rückschläge geben, zweifellos. Daher wird Europa dort Menschen mit einem gewissen Durchhaltevermögen brauchen, Menschen, die nicht gleich sagen: ‚Die Idee der europäischen Einigung ist tot' oder ‚die Europäische Union ist tot' oder ‚sie ist tödlich verletzt', also dem Euro-Pessimismus verfallen.
Ich sage das auch deswegen so deutlich, weil der Österreicher neben seinen starken Seiten, die er hat, oft auch ein bißchen anfällig ist für pessimistisches Verhalten. Vor allem der Ostösterreicher. Aber ich glaube, daß er dank seiner Sensibilität für die Probleme und dank seiner natürlichen Begabung der permanenten Gesprächsfähigkeit dem sehr entgegenwirken kann.

1994: Altösterreichischen Traditionen folgt die Außenpolitik des Alois Mock. Den Mitteleuropa-Gedanken, die Reinaissance auch jener Länder, mit denen Österreich durch Jahrhunderte zusammengelebt hat, forcierte Erhard Busek schon in den achtziger Jahren. Also ist es nur konsequent, wenn Alois Mock und Erhard Busek vom geschichtsträchtigen Balkon des Wiener Belvederes zuversichtlich nach dem Osten schauen.

Sie betonten vorhin, die EU wäre – Ihrer Meinung nach – trotz aller Fortschritte noch reversibel. Warum eigentlich meinen Sie, daß die Entwicklung dieses neuen, geeinten Europa, für das gerade Sie so sehr kämpfen, nach wie vor umkehrbar sei?

Das neue Europa – ein Experiment

Das schließe ich deshalb nach wie vor nicht aus, weil der Zusammenhalt Europas noch nicht wirklich gefestigt ist.
Schauen Sie, wodurch wird ein Volk zusammengehalten? Dadurch: Es hat eine gemeinsame Erlebniswelt durch Jahrzehnte, allenfalls durch Jahrhunderte. Das hat Europa als politische Einheit nur in einem sehr geringen Ausmaß, wenn man überhaupt davon sprechen kann.
Zweitens wird ein Volk zusammengehalten durch gemeinsame Interessen, gemeinsame

1994: Die Balkan-Krise macht Außenminister Alois Mock schwer zu schaffen. Das Morden in Bosnien-Herzegowina will kein Ende nehmen. Immer wieder sucht Mock Kontakt mit Repräsentanten der Völker Ex-Jugoslawiens und besonders mit den ständigen Mitgliedern des UN-Sicherheitsrates. Im Bild mit Rußlands Außenminister Alexander Kosyrew.

kulturelle Eigenheiten, vor allem durch die gemeinsame Sprache. Allerdings, daß dem nicht immer und unbedingt so sein muß, zeigt uns die Schweiz.
Das dritte, was ein Volk zusammenhält, ist, daß eine politische Bindung vorhanden ist für gemeinsame zukünftige Zielsetzungen.
Wenn ich mir Europas Vergangenheit ansehe, gibt es sicherlich ein gewisses gemeinsames europäisches Bewußtsein, was die Entwicklung der Wissenschaft anbelangt und die Philosophie.
Auf der anderen Seite ist es aber heute nach wie vor so, daß die Franzosen die Zeit der napoleonischen Kriege noch immer anders sehen als die Engländer, die Schweden oder die Deutschen.
Was die Gegenwart anbelangt, ist der Erfahrungsschatz der Europäer, was die genannten Kriterien des Zusammenhalts angeht, noch nicht ein so starker. Vieles braucht noch Zeit.
Am stärksten bindet sicherlich die gemeinsame Europa-Zielsetzung.
Jetzt stellt sich die Frage, ob diese stark genug ist – wenn es zum Beispiel zu einer grundsätzlichen Auseinandersetzung käme im Europäischen Parlament zwischen den Abgeordneten des einen großen Mitgliedsstaates und eines anderen.

»Der Zusammenhalt der Europäer ist noch nicht ein so starker. Vieles braucht noch Zeit.«

Wie, Herr Außenminister, stellen Sie sich für so einen Fall die Lösung vor?

Ja, wie löst man das? Es gibt in dem Sinn praktisch noch keine Exekutivgewalt. Bei uns in Österreich, wenn das Gesetz, das in Wien beschlossen wird, von den Burgenländern, Steirern oder Niederösterreichern nicht akzeptiert wird, würde theoretisch – natürlich je nachdem, worum es sich handelt – die Exekutive oder sonst jemand eingreifen. Im Fall Europa muß man in so einem Fall sicherlich sehr auf der Hut sein vor einer Umkehr des Integrationsprozesses, vor allem, daß sich nicht gewisse nationalistische Egoismen plötzlich in den Vordergrund schieben.

Nationalistische Egoismen sind eine Gefahr für die Integration Europas

Das sind die Gründe, warum ich glaube, es wäre zu leicht, sagte man jetzt schon, die Entwicklung der europäischen Integration sei bereits unumkehrbar.

Das heißt, Sie warnen vor überschäumendem Optimismus, insofern als man möglicherweise die Eigenheiten einzelner Völker mitzubedenken hat?

Ja. Gerade weil ich Europas Integration für eine ganz notwendige Entwicklung halte, glaube ich, sollten sich möglichst viele Leute für sie engagieren. Gerade von den jungen Menschen ist zu erwarten, daß sie schwere Belastungsproben in den europäischen Institutionen durchstehen können.

1996 gibt es die große Regierungskonferenz Europas, bei der sich der weitere Weg des neuen gemeinsamen Kontinents deutlich entscheiden soll. Wie sehen Sie da die Rolle Österreichs, speziell im Hinblick auf folgende entscheidende Frage: Werden wir Österreicher darauf einwirken, daß dieses Europa doch irgendwann ein einziger Bundesstaat wird? Oder werden wir darauf beharren, daß Europa eine Konföderation bleibt?

Ich glaube, was immer die Meinung jener ist, die eine politische Funktion haben, derzeit ist es vernünftiger – und dafür bekommmt man auch eine breite Unterstützung –, sich nicht so sehr mit den langfristigen Aspekten zu beschäftigten. Natürlich kann der eine oder andere mit Recht sagen: ‚Na bitte, warum sollte nicht wirklich Europa die Chance haben, in 150 Jahren eine Art Bundesstaat zu sein?'

Also etwas, wie es die USA in Amerika wurden, die „Vereinigten Staaten von Europa?"

Das realistische Nahziel – eine Union konföderierter Staaten

Ja, sicherlich – aber dennoch sollten wir uns eher mit der gegenwärtigen Realität und jener der nächsten ein, zwei Generationen beschäftigten. Wo man die politische Zusammenarbeit Europas insofern stärkt, als ein quasi konföderales Gebilde entsteht.
Das heißt, daß es zu einem Überbau kommt, der jetzt schon vorhanden ist mit dem EU-Ministerrat und der EU-Kommission – und daß man weiß, die entscheidenden Elemente dieser Konföderation sind weiterhin die Mitgliedsstaaten.
Das ist realistisch. Das soll man sich vornehmen, dafür soll man sich engagieren. Wenn man das zusammenbringt, ist eh schon ein großer Schritt, ein enormer Schritt getan.
Erst dann gibt es weitere Entwicklungsmöglichkeiten.

Wie wird es innerhalb Österreichs mit der EU-Mitgliedschaft funktionieren? Wie wird sich denn dieses Kräftedreieck Regierung-Parlament-Bundespräsident formieren? Da scheint noch nicht alles geklärt zu sein. Momentan hält man ja nur deshalb ruhig, um ohne größere Kompetenzprobleme zunächst über die Nationalratswahl 1994 drüberzukommen.

Ich glaube, was das Parlament anbelangt, um mit dem Wichtigsten zu beginnen, daß das Parlament in allen Europa-Fragen so breit wie möglich zu informieren ist. Nicht nur über jene Fragen, die beschlußmäßig abzuhandeln sind, sondern auch über rein technische Beschlußfas-

März 1994: Alois Mock ist am Ziel seines persönlich wichtigsten politischen Anliegens – er hat Österreich die Tür zur Europäischen Union geöffnet. Nach den zermürbend-stressigen Beitrittsverhandlungen in Brüssel bekommt der von den Strapazen gezeichnete Außenminister, „der Held von Brüssel“, von allen Mitgliedern der Österreich-Delegation Standing ovations. Mock hatte Tränen in den Augen.

sungen in Brüssel. Also: die breiteste Information des Parlamentes.
Dann hat es die Möglichkeit, jedes Thema aufzunehmen, die Regierung zu befragen, ohne die Entscheidungsfähigkeit in jenen Fragen, deren Erledigung gemeinsamen Organen übertragen ist, zu behindern.
Es wäre alles andere als der Arbeit und dem Ansehen nützlich, wenn man zum Bremser werden würde – aus der Sicht Brüssels. Solche Funktionen haben ja einige EU-Mitgliedsländer, deren Reputation und Einfluß ist dementsprechend eher gering in Brüssel, weil man nicht gut auf sie zu sprechen ist, sie nicht als kooperativ gelten.
Was innerösterreichisch zudem in Zuständigkeitsfragen die Regierung und den Bundesminister anbelangt, bin ich dafür, daß man sich einfach an die Verfassung hält.

Die aber ist nicht in allen Facetten klar, wie jüngste Debatten ja hinreichend bewiesen haben.

Es gibt keine Verfassung, wo es nicht auch unterschiedliche Interpretationen gibt. Nur, die Frage ist: Gibt es eine glaubwürdige Interpretation oder nicht?

März 1994: Österreichs Beitritt zur EU findet internationale Beachtung, denn die Mitgliedschaft der Alpenrepublik garantiert Brüssel die dringend notwendige Erweiterung der Gemeinschaft. Mock im Zentrum internationalen Medien-Interesses.

Was bei uns in der Verfassung bezüglich der Außenvertretung in Europa zwischen den hohen Staatsfunktionen das Problem darstellt, ist ja nicht primär dieses, daß die Bestimmungen so unklar sind, sondern daß sie eine gewisse Verfassungstradition haben neben der absolut geschriebenen Verfassung. Wir haben es beispielsweise schon an der Universität gelernt: Der Bundespräsident ist von der Verfassung mit viel mehr Rechten ausgestattet als ...

... als der Bundeskanzler?

Ich würde nicht so weit gehen, aber doch weiter, als die Verfassung heute in Anspruch genommen wird. Oder sagen wir: sehr selten in Anspruch genommen wird. Es ist heute schon längst vergessen, daß zum Beispiel Bundespräsident Theodor Körner 1953 die Bildung einer Drei-Parteien-Regierung nicht zugelassen hat. Oder Bundespräsident Franz Jonas es in der Zeit der ÖVP-Alleinregierung nicht zugelassen hat, den Botschafter Gredler , einen FPÖ-Mann, als Botschafter nach Bonn zu schicken, wie es die Regierung vorschlug. Vier Jahre später ist er dann als Botschafter hinausgegangen, da war dann eine sozialistische Regierung am Ruder.
Oft hat man den Eindruck gehabt, daß der österreichische Bundespräsident mehr oder weniger ein Staatsnotar ist, der nur ratifiziert. Immer dann aber , wenn sich ein Bundespräsident stärker als üblich engagiert hat, war ein gewisses Erstaunen da.

Es ist in der letzten Zeit aufgefallen, daß gerade Sie zuletzt die Kastanien aus dem Feuer geholt haben, wenn es um Verfassungsfragen zwischen Bundespräsident und Regierung ging.

Das ist wirklich übertrieben. Aber ich bin dafür, daß jeder, der eine Staatsfunktion übertragen bekommt, sie auch wirklich ausnützt. Dazu ist er ja berufen, dafür wird er ja bezahlt. Und das nicht einmal schlecht.

Ist es eine realistische Zukunftsvision, daß irgendwann einmal der Bundespräsident der Republik Österreich möglicherweise jener ist, der quasi als Gouverneur der Teilrepublik Österreich diese in der Europäischen Union vertritt, oder wird das niemals der Fall sein?

Also ich würde sagen, das genau ist zwar eine legitime Spekulation, die ich heute in der praktischen Politik aber nie anstellen würde. Weil sonst die Leute mit Recht sagten: ‚Der rennt nur mit Illusionen herum.' Nein, ich will gestalten. Sonst wäre ich ja ein Philosoph geworden.
Allerdings, ausschließen kann man es nicht. Wenn jemand gesagt hätte – ich weiß nicht – im Jahr 1180, diese Landschaften, die sich da in der Schweiz herauskristallisiert haben, vor allem die Ur-Kantone, würden einmal eine Nation, ein Staat, hätte man geantwortet: ‚Nein, bitte, das ist ja unmöglich.'
Also: Ich glaube sicherlich, daß die Nationen als solche weiterhin sehr lange eine wichtige Rolle spielen werden – aber wieweit sie einmal überdeckt werden von einem neuen, europäischen, gesamtnationalen Bewußtsein, das ist schwer zu sagen.
Politische Zukunftsromane sind sicherlich ein interessantes Thema.

März 1994: Mit dem doppelten Victory-Zeichen betritt Alois Mock in den Nachtstunden des 2. März österreichischen Boden. Die Assoziation mit 1955 und dem Staatsvertrag ist da, Österreich ist beeindruckt.

Die Zukunft Österreichs wird neben der EU-Entwicklung ja wohl auch von der unmittelbaren Nachbarschaft bestimmt werden. Da passierten seit 1989 dramatische Umwälzungen. Eine Menge neuer kleiner Teilstaaten sind entstanden. Österreich wird eine Schrittmacherfunktion für diese Staaten und deren Weg hinein in die EU zugeordnet. Damit entsteht eine neue Wertigkeit Österreichs in Europa.

Völlig richtig. Damit kann sich Österreich neues Gewicht verschaffen, wenn es loyal und partnerschaftlich, also nicht oberlehrerhaft den Weg verbreitert, den diese Staaten in die europäische Integration hinein nehmen wollen. Wir sollten jene sein, die einerseits diese Staaten sehr kon-

»Politische Zukunftsromane sind sicherlich ein interessantes Thema.«

August 1994: „Le Monde", die Welt, so heißt das führende linksliberale französische Blatt, das Alois Mock mit besonderer Vorliebe liest. Mit seinem größten politischen Anliegen, Österreich nach Europa geführt zu haben, meint er seinem Land die Welt geöffnet zu haben. Eigentlich der beste Zeitpunkt, nach einem reichen Arbeitsleben Abschied zu nehmen von der politischen Bühne. Viele Österreicher wollen das nicht hoffen. Sie denken, daß Alois Mock zur Lösung des Balkan-Konfliktes notwendiger sei denn je.

sequent bei ökonomischen und sonstigen Reformen ihrer Systeme unterstützen. Andererseits müssen wir jene sein, die ihre Partner in der EU um Verständnis ersuchen für die Eigenheiten der Ost-Völker, mit denen wir durch Jahrhunderte zusammengelebt haben.
Das ist eine große Chance Österreichs.
Die Beziehungen Österreichs zu seinen unmittelbaren Nachbarstaaten sind ein ungeheurer Wert an sich für die Europäische Union.

Die neue EU-Präsidentschaft des Luxemburgers Jacques Santer, der zu Ihnen ein besonders gutes persönliches Verhältnis hat, scheint eine besondere Bedeutung für das EU-Mitglied Österreichs zu haben.

Ich glaube, daß wir uns gerade über seine Präsidentschaft sehr freuen können. Es hat sich gezeigt, daß Menschen, die eine gewisse kulturübergreifende Erfahrung haben, familiär, privat oder auch politisch, natürlich für das Vorantreiben der europäischen Integration besonders geeignet sind.
Es ist ja kein Zufall, daß Alcide de Gasperi, italienischer Ministerpräsident, einmal Tiroler Landtagsabgeordneter war, österreichischer Parlamentarier in Wien, aus dem Trentino kommend. Daß Robert Schuman deutscher Staatsbürger war, mit französischer Muttersprache, nur in deutsche Schulen gegangen ist, in Deutschland gelebt, in Bonn und München studiert hat – und später wurde er französischer Abgeordneter und französischer Ministerpräsident. Diese Männer übten die entscheidende Brückenfunktion aus, sie waren es, die vor Jahrzehnten von diesem neuen, gemeinsamen Europa träumten, das wir jetzt verwirklichen.
Ich denke, daß auch Jacques Santer ein Mann sein wird, der für diese europäische Brückenfunktion geeignet ist. Und zwar in höchstem Maße. Was besonders für uns Österreicher von außerordentlichem Vorteil sein wird.

„Es hat sich gezeigt, daß Menschen, die eine gewisse kulturübergreifende Erfahrung haben, für das Vorantreiben der europäischen Integration besonders geeignet sind."

Bildnachweis

Pia Duesmann, Mödling: Seite 24, 53, 183
Herbert Fasching, Wilhelmsburg: Seite 35
Ricardo Herrgott, Wien: Seite 15, 63, 65, 75, 155, 192, 193, 209, 214, 218, 219, 232, 236
HOPI-Pressefoto Bernhard J. Holzner, Wien: Seite 52, 60, 77, 81, 85, 122, 130, 185, 216, 220, 227, 229, 238
L. Nekula, Wien: Seite 56, 134
ÖVP-Bundesparteileitung, Wien: Seite 26, 45, 46
Privat: Seite 46, 48
P. Schirnhofer, US Press Vienna: Seite 115, 121
Karl Schöndorfer, Wien: Seite 215
Willi Schraml, Wien: Seite 13, 16, 22, 55, 109, 141, 169, 170, 173, 174, 175, 176, 177, 178, 179, 180, 213, 223, 230
Udo Schreiber, US Press Vienna: Seite 132 unten, 133, 135, 139, 190, 191
Fritz Schuster, Wien: Seite 5, 23, 231
Stögmüller, Wien: Seite 8
Viennareport, Wien: Seite 235
Votava, Wien: Seite 29, 30, 31, 32, 37, 38, 39, 47, 50, 78, 79, 83, 86, 88, 91, 92, 95, 97, 99, 113, 119, 120, 143, 144, 145, 146, 147, 148, 151, 152, 157, 163, 187, 194, 195, 196, 197, 198, 200, 205, 207, 225, 226
Universitätsklinik Innsbruck: Seite 21
US Press Vienna: Seite 237
Hanns Wagner, US Press Vienna: Seite 59, 67, 71, 93, 101, 105, 106, 132 oben, 137
Wagner/Schreiber, US Press Vienna: Seite 131
Zach-Kiesling, Wien: Titelfoto und Seite 17, 19, 41, 125, 129, 165, 167, 211